2020 年江苏高校"青蓝工程"中青年学术带头人培养对象资助；

2022 江苏省科技计划项目省软科学研究计划"江苏多元化投入促进重大科技成果转化关键策略研究"（BR2022064）；

2022 江苏高校哲学社会科学研究重大项目"高质量发展下江苏物流业制造业创新融合发展模式研究"（2022SJZD015）；

2021 年江苏省高等教育教改研究立项课题，应用型本科高校"一线五结合"产教融合模式及运行机制的研究与实践——以金陵科技学院为例（2021J8JG598）

2022 年江苏高校"青蓝工程"优秀教学团队培养对象资助

数字经济时代职业本科人才培养研究

张　瑜　陆　慧　谈　慧　著

中国财富出版社有限公司

图书在版编目（CIP）数据

数字经济时代职业本科人才培养研究／张瑜，陆慧，谈慧著．—北京：中国财富出版社有限公司，2022.12

ISBN 978-7-5047-7854-3

Ⅰ.①数…　Ⅱ.①张…　②陆…　③谈…　Ⅲ.①本科-职业教育-人才培养-研究-中国　Ⅳ.①G649.2

中国版本图书馆 CIP 数据核字（2022）第 251667 号

策划编辑	李　伟	**责任编辑**	邢有涛	张天穹	汪晨曦	**版权编辑**	李　洋
责任印制	尚立业	**责任校对**	卓闪闪			**责任发行**	黄旭亮

出版发行	中国财富出版社有限公司	
社　　址	北京市丰台区南四环西路 188 号 5 区 20 楼	**邮政编码**　100070
电　　话	010-52227588 转 2098（发行部）	010-52227588 转 321（总编室）
	010-52227566（24 小时读者服务）	010-52227588 转 305（质检部）
网　　址	http://www.cfpress.com.cn	**排　版**　宝蕾元
经　　销	新华书店	**印　刷**　北京九州迅驰传媒文化有限公司
书　　号	ISBN 978-7-5047-7854-3/G·0785	
开　　本	710mm×1000mm　1/16	**版　次**　2024 年 3 月第 1 版
印　　张	14.75	**印　次**　2024 年 3 月第 1 次印刷
字　　数	257 千字	**定　价**　56.00 元

张瑜，南京工业职业技术大学教授，管理学博士，江苏高校"青蓝工程"中青年学术带头人培养对象，教育部高等学校物流管理与工程类专业教学指导委员会青年教师工作组成员，高级程序员，物流师，从事流通体系、物流与供应链、科技管理创新、职业本科等相关教学科研工作；主持并重点参与市厅级及以上课题20余项，发表论文30余篇，其中重要核心论文10余篇，出版专著4部；获物流职业教育教学成果奖二等奖等。

陆慧，金陵科技学院副研究员，教育学硕士，主要研究方向为教育学原理、教学管理；主持教育部产学合作协同育人项目1项，主持、参与省市级教育教改类课题10余项，发表教育教改类论文10余篇；2014年获国家级教学成果奖二等奖。

谈慧，南京工业职业技术大学教授，高级工程师，荣获全国黄炎培杰出教师奖，首届全国物流职业教育教学名师、首届轻工职业教育教学名师、全国职业院校技能竞赛优秀指导教师、江苏省职业技能大赛优秀教练等称号；获国家教学成果奖一等奖，江苏省教学成果奖特等奖，全国物流职业教育教学成果奖一等奖等；主持市厅级以上课题30余项，发表学术论文60余篇，主编（著）教材7本，其中国家级规划教材3本，省重点（精品）教材3本。

前　言

职业教育是国民教育体系和人力资源开发的重要组成部分，是培养多样化人才、传承技术技能、促进就业创业的重要途径。2021 年 4 月，在首次以党中央名义召开的全国职业教育大会上，习近平总书记作出重要指示，强调"在全面建设社会主义现代化国家新征程中，职业教育前途广阔、大有可为"。2022 年 4 月，新修订的《中华人民共和国职业教育法》经第十三届全国人民代表大会常务委员会第三十四次会议表决通过，这对推动职业教育高质量发展有着巨大意义。

新修订的《中华人民共和国职业教育法》明确高等职业学校教育由专科、本科及以上教育层次的高等职业学校和普通高等学校实施。这意味着原有职业教育只到专科层次的限制已被打破，职业教育改革向高层次方向发展。

本书在上述背景下，以职业本科人才培养为研究对象，基于大量问卷调研、实地访谈等一手资料，运用案例分析、比较研究等研究方法，从理论和实践相结合的视角进行职业本科人才培养的深入研究。在充分梳理我国职业教育发展历史的基础上，挖掘职业教育人才培养的价值理念、逻辑机理，探讨职业本科人才培养的困境，分析职业本科人才培养的案例，系统提出职业本科人才培养的策略思考，并在研究观点、研究体系、政策建议等方面取得了创新性成果，主要体现在以下几个方面。

第一，突破数据局限，充分调研职业本科人才培养现状并进行实证研究。立足数字经济时代背景，对典型行业企业进行人才类型及其职业岗位定位、典型工作任务与职业能力等大量一手资料及数据调研，对典型应用型本科院校进行专业人才培养方案设置调研，明晰职业本科人才培养的困境，以求促进政策措施的有效性。

第二，抓住职业本质，提炼职业本科人才培养特征。职业本科人才不同于应用型本科人才的培养，更体现职业特性，具体表现在技术技能人才的培养定位、服务行业发展的需要导向、工学结合的人才培养模式、"双师型"教师的主体地位、注重实践教学的理念贯通要求以及书证融通的培养导向。

第三，扎根产业结构优化理论，揭示产业与专业渗透逻辑机理。利用产业结构优化理论，深入分析产业与专业间的关系，认为产业结构升级需要有效的人力资本补充，而高校培养的人才与产业所需的人力资本相匹配，才能促进产业升级，并解构、重构标准链和知识链的育人机理。

第四，构建PGSD能力分析人才培养范式，系统设计职业本科人才培养方案。以PGSD能力分析模型为基础，构建职业本科人才培养范式，并基于该范式，以现代物流管理、汽车服务工程技术（智能网联方向）、机械设计制造及自动化，以及自动化技术与应用专业为例设计人才培养方案。

第五，面向政策创新，提出了一系列具有针对性的发展建议。针对职业本科人才培养的困境，提出"转变职业教育传统观念，深化职普双轨制教育体制""坚持工学结合模式不变，落实高层次技能人才定位""创新政产学研融合模式，促进校企合作多元化发展"等具有可行性、可操作性的措施建议。

本书研究内容新颖，系统地构建了全书框架，注重在实践中发现问题，从理论层面分析问题，提出有针对性的措施建议，使研究成果具备实用性、可操作性。本书适合教育学、管理学硕士学习使用，也可作为相关单位管理者的参考用书。

本书在写作过程中参考、吸收了国内外众多学者的研究成果和实际工作者的实践经验。同时，本书的出版得到2020年江苏高校"青蓝工程"中青年学术带头人培养对象、2022年江苏高校"青蓝工程"优秀教学团队培养对象资助。衷心期望本书能为探索职业本科发展之路提供有价值的借鉴。笔者仍需再接再厉，密切关注职业本科的发展、趋势及特点，以严谨的学术研究作风，继续深入研究中国职业本科人才培养的路径，不断为中国职业教育发展理论研究作出新的贡献。

张瑜

二〇二二年七月于仙林大学城

目　录

1 绪论

1.1 研究背景

　　人才强国战略是党和国家的一项重大战略决策。自 2003 年全国人才工作会议明确提出实施人才强国战略以来，党和国家已把人才强国战略放到了突出的位置。进入工业 4.0 时代，我国的产业结构面临着转型升级，但是我国产业链供应链总体处于全球价值链的中低端水平，产品附加值不高，且受逆全球化、贸易保护主义、贸易摩擦、新冠疫情等多重因素叠加影响，表现出人才结构性过剩与短缺并存，高精尖人才、复合型人才严重短缺，人才队伍结构性转型滞后，传统产业人才技能提升和转岗压力较大等问题。据公开数据显示，2020 年，我国重点领域的技能型人才缺口超过 1900 万人，且该数据仍在不断增加中，预计在 2025 年接近 3000 万人。在实际对制造企业、流通企业的调研中，据调研数据显示，59.82% 的企业表示缺少技术工人，54.06% 的企业表示缺少研发人员。企业普遍反映的招工难，主要是缺少技术技能型人才，不仅数量上难以满足，即使数量满足了，平均年龄也偏大，且在专业对口上也存在问题。目前，虽然一些企业中的部分工作已通过"机器换人"来完成，但企业用工需求并未降低，只是用工需求从一线普工转为自动化设备操作和维修人员，企业所需的技术技能型人才异常短缺。职业教育是产业技术技能型人才供给的重要基地，需要加快人才队伍结构性转变，承担起提升技术技能型人才培养层次的重要任务。

　　面对上述经济形势的新变化，2019 年 1 月国家出台的《国家职业教育改革实施方案的通知》（国发〔2019〕4 号，以下简称职教 20 条）意义非凡，极大地推动了职业教育体系的发展及完善。之后，系列政策及法律法规层出不穷，如 2019 年 5 月，国务院办公厅印发的《职业技能提升行动（2019—2021 年)》（国办发〔2019〕24 号）；2019 年 6 月，教育部出台的《关于职业院校专业人才培养方案制订与实施工作的指导意见》（教职成〔2019〕13 号）；2019 年 10 月，国家发展改革委、教育部等六部门出台的《国家产教融合建设试点实施方案》；2019 年 10 月，教育部等四部门出台的《深化新时代职业教育"双师型"教师队伍建设改革实施方案》的通知（教师〔2019〕6 号）；2019 年 12 月，教育部、财政部公布的《教育部　财政部关于公布中国特色高水平高职学校和专业建设计划建设单位名单的通知》（教职成函〔2019〕14 号）；2019 年 12 月，教育部下发关于《中华人民共和国职业教育法修订草案（征求意见稿)》；2020 年 2 月，人力资源社会保障部、财政部出台的《人力资源和社会保障部　财政部关于实施职业技能提升行动"互联网＋职业技能培训计划"的通知》（人社部发〔2020〕10 号）；2022 年 4 月，第十三届全国人民代表大会常务委员会第三十四次会议通过了《中华人民共和国职业教育法》修订等，充分说明国家日益高度重视职业教育，对职业教育改革力度之大前所未有。

职教 20 条明确了职业教育与普通教育是两种不同的教育类型，具有同等重要地位，把职业教育摆在了教育改革创新和经济社会发展中更突出的位置。同时，职教 20 条也提出了为了完善职业教育体系，开始开展职业本科试点，要求探索长学制培养高层次技术技能人才。2021 年 3 月教育部关于印发《职业教育专业目录（2021 年)》的通知（教职成〔2021〕2 号），按照"十四五"国家经济社会发展和 2035 年远景目标对职业教育的要求，在科学分析产业、职业、岗位、专业关系基础上，对接现代产业体系，服务产业基础高级化、产业链现代化，统一采用专业大类、专业类、专业三级分类，一体化设计中等职业教育、高等职业教育专科、高等职业教育本科不同层次专业，共设置 19 个专业大类、97 个专业类、1349 个专业，其中，中职专业 358 个、高职专科专业 744 个、职业本科专业 247 个。职业本科是个新生事物，处于萌芽状态，正在不断探索建设中。它没有可供借鉴的办学路径，是未来在很长一段时间内需要持续不断研究的一个重要课题，具有较强的现实意义和价值。

1.2　研究意义

1.2.1　研究的现实意义

目前，我国普通高等学校办学层次包括研究生层次、本科层次、专科层次。由于职业教育受制于职业教育法律法规的相关规定，高等职业教育限定在专科层次，这限制了人才提升的通道。职教 20 条中明确提出开展职业本科试点，这对完善现代职业教育体系具有重大意义。职业本科不仅是专科层次职业教育的升格，也是职业与专业教育类型的高级阶段，它是实现职业教育"不同类型、同等重要"的重大举措，有利于使教育选择更多样、成长道路更宽广，使学业提升通道、职业晋升通道、社会上升通道更加畅通。

1.2.2　研究的理论价值

新时代赋予了职业本科新内涵，它是职业教育体系发展的新探索，作为全日制本科学历教育的一种，与普通应用型本科有着一定的区别，不能照搬照抄普通应用型本科的建设理论来发展。职业本科培养的是面向生产、管理、服务等一线岗位，从事解决实际生产中的具体技术问题、维持工作正常运行的高层次技术技能型专门人才。研究职业本科，从价值理念、逻辑框架、困境丛林、对策思考等方面进行全面深度研究，形成体系，这将完善及丰富现代职业教育体系理论，具有较强的理论价值。

1.3　国内外文献综述

1.3.1　国内外职业教育的发展历程

国外发达国家早在 17 世纪就开始研究职业教育，发展至今，已有一套完整、科学、系统的教育体系，如德国的"双元制"、澳洲的"TAFE"、美国的"CBE"、英国的"NVQ"、新加坡的"教学工厂"、日本官产学结合的双元制等。这些教育模式都把"职业能力"作为教学目标，整个教学过程不再是传统意义的知识体系的完整展现，而是一个工作过程的体现。教师不再是传统教学的主角，而是职业能力培养的设计者。在教学方法上，以学生为中心，将岗位需求的能力培养及知识获得放在首位。在职业教育方面，德国的"双元制"职业培训在全世界享有盛誉，但最近二三十年中，德国的职业教育发生了较大的变化：职业教育的内部结构层次发生变化；高等教育与职业教育的融通关系发生了变化；职业教育的内核渗透到了高等教育之中。

自中国共产党成立至今的百年发展历程中，中国职业教育在提高劳动者素质、优化人才结构和增强国家竞争力等方面发挥着重要作用，职业教育发展取得了长足进步，服务党和国家重大战略的能力显著提升，实现了从"层次"到"类型"的身份转变。截至2020年，全国职业院校共有1.15万所，在校学生约2857万人；中职招生600万人，占高中阶段教育的41.7%；高职招生483万人，占普通本专科的52.9%。累计培养高等学历继续教育本专科毕业生5452万人，开展社区教育培训约3.2亿人次。

通过整合职业教育相关文献内容并结合其发展演化路径以及相关发文量数据，可将我国职业教育相关研究历程分为职业教育概念界定和国外相关理论引入、职业教育经济功能定位和深化改革、职业教育研究的深化和应用三个阶段（见图1-1）。

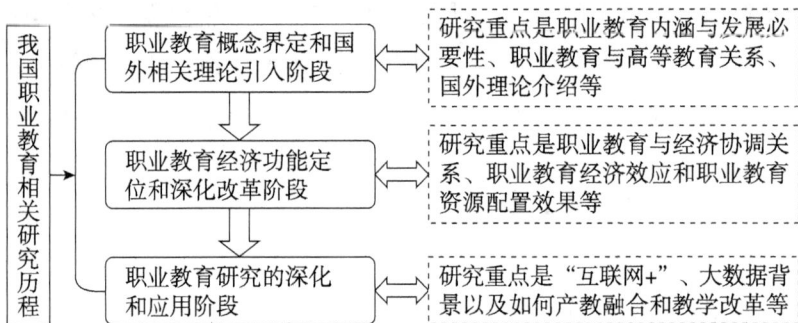

图1-1 我国职业教育相关研究历程

改革开放以来学者们对职业教育的内涵进行了深入研究，认为职业教育应当是多层次的、跨界的、就业导向和以人为本的教育。其中朱德全、石献记根据关键性事件、里程碑文件以及职业教育活动表现，将中国职业教育发展划分为革命中兴办（1921—1949年）、学苏中成型（1949—1966年）、迷失中重建（1966—1985年）、改革中发展（1985—1996年）、规范中完善（1996—2013年）、跨界中融合（2013年至今）六个阶段。中国职业教育发展在每一个阶段凸显出不同的实践样态（见表1-1）。

表 1 - 1　　　　　中国职业教育百年发展的实践样态概观

阶段划分	关键性事件以及里程碑文件	职业教育活动表现
革命中兴办 （1921—1949 年）	1. 1921 年 7 月，中国共产党成立，"一大"至"六大"党的教育纲领 2. 1931 年 11 月，苏维埃政府成立，苏区、陕甘宁边区、解放区的文化教育方针	1. 中小学教育中的劳动教育 2. 社会教育中的技术教育训练 3. 干部教育中的职业技术学校
学苏中成型 （1949—1966 年）	1. 1949 年 10 月 1 日新中国成立，以《中国人民政治协商会议共同纲领》中的教育条例作为新中国的教育方针，注重技术教育 2. 1951 年《关于改革学制的决定》，以法令形式确定工农干部受教育机会，明确规定业余教育在学制中的适当地位	1. 大力举办中等专业学校 2. 积极发展技术学校 3. 尝试发展农村职业教育 4. 推行半工（农）半读和全日制相结合的教育制度 5. 教育管理权下放，多形式多渠道办学
迷失中重建 （1966—1985 年）	1. 1976—1978 年教育战线的拨乱反正 2. 1980 年《关于中等教育结构改革的报告》	1. 职业学校严重萎缩 2. 改革中等教育结构 3. 尝试兴办职业技术师范学院和短期职业大学 4. 改革农村职业教育
改革中发展 （1985—1996 年）	1. 1985 年《中共中央关于教育体制改革的决定》 2. 1986 年第一次全国职业教育工作会议召开 3. 1991 年《国务院关于大力发展职业教育的决定》	1. 三类中等职业教育学校齐头并进（中等专科学校、技工学校、职业高中），中等职业教育规模迅速扩张 2. 积极发展高等职业教育

续　表

阶段划分	关键性事件以及里程碑文件	职业教育活动表现
规范中完善 （1996—2013 年）	1. 1996 年《中华人民共和国职业教育法》 2. 1999 年《试行按新的管理模式和运行机制举办高等职业技术教育的实施意见》 3. 2003 年《国务院关于进一步加强农村教育工作的决定》 4. 2004 年《教育部关于以就业为导向深化高等职业教育改革的若干意见》（已废止） 5. 2005 年《国务院关于大力发展职业教育的决定》 6. 2010 年《国家中长期教育改革和发展规划纲要（2010—2020年)》	1. 中职与高职并进，高职开始实现"跨越式"发展 2. 职业教育开始注重内涵建设 3. 农村职业教育迅速发展
跨界中融合 （2013 年至今）	1. 2013 年《中共中央关于全面深化改革若干重大问题的决定》 2. 2014 年《国务院关于加快发展现代职业教育的决定》 3. 2019 年《国家职业教育改革实施方案》	1. 服务国家重大决策 2. 现代职业教育体系框架全面建成 3. 内涵建设全面深化 4. "类型教育"地位确立

在职业教育经济功能定位与深化改革阶段，针对职业教育的经济效益问题，学者们进行了深入的研究。职业教育与经济发展之间产生的联系是以培养高素质的劳动者为纽带。自改革开放以来，在经济学话语体系的主导下，职业教育以就业为单一导向，是一门从职业出发的教育。职业教育能够通过帮助学生提升现今社会需要的工作能力，来提高劳动生产率，促进产业升级，推动经济转型。此外，关于职业教育精准扶贫的研究也表明，新时代职业教育的使命在于紧紧围绕国家经济社会改革发展重大战略目标任务，助力脱贫攻坚和持续的脱贫致富。职业教育具有提升农村贫困群体人力资本、促进个人与社会经济增长的重要价值。社会生产力发展得益于职业教育的具体产品，

职业教育的生产力属性很强，对职业教育的投入越多，生产效率提高的幅度越大，进而推动生产力的发展。职业教育能够创造社会财富，是社会财富的生产部门。近年来，在我国不断加强经济结构调整，深入推进"互联网＋"、"中国制造2025"、"一带一路"倡议等重大国家战略的背景下，职业教育与经济发展的匹配性至关重要。高等职业教育作为一种培养技术技能人才的教育类型，与经济发展紧密相关，很多学者已从理论及实证上进行了证明，其重要性毋庸置疑。但长期以来，我国一直推行的是普职分流的双轨制模式，即在高中阶段，普通教育和职业教育的比例相当；在高等教育阶段，既有从事学术研究的研究型大学，也有从事职业人才培养的高职高专学校，而且高职高专的学生人数占高等教育学生总人数的半数左右。对于普职分流，很多人认为，这对于职教学生存在着较大的不公平。因而，思考与定位高等教育普及化进程中的职业教育显得十分重要。

根据《国际教育标准分类法》（ISCED），高等教育的分类主要包括AB两种类型：A类为更加注重理论研究的普通高等教育，并且该教育类型与ISCED6相衔接；B类为更加重视实际的、技术的、职业的、技能的教育类型，这肯定了职业本科存在的必要性，但又与本科院校培养人才不同，职业本科培养的人才应具有"高等性和职业性"。早在2012年，天津、江苏等地就启动了高职院校与本科院校合作进行四年制本科技术技能型人才培养试点。经过几年的发展，虽取得了一定成绩，但在人才培养定位、课程体系设置、师资队伍、校企合作等方面仍存在不少问题。目前，高等职业教育正在进行"双高"建设，但也面临着人才培养质量与产业转型升级下技术技能人才要求不匹配，专业建设特色不亮、创新不足、发展机制不健全，服务地方经济发展能力与地方产业发展需要不匹配，内部治理体系建设与高水平高职院校管理水平创新要求不匹配等问题。高职教育亟须以思想转型为先导，以师生发展为中心，以提质增效为主线，以机制创新为保障来推动自身的转型发展。

职业本科在现有的一些文献中是指由高职院校为主体来实施的、采用四年"一贯制"培养模式进行的人才培养实践，从招生到人才培养方案的制订和实施、人才评价标准的制定与实施等均主要由高职院校来承担，学生四年时间完全在高职院校来完成教育的一种人才培养模式。这与真正意义上的职业本科内涵是有差异的。职业本科是与普通本科并列的全日制本科学历教育，在现阶段只是处于摸索萌芽阶段，并没有清晰、明确、可供借鉴的办学之路，且可供参考的案例及研究文献甚少。但是从政策导向、社会所需人才来看，职业本科是高职体系完善发展之所趋，因而研究职业本科人才培养的模式、特征具有重要意义。

1.3.2 国内外职业教育人才培养模式

黄炎培职业教育思想是我国现代职业教育思想的源头，在创建我国教育史上第一所以"职业"冠名的学校——中华职业学校时期认为职业教育应"把教育和实业联为一体，一方安插人才，解决生计；一方即是开发地方产业"，这其实是现今我国大力倡导产教融合的思想萌芽。

产教融合是学校与企业一体化的办学模式，在国外，比较为人熟知的产教融合模式有德国的"二元制"、新加坡南洋理工学院的"教学工厂"、澳大利亚的"新学徒制"、加拿大的"合作教育"、日本的"官产学结合的双元制"等。这些教育模式都把"职业能力"作为教学目标，整个教学过程不再是传统意义的知识体系的完整展现，而是一个工作过程的体现。教师不再是传统教学的主角，而是职业能力培养的设计者。

在国内，也出现了诸如"订单班模式""企业配合""现代学徒制""1+X"证书制度等培养模式。其中，订单班模式实践较早，较为普遍；现代学徒制以及"1+X"证书制度为近几年探索的模式，院校多为试点院校，且有政策倾斜，相关政策类、启示探索类研究文献较多。研究热点主要集中在人才培养目标、专业、课程、教学改革、师资队伍建设、实践教学与校企合作，以及人才培养模式的评价和实践等方面。在专业课程方面，王丽萍、胡立德在运行地方本科院校转型发展的表征研究时，分析得出专业建设和课程设置是其转型发展的核心的结论。因此，院校在进行专业和课程设置时要打破模仿的限制，并且要以专业建设和课程设置的四项原则为依据，依据自身发展的需要开发出合适的专业和课程。徐立清、钱国英等提出转型发展中只有从人才培养的顶层入手，不断推进以专业为载体的综合改革。余国江主张构建模块化课程体系来满足课程转型需要。在教学研究方面，李博认为要建设时间教学体系，提出了四步导向的实践教学体系。鲁嘉华认为院校应以培养"专、兼"人才为立足点，校企合作协同育人是达成培养目标的有效途径。在实证研究方面，杜怡萍、李海东等从课件互嵌共生、互动生长，"三分"课程体系，校企联手三方面研究分析深职院与华为"可证共生共长"人才培养模式。刘英华通过走访江西省 26 所试点高校并在收集院校人才培养方案的基础上对人才培养模式现状进行了分析，得出我国的人才培养模式中存在的问题主要有应用型本科人才培养目标与社会需求之间缺乏适应性，课程体系设置不合理，内容冗杂，实施方式不到位，评价系统缺失等结论。

但从产教融合现实运作来看，存在地方政府参与不足、企业合作积极性不强、"双师型"教师缺乏、创新实践平台较少、产教融合运行机制与协调机制不完善等问题。在学术理论上，众多学者深入挖掘产教融合问题，探讨了产教融合资源平台问题，着重对实践体系、教学的研究，从设计角度探讨人才培养方案等。

1.3.3 国内外职业教育课程体系构建

课程是教育事业的"心脏"。对高等教育来说，课程建设是其内涵建设的核心，直接决定着高等教育人才培养质量的高低。在《国际教育标准分类》中，学术型人才侧重于学术知识的深度与高深学术研究能力的培养，应用型人才侧重于应用知识的深度和高深应用能力的培养。在我国当前创新战略驱动下，培养应用型人才需要改革课程体系，处理好课程共性和特性、通识和专业、必修和选修、理论与实践、课内与课外的关系。英国沃里克大学的"弹性"课程体系、跨学科的模块化学习方式、学术与市场双元价值取向，荷兰特温特大学的创业课程体系设计（创业网络模型、Kolb 的学习循环理论等），德国应用科技大学的课程设置强调"专业性教育"和"未来职业倾向"的双重导向、课程设置以实践能力为核心进行模块化专业教育，芬兰应用技术大学的基于组织知识创造理论的创业教育课程体系，美国职业技术教育课程体系的功能终身性设计、课程功能的社会化设计等，都显示出人才培养的特色，具有较强的借鉴性。

在我国，早在 2009 年，崔颖提出了目标定位—结构优化—内容整合的高校课程体系构建主线。姜献群从理论基础、功能作用、课程结构、支持系统、适用环境 5 个方面给出了本科职业教育专业课程与岗位职业课程相互衔接的范式。陈东旭针对应用型本科课程，提出基于行动体系的课程开发模式。徐玲颖等在"技术理性"和工作过程的"泰勒原理"基础之上，构建了应用技术大学的课程体系。王伟芳等以"知—能互嵌"理念重构课程体系。王桂云等研究了整个课程教学过程中"理论与实践""基础与发展""技能与人文"的协调共存。周震基于"平台+模块"的结构体系研究了"2+X"人才培养模式的课程设置。这些文献为课程体系的构建提供了来源及依据，并在课程体系的特色及创新方面提供了一定的参考价值。

1.3.4　文献述评

综观前述有关职业教育的文献，对职业本科的研究，已有不少学者从产生的原因、人才培养特点、课程体系设置、实践教学、教学方法等方面进行了探讨，但还存在如下问题：

①职业本科的内涵需要进一步明确。现收集的有关职业本科的文献中，职业本科是指由高职院校为主体来实施的、采用四年"一贯制"培养模式进行的人才培养实践。从招生到人才培养方案的制订和实施、人才评价标准的制定与实施等均主要由高职院校来承担，学生四年时间完全在高职院校来完成教育。这与本书所研究的职业本科内涵是有差异的。本书所研究的职业本科是与普通本科并列的全日制本科教育，现处于探索阶段，可供参考的案例及研究文献甚少。

②适合职业本科人才培养的范式有待进一步开发。本书所研究的职业本科人才培养范式不同于应用型本科人才培养范式，这两者之间的联系及差异在于实践教学方面，目前鲜有文献进行研究。职业教育相较于普通教育应突出职业性、技能性等属性，应始终坚持技术技能人才的培养定位不变、服务行业发展的需求导向不变、工学结合的人才培养模式不变、"双师型"教师的主体地位不变、注重实践教学的要求不变、书证融通的培养导向不变；而职业本科相较于专科层次职业教育，更强调人才培养的宽基础、深专业、强技术、提素质，注重人才培养质的内涵提高。

③职业本科人才培养的质量保证有待改进及完善。目前高职院校在与本科院校合作办学的过程中，保障机制仍不够完善，突破不了既有的制度框架。在时代赋予了职业本科新内涵之际，关于人才培养的质量保证的文献有一定借鉴作用，但存在不适用性，需要进一步结合背景进行分析。

1.4　概念界定

1.4.1　职业教育

根据 2021 年《中华人民共和国职业教育法（修订草案）》[①]，职业教育是指为了使受教育者具备从事某种职业或者职业发展所需要的职业道德、科学文化与专业知识、技术技能等综合素质而实施的教育活动。职业教育与普通教育相互融通，初级、中级、高级职业教育有效贯通。2022 年 4 月 20 日，第十三届全国人民代表大会常务委员会第三十四次会议通过《中华人民共和国职业教育法》修订，自 2022 年 5 月 1 日起施行。

1.4.2　职业学校

2019 年《国务院关于印发国家职业教育改革实施方案的通知》（国发〔2019〕4 号)[②] 中提出"开展本科层次职业教育试点"，后在 2021 年《中华人民共和国职业教育法（修订草案）》中提出"高等职业学校教育是高等教育的重要部分，由专科、本科教育层次的职业高等学校和普通学校实施。专科层次职业高等学校举办的培养高端技术技能人才的部分专业，符合产教深度融合、办学特色鲜明、培养质量较高等条件的，经国务院教育行政部门审批，可以实施本科层次的职业教育"。

1.4.3　数字经济

数字经济概念是由 1996 年 Don Tapscott 在《数字经济：智力互联时代的希望与风险》一文中提出的。随着互联网技术、信息化技术、智能技术的飞速发展，数字经济的内涵不仅停留在互联网经济上，更多的是围绕"信息化"产生的经济。我国自 2019 年起，连续四年在政府工作报告中提及数字经济，

---

① https：//new. qq. com/rain/a/20210615A099XM00.
② https：//www. gov. cn/zhengce/content/2019 – 02/13/content_5365341. htm.

足见数字经济正在加速促进我国经济的发展，对人们的生活方式已产生深刻影响。《国务院关于印发"十四五"数字经济发展规划的通知》（国发〔2021〕29号）① 中提道："数字经济是继农业经济、工业经济之后的主要经济形态，是以数据资源为关键要素，以现代信息网络为主要载体，以信息通信技术融合应用、全要素数字化转型为重要推动力，促进公平与效率更加统一的新经济形态。"

在我国数字经济转向深化应用、规范发展、普惠共享的新阶段，职业本科人才需要与社会接轨，培养数字化思维，提升数字技能和数据管理能力。这些思维、技能、能力的培养和提升都需要去做研究，系统地内嵌到职业教育人才培养体系中。

1.4.4　产教跨界

产教跨界是指由于经济高质量发展的需要、产业结构的转型升级，原来的技术技能已不适应社会发展需求，需要产业界与教育界跨界交叉，重构技能体系、知识体系以及相互映射关系。

1.5　研究内容及方法

1.5.1　研究内容

本书以职业本科人才培养为研究对象，在梳理相关政策、文献等资料的基础上，研究了我国近现代职业教育的发展历史、数字经济时代职业教育人才培养的价值理念、职业本科人才培养的逻辑机理、职业本科人才培养的困境丛林、职业本科人才培养的案例分析、职业本科人才培养的策略思考，具体如下。

第1章，绪论。本章主要内容包括研究背景、研究意义、研究内容及方法，通过文献查阅，梳理与研究有关的国内外文献，并进行述评。

---

① https://www.gov.cn/zhengce/zhengceku/2022-01/12/content_5667817.htm.

第2章，我国近现代职业教育的发展历史：螺旋式逐步上升。通过资料整理，划分我国职业教育历史阶段，阐述萌芽阶段、形成阶段、成型阶段、完善阶段、新发展阶段各历史阶段职业教育发展状况及制度变化。

第3章，数字经济时代职业教育人才培养的价值理念：大国工匠精神。数字经济时代职业教育的发展需要明确人才培养的价值理念，新时代职业教育人才培养之劳动观、工匠精神等是职业本科发展不可或缺的理念灵魂。

第4章，职业本科人才培养的逻辑机理：产业专业互渗。在价值理念的引领下，分析职业本科人才培养的逻辑机理。为此首先分析了职业本科人才培养的教育属性及职业特征，再从产业专业关系角度，分析了职业本科人才培养的产业、专业互渗逻辑、职业本科人才培养的标准链与知识链重构育人机理等。

第5章，职业本科人才培养的困境丛林：主体博弈之谜。在前述理论分析基础上，继续分析了职业本科人才培养的现状，然后基于现状，从博弈角度提出了职业本科人才培养的困境丛林，包括社会观念困境、高层次定位困境、产教融合困境等。

第6章，职业本科人才培养的案例分析：不同专业设计。面对如上现状及困境，从微观层面即专业入手分析职业本科人才培养案例。基于 PGSD 能力分析模型，进行职业本科人才培养范式设计。由于专业类型不同，人才培养方式也不同，因此选取不同类型专业，如现代物流管理、汽车服务工程技术、机械设计制造及自动化、自动化技术与应用等专业，详细分析每一专业的人才定位、课程体系构建等，并通过方案的具体实施，进行人才培养评价，总结不同类型专业人才培养的特点。

第7章，职业本科人才培养的策略思考：产教跨界融合。针对职业本科目前的困境，从产教跨界融合提出人才培养的对策建议，包括转变职业教育传统观念，深化职普双轨制教育体制；坚持工学结合模式不变，落实高层次技能人才定位；创新政产学研融合模式，促进校企合作多元化发展等。

第8章，结语。总结全文，概括本书的主要工作成果、不足之处及职业本科研究趋势。

1.5.2　研究方法

本书的研究方法包括文献收集法、问卷调查法、专家访谈法、比较研究法、案例研究法等，具体如下：

（1）文献收集法

文献收集法是通过收集文献资料进而获取与本研究课题相关的内容的方法。本课题一方面收集国内外职业教育的相关文献资料和实践成果；另一方面在实地调研职业教育案例时，收集反映当地职业教育建设发展的相关文献汇编等资料。此外，对近年来中央和地方下发的职业教育建设的相关政策、文件、法规等进行全面收集整理。

（2）问卷调查法

选取多家企业等开展实地调研，发放调查问卷，全面了解当前企业对本科人才的能力需求。运用统计软件，对调查问卷的样本数据进行多元数理统计，进而得到不同专业本科人才的能力素质要求。

（3）专家访谈法

重点选取几家制造企业、流通企业、应用型本科院校，通过与部门主管、经理、专业负责人等经验丰富的企业专家、高校专家的访谈，深入了解企业对技术技能型人才的需求、存在的障碍、期望的人才政策以及高校制订人才培养方案的过程等。

（4）比较研究法

比较职业教育在不同时期的特点，以及同一时期不同教育类型的差异，即通过梳理我国职业教育的政策，研究职业教育在不同历史背景下的发展状况及特点；分析现阶段我国职业本科与应用型本科的差异，以更好制订人才培养方案。

（5）案例研究法

选取现代物流管理、汽车服务工程技术、机械设计制造及自动化、自动化技术与应用等不同类型专业作为案例素材开展实证研究，从专业范式设计、专业人才定位、课程体系构建等方面探索职业教育本科专业的建设。

1.6　技术路线图

本书技术路线图如图1-2所示。

研究内容　　理论与思路　　方法与技术

| 资料收集与梳理 | 国内外文献综述 | 研究现状分析与提出科学问题 | 文献分析、比较研究 |
| | 总结我国近现代职业教育发展历史等 | | |

| 职业本科人才培养的价值理念与逻辑机理 | 职业本科人才培养的价值理念 | 分析职业教育内含的劳动价值观、工匠精神 | |
| | 职业本科人才培养的逻辑机理 | 分析教育属性、提炼职业特征、分析产业专业间的逻辑关系，进而分析产业标准链与专业知识链间的育人机理 | 文献分析、产业结构优化理论 |

职业本科人才培养的调研及困境	根据设计样本进行网络问卷调研	样本选择、基础调研与资料收集	
	案例样本工作岗位、典型任务、人才需求等调研	案例样本选择、基础调研与资料收集	实地调研、问卷调查、深度访谈、数据统计
	人才培养的观念、定位、产教融合等困境	根据调研数据，进行困境分类，提炼困境要点	

| 职业本科人才培养的案例与策略 | 物流、汽车、机械、自动化等专业人才培养案例分析 | 基于PGSD能力分析模型构建范式，选取不同专业案例，设计人才培养方案 | PGSD能力分析模型、案例研究、质性访谈、实地调研、比较研究 |
| | 职业本科人才培养的对策建议 | 以现实问题为导向，有针对性地提出对策建议 | |

| 成果凝练与总结展望 | 凝练成果，进行研究总结 | | |

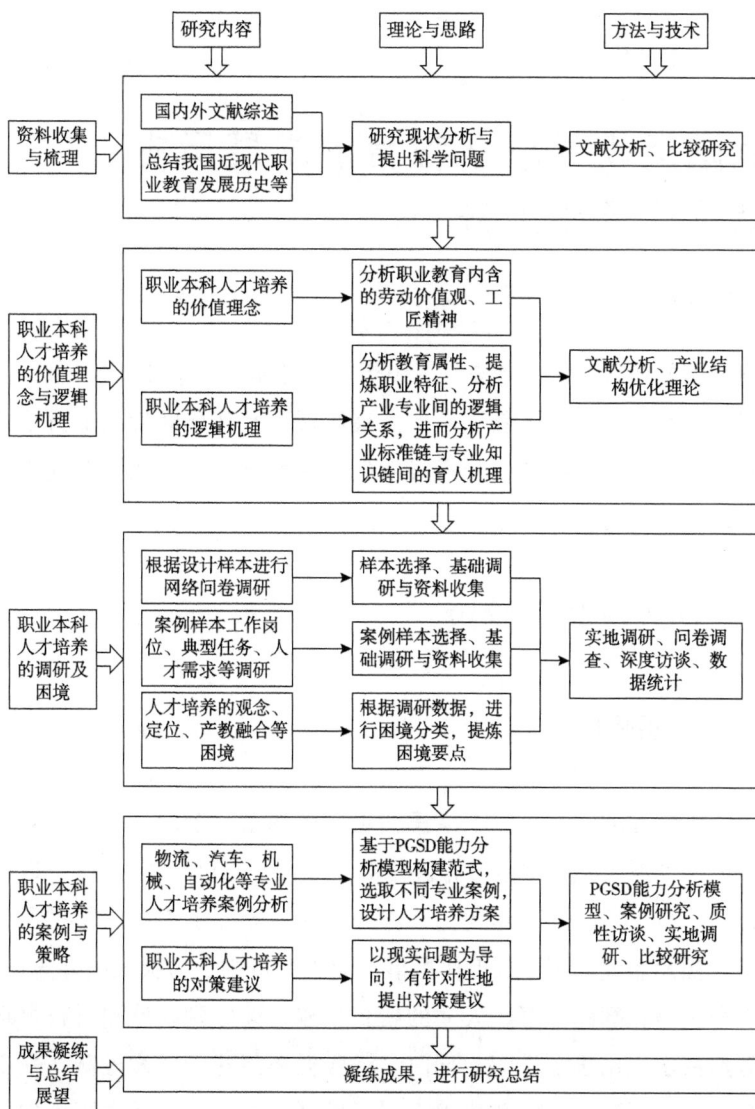

图1-2　本书技术路线图

教育为公以达天下为公。

——陶行知

2 我国近现代职业教育的发展历史：
螺旋式逐步上升

纵观我国职业教育的发展史，其经历了萌芽阶段、形成阶段、成型阶段、完善阶段。目前，又进入了新一轮的发展阶段，呈现出螺旋式上升形式。职业教育每一次的大发展都是社会经济发生重大变化之际，在一系列制度的推动下，向纵深化方向发展。

2.1 职业教育萌芽阶段

2.1.1 福州船政学堂

在第二次鸦片战争后，以恭亲王奕䜣、曾国藩、李鸿章、左宗棠、张之洞为代表的洋务派主张利用西方先进技术，进行"自强""求富"，以维护清王朝的统治。自19世纪60年代起，洋务派先后创办了安庆内军械所、江南制造总局、福州船政局等一批近代军事工业生产机构。为吸收国外先进技术，洋务派兴办了培养翻译和军事人才的新式学校，设立翻译外国科技书籍的翻译馆，派遣留学生出国深造等。同时，洋务派还组建新式洋枪队，采用西式兵操练兵，清朝军队的武器和战术得到了发展。洋务运动是中国历史上第一次近代化运动，经过30多年的建设，中国近代化的军事工业、民用工业、交通运输业等逐步发展起来。可以看出在这一运动过程中，中国当时急需技术人才来解决面临的危机。1866年左宗棠创办的福州船政学堂，是近代中国建立的第一所培养海军人才的学校，在建校之初就将教学与生产紧密结合在一起。此外，京师同文馆是近代中国第一所新式学堂，培养外语人才，课程初设英文、法文、俄文，后添算学、天文等。

2.1.2 京师大学堂

1894 年，日军蓄意挑起战事，史称"甲午中日战争"。当清政府战败，签订了丧权辱国的《马关条约》后，群情激愤。以康有为、梁启超等为代表的维新派人士，上书光绪帝，虽上书失败，但拉开了变法维新运动的序幕。1898年，光绪帝宣布实行变法（戊戌变法），提到了"开办新式学堂"。在这一历时 103 天的变法中，清政府决定创办京师大学堂。它以"广育人才，讲求时务"为宗旨，准备设立天学、地学、道学、政学、文学、武学、农学、工学、商学、医学十科。变法失败后，京师大学堂得以保留。1900 年八国联军占领北京期间停办。1902 年复校，增设预备科及速成科等。1903 年增设进士馆、译学馆、医学实业馆。1905 年又设政法、文学、格致、工科四科。从开办学堂的宗旨到设立各馆，可以看出当时是讲究办学"时务"、设馆"实业"。

在设立学堂的过程中，清政府也在不断尝试拟订学堂章程。1904 年 1 月，清政府公布了由张之洞、荣庆、张百熙主持重新拟订的一系列学制系统文件，被称为"癸卯学制"。"癸卯学制"是中国近代第一个正式施行的学制。该学制包括了《初等小学堂章程》《高等小学堂章程》《中学堂章程》《高等学堂章程》《大学堂章程》（附《通儒院章程》）、《蒙养院及家庭教育法》《初级师范学堂章程》《优级师范学堂章程》《初等农工商实业学堂章程》（附《实业补习普通学堂章程》及《艺徒学堂章程》）、《中等农工商实业学堂章程》《高等农工商实业学堂章程》《实业教员讲习所章程》《译学馆章程》《进士馆章程》，还有《学务纲要》《各学堂管理通则》《各学堂奖励章程》和《各学堂考试章程》等。从纵向上看，该学制把学校教育划分为三个阶段，即初等教育阶段、中等教育阶段与高等教育阶段；从横向上看，把学校教育归纳为普通教育和专门教育两大部类。从表 2－1 所示的"癸卯学制"学校体系可以看出，实业、师范、艺徒等学堂是职业教育学校的前身。

"癸卯学制"是中国近代由国家颁布的第一个在全国范围内实行推行的系统学制。1904 年（清光绪三十年）1 月 13 日清政府颁布。因制定颁布于旧历癸卯年，故又称"癸卯学制"。它的颁行结束了几千年来办教育无章程、学校无体系的状态，确立了中国现代学制的基本模式和框架，是奠定中国现代学制的第一块基石，在我国教育史上具有创世纪的意义，标志着政府开始

表 2-1   "癸卯学制" 学校体系

基础教育		专门职业教育		
		实业教育	师范教育	特别教育
初等教育	蒙养院	—	—	—
	初等小学堂	艺徒学堂、实业补习普通学堂	—	—
	高等小学堂	初等农工商实业学堂	—	—
中等教育	中学堂	中等农工商实业学堂	初级师范学堂	
高等教育	高等学堂	高等农工商实业学堂、实业教员讲习所	优级师范学堂	进士馆、译学馆
	大学堂	—	—	—
	通儒院	—	—	—

有意识地移植资本主义国家的职业教育制度。在这个阶段虽没有直接提出职业教育的概念，但实现了实业教育体系在近代学制中的确立。

2.2   职业教育形成阶段

辛亥革命后，中国普通教育的发展速度快于实业教育。以黄炎培为代表的教育改革人物对中国的教育进行了研究，促进了实业教育向职业教育的转型。下面着重分析黄炎培的职业教育思想。

2.2.1   黄炎培简介

黄炎培，号楚南，字任之，江苏省川沙县（今上海市浦东新区）人，是我国近现代著名的爱国主义、民主主义教育家和社会活动家，他将毕生精力奉献于中国的职业教育事业，为改革脱离社会生活和生产的传统教育，建设中国的职业教育，作出过重要贡献。黄炎培在《实施实业教育要览》中认为"凡用教育方法，使人人获得生活的供给及乐趣，一面尽其对群众之义务，此教育名曰职业教育"。

1916 年 9 月，黄炎培在江苏省教育会内设立了职业教育研究会。1917 年

5月6日在上海成立了中国近代史上第一个研究、试验、推行职业教育的全国性团体"中华职业教育社"。1917年10月25日创办了《教育与职业》杂志。1918年8月20日，在上海南市陆家浜创立了中华职业学校，设有木工、铁工、珐琅、纽扣四科，并附设工厂。后来又添设土木、留法勤工俭学、染织、师范、商业等科，学生实行半工半读。黄炎培亲定了"劳工神圣""双手万能""手脑并用"的办学方针和"敬业乐群"校训，并进一步明确说明职业教育是为个人谋生之预备，为个人服务社会之预备，为世界及国家增进生产能力之预备。黄炎培是第一个提倡"增加生产从教育入手"的人。

2.2.2　黄炎培职业教育思想的形成与发展

黄炎培的职业教育思想是在汲取西方先进国家的教育经验，反思中国自办新教育以来的问题和教训的不断探索中逐步形成的，他的教育观、职业教育观对现今的职业教育发展仍具有重要的借鉴意义及价值。黄炎培认为广大学生接受教育是要用所学得的知识与技能从事某种社会工作，进而实现个人的生命意义和价值。"无论受教育至若何高度，总以其所学能应用社会、造福人群为贵。彼不务应用而专读书，无有是处"。但职业与教育结合在一起，一直以来却受人歧视。这是因为人类先有职业，后有职业教育，且不同的职业由于其内涵特性的差异，形成了从业者身份与社会地位的差异。然而，"一个社会人人有职业，有与其个性相适合之职业，则人人得事，事事得人，社会无有不发达者"。如果人人都只想从事"高贵"的职业，那社会将会不稳定，因此"职业平等，无高下，无贵贱"。

何谓职业教育？职业教育古而有之。古时以父子相传、师徒相授等方式进行技艺传授便是职业教育最早的形态。之后，随着第一次工业革命的兴起，机器化时代的到来，对加工产品的精细化及标准化要求越来越高，传统的父传子、师带徒方式已不适应社会的需求，很多企业纷纷招募学徒进行集中培训，为企业规模化生产提供所需的熟练的一线技术工人。这种岗前培训方式推动了职业教育的发展，现代职业教育便由此产生。它首先在英国，继而在德、法、美等国得到发展。我国首次出现"职业教育"一词是1904年山西农林学堂总办姚文栋的《山西农林学堂添聘普通教习详文》中。而在当时，虽然普通教育和实业教育是20世纪初清政府教育改革的两大热点，但普通教育的发展速度远高于实业教育的发展速度。1913 年，黄炎培在《教育杂志》上发表《学校教育采用实用主义之商榷》，对"癸卯学制"颁布以来中国教育尤其是普通教育发展中的问题作了分析，认为学生在学校接受的普通教育走上社会毫无用处，需要加强学校教育、个人生活与社会之间的联系。这篇文章在教育界引起了强烈反响，标志着早期实用主义教育思潮的形成，引发了人们教育观念的变化。

之后，黄炎培去美国考察。1916 年 1 月，他在《东西两大陆教育不同之根本谈》一文中说："余之考察教育，所兢兢于心者不敢忘一'我'字。盖考察者我也，非他也。我之所以考察，亦为我也，非为他也。以故足迹所至，苟有咫闻尺见，其所发第一念即'于我之比较如何'，其第二念即'我之对此当如何'。"1917 年，黄炎培从美国考察回来后，认为中国的教育"乃纯乎为纸面上之教育。所学非所用，所用非所学"，改良之道"不独须从方法上研究，更须在思想上研究"。他的结论是中国的教育须采取实用主义，发展职业教育。同时，对职业教育的广义及狭义概念进行了明确界定。黄炎培先生认为"职业教育，以教育为方法而以职业为目的者也"，其内涵"是职业学校教育、职业补习教育、职业指导的三分说"。黄炎培的这些论述代表着其职业教育思想的形成。

自此，黄炎培职业教育思想不断发展、成熟，形成体系。如何办职业教育？"事前必须有缜密调查，以决定社会需要、职业趋向、环境要求。事后尤须有详细考察，以占所造就人才是否能适应职业的环境，切合职业界的要求"。至于职业教育程度及年限，"需要人才，似宜备高低数种"，需要根据社会需求和该专业难易程度，弹性设置年限。职业教育还需与时俱进，"用科学解决，百业有进步；不用科学解决，便无进步"。目前，在社会产业升级、产品（如飞机、高铁等）复杂程度加剧的大环境下，职业教育也面临着改革创新，原有的职业教育体系需要被打破，职业教育需要向深度发展。职业本科的提出迎合了时代发展的需要，它不是以往高职院校与普通高校联合办学的一种本科类型（如 3 + 2，4 + 0 等形式），而是与普通本科并列的全日制本科学历教育的一种类型，学位为专业学士。

另外，在职业教育教学上，黄炎培先生一直认为"应做学合一，理论与实习并行，知识与技能并重"；在职业素质上，"第一要义即'为群服务'""养成耐劳习惯、减低欲望、适应社会三点"；在教师的聘用及培养上，"最好请精练之技手，再参加以专门学者，绝对合作办理职业教育"，"如不易得学校教授与经验并重者，毋宁聘有职业经验者，较之仅受学校教授者必差胜"。职业教育的发展，不只是职业学校的事，"须同时和一切教育界、职业界努力地沟通和联络……须分一部分精神，参加全社会的运动"。

总之，黄炎培早期职业教育思想重"实用"，认为开展职业教育一是"为个人谋生之准备"，二是"为个人服务社会之准备"，三是"为世界、国家增进生产力之准备"，将解决生计问题放在首位。

20世纪20年代初期，职业教育的"功能"被日益重视，黄炎培提出"使无业者有业，使有业者乐业"，职业教育不再是单一的谋生手段，而是自我发展、服务社会、造福他人的有效途径。

20世纪20年代中后期，在总结近十年职业教育发展经验的基础之上，黄炎培给出了成熟度较高的"大职业教育方针"，主张"办职业学校的，须同时和一切教育界、职业界努力地沟通和联络；提倡职业教育的同时须分一部分精神，参加全社会的运动"。"只从职业学校做功夫，不能发达职业教育；只从教育界做功夫，不能发达职业教育；只从农、工、商职业界做功夫，不能发达职业教育"。指出职业教育活动不是一种独立的社会活动，它受到其他各类社会活动的制约，是社会政治、经济发展的产物，同时又是推进政治改良、经济发展的重要力量，即强调了职业教育与外部环境的"融合"。

黄炎培职业教育思想有效指导了职业教育实践活动，为近代乃至现代的职业教育发展奠定了坚实的理论基础，积累了丰富的实践经验，在整个中国教育史上都是十分有意义的。

2.2.3 黄炎培职业教育观总结

（1）职业教育的作用："谋个性之发展""为个人谋生之准备""为个人服务社会之准备""为世界、国家增进生产力之准备"。

（2）职业教育的地位：职业教育在学校教育制度上的地位应是一贯的、整个的和正统的。

（3）职业教育的目的为"劳动者文化、业务水平的提高""造就新型知识分子"服务。

（4）职业教育的方针：社会化——强调的是职业教育须适应社会需要；

科学化——用科学来解决职业教育问题。

（5）职业教育的教学原则："手脑并用""做学合一""理论与实际并行""知识与技能并重"。

（6）职业教育思想的特点：①教育与生活联系。黄炎培在职业指导上的要求就是"帮助个人选择、预备、决定及增进他的职业"，使他们能够做到"敬业乐群""裕国利民"。②教育与劳动结合。黄炎培把"尊重劳动"作为职业教育所奉行的重要信条，把"敬业乐群"作为中华职业学校的校训。③学和用的联系。黄炎培反对劳心劳力分离，注意学和用的联系，主张手脑并用，"要使动手的读书，读书的动手，把读书和做工两下联系起来"，只有手脑两部联合才能产生世界文明。

2.3　职业教育成型阶段

在这一阶段，中国的职业教育由新中国成立后的缓慢发展到改革开放，特别是 1996 年《中华人民共和国职业教育法》颁布后的快速发展，其发展重点由中等职业教育向高等职业教育转变。

2.3.1　恢复期（1949 年 10 月—1956 年）

这一阶段的七年时间，是中国社会过渡时期。随着新生政权的不断巩固，国民经济逐渐得以恢复和发展，党和政府结合我国的实际情况进行教育领域的改革，通过调整、整顿和新建等举措，建立并健全了中等职业教育制度，职业教育逐渐形成了以中专、技工教育、农民职业教育和在岗职工职业培训为主的结构，并成为新中国教育体系的重要组成部分，从而为新时期职业教育事业的健康发展奠定了坚实的基础。

1949 年 12 月，教育部召开了新中国成立后的第一次全国教育工作会议，提出了面向工农大众进行教育普及，并谨慎地、有步骤地对旧有教育制度进行改革。在进行改革时，以老解放区新教育经验为基础，吸收旧教育有用的经验，借鉴苏联经验，建设新民主主义教育。老解放区新教育经验是种职业教育经验，当时由于生产需要，兴办了正规的初、高级职业学校及职业训练班，办学形式多样化，通过开设政治课、文化课、业务课等课程，培养专业干部。在课程安排上，重视思想政治教育、劳动教育，这为职业教育价值理念的形成提供了宝贵的经验。同时，课程设置具有针对性、实效性，强调实用性。对于旧有教育制度，新中国成立后并没有全盘否定，而是按照社会发展需要，对原有的公办、私立职业学校和技术补习学校进行改造，改为中等技术学校。这样，新改造的学校与新设的技术学校、老解放区迁出及新建的中等技术学校，构成了新中国中等技术教育的体系，为整个民族的文化素质提升作出了巨大贡献。在办学模式上，吸收了苏联教育体制、专业设置、课程体系、实践教学、法规制度等方面经验，在摸索中前进。

党和政府非常重视职业教育的发展，紧锣密鼓地出台了一系列推动中等职业教育发展的政策措施。如1951年6月，召开了第一次全国中等技术教育会议，明确了中等技术教育的方针和任务、行政隶属关系以及经费拨付等问题。1951年10月，政务院公布实施《关于改革学制的决定》，明确了中等技术学校的任务是培养工业、农业、交通、运输等方面的初级和中等人才。1952年3月，周恩来总理在《政务院关于整顿和发展中等技术教育的指示》中指出"培养技术人才是国家经济建设的必要条件，而大量地训练与培养中级和初级技术人才尤为当务之急"。1952年8月，教育部出台了《中等技术学校暂行实施办法》，在职业学校的办学宗旨、培养目标、组织机构、人员编制、领导管理、课程学时、学生就业等方面做了相应规定。1952年9月，出台了《关于统一中等技术学校（包括专业学校）名称的规定》，首次提出并要求规范使用"中等专业学校"一词。1952年10月，又出台了《中等技术学校（包括专业学校）试行组织编制》，在校园面积、校舍建筑、图书、设备、师资等方面设置了高标准要求。1953年7月，政务院和高等教育部颁布了《关于中等技术学校（中等专业学校）设置专业的原则的通知》和《关于中等专业学校毕业生分配工作的指示》，要求学校办学不要出现同质化，应适当分工，同一学校根据性质相近设置专业；同时，毕业生由各业务部门分配工作。原有的初级技术学校、初高级五年一贯制学校、中专与大专一贯制学校均停止招生，中专层次固定在初中之后，至此，新的中专教育体制确定。1954年的全国中等专业教育行政会议与《关于改进中等专业教育的规定》《中等专业学校章程》，对中国中等专业教育体制进行了定型。

2.3.2 发展期（1957—1965 年）

通过前一阶段的建设，中国高校、中专、技校已得到了很大发展。1957年的教育事业计划要求职业学校在规模发展的同时要更加重视办学质量，提升职业教育对国民经济的贡献。当时的职业教育发展重点主要表现在兴办农业中学、中等专业技术教育改革、城市职业学校兴办和半工半读教育。1958年，党中央、国务院出台了《关于教育事业管理权力下放问题的规定》，提出必须改变过去条条为主的管理体制，给予地方权力，让地方政府在教育发展中发挥作用。据数据统计，1956 年上半年中专学校有 738 所，到年底猛增至1353 所，学生也从 48.2 万人增至 81.2 万人，至 1960 年，全国农业中学已有2 万多所。这一阶段农村中学的蓬勃发展，整体上提高了农村文化水平，但是在创办学校时，对投入资源的多少、学校发展规律等的考虑还有很大欠缺，效果昙花一现。同时，各地中等专业学校和技工学校虽数量上增多了，但各自为政，出现了教育质量下降等问题。国家不得不进行调整，通过压缩规模、精减人员等措施来提高质量。1964 年 10 月，国务院文教办发文指出中专、技校和职校的管理职责划归教育部中等专业教育司，意味着中国开始全方位管理职业教育。

从 1957 年到 1965 年，中国职业教育发展虽然中间有起伏波动，但总体发展良好。经过十几年的发展，中国职业教育和技术教育已初见体系。

2.3.3 滞缓期（1966—1976 年）

这一阶段，中国经历了"文化大革命"，阻碍了职业教育的发展。很多职业院校遭到了破坏，不得不停办，原来建立的教育体系结构被打破。在1971 年 7 月召开的全国教育工作会议上，各方代表强烈要求办好中专，因为单靠大学满足不了社会对人才的结构需求。同年，对外贸易部率先向国务院上报开办外贸中等专业学校，获批。之后，各地方政府也慢慢开始重视中等职业学校及技术学校的恢复和发展。1972 年后，职业教育再次恢复、发展。在"文化大革命"期间，人们意识到职业教育对经济发展的意义及价值，虽然前期造成了不可挽回的损失，但是后期得到了恢复和发展，中等职业学校及技术学校的数量、招生数及在校生数量甚至超过了"文化大革命"前水平。

2.3.4 成长期（1977—1984 年）

从新中国成立到"文革"结束，中国的职业教育发展一波三折，主要依靠政治力量干预，社会大众还未完全认识清楚职业教育的作用、摸清楚职业教育的规律，普通中等教育、普通高等教育以及职业教育在整个教育体系中重要程度占比的变化幅度较大，职业教育在"文革"期间甚至被挤压在非常小的空间内，难以得到大众的认同及重视。但是，职业教育仍是培养人才不可或缺的一部分，对经济的增长起到重要作用。

党的十一届三中全会后，党和国家的重心转移到经济建设上来，急需大批实用人才。1978 年 4 月 22 日，邓小平在全国教育工作会议上明确指出要扩大农业中学、各种中等专业学校、技工学校的比例。1980 年 10 月，国务院批转了《关于中等教育结构改革的报告》，将部分普通高中改为职业（技术）学校、职业中学等，且允许社会力量办学，开始大力增加中专、技校的办学数量。1983 年，中共中央发布《关于追加发展城乡职业技术教育开办补助费的通知》，通过财政补贴，积极支持城乡职业技术教育事业的发展。此外，还通过举办职业技术教育小型座谈会、筹建职业教育中心、培养专业师资与管理干部、编写教材、邀请国外职业教育专家介绍经验等措施全力提高职业教育办学水平。

长期以来，职业教育的核心与主体一直是中等职业教育。随着经济快速发展，产业结构的快速转变，社会对高素质技术技能型人才需求不断增加，发展高等职业教育刻不容缓。20 世纪 80 年代，国家开始发展高等职业教育，不仅把原来办过大专或本科的中专升格为大专，而且批准成立了一批职业大学，如金陵职业大学、江汉大学、洛阳大学等，调整了高等教育的结构、层次。

2.3.5 快速发展期（1985—1996 年）

这一阶段是职业教育发展的快速期，其间出台了很多职业教育政策。

1985 年 5 月，党中央、国务院召开的全国教育工作会议和《中共中央关于教育体制改革的决定》（以下简称《决定》），将发展职业技术教育作为教育体制改革的重点及突破点。《决定》中指出职业教育虽然强调多年，却是整个教育事业中最薄弱的环节，重要原因是"历史遗留的鄙薄职业技术教育的陈腐观念根深蒂固"。根据要求，我国开始实行中学阶段分流制度。首次分流是初中毕业生一部分进入普通高中，另一部分接受相当于高中阶段的职业技术教育。第二次分流是高中毕业生一部分升入普通大学，另一部分接受高等职业教育。通过这样的分流制度，"逐步建立起一个从初级到高级、行业配套、结构合理又能与普通教育相互沟通的职业技术教育体系"。

1986 年 6 月，职业技术教育委员会成立，负责协调各部委、各有关部门和省、自治区、直辖市的职业技术教育工作，并对涉及部门之间有关职业技术教育工作的重大问题进行磋商或者提出建议、意见和方案，从执行层面上推动职业教育的发展。同年 7 月，国家教委联合其他三部委召开了第一次全国职业技术教育工作会议，会议明确了五年规划目标。截至 1990 年，我国已形成类型丰富的职业教育体系，如中专学校、技工学校、职业中学、职业技术教育中心、就业培训中心等组成的中等职业技术教育体系，以及高等职业技术师范院校、短期职业大学、五年制技术专科学校等组成的高等职业技术教育体系。

1991 年 1 月，国家教委联合其他部委召开了第二次全国职业技术教育工作会议。通过数据显示，受过中等职业技术教育的农民收入明显高于未受教育的农民。职业教育不仅对社会、经济产生积极影响，而且对提高个人收入起着积极作用。1991 年 10 月，国务院发布《关于大力发展职业技术教育的决定》（国发〔1991〕55 号），对职业技术教育下一步的发展目标、任务加以明确，即"在九十年代要逐步做到""初步建立起有中国特色的，从初级到高级、行业配套，结构合理、形式多样，又能与其他教育相互沟通、协调发展的职业技术教育体系的基本框架"。

1992 年，党的十四大明确指出我国经济体制改革的目标是建立和完善社会主义市场经济体制，这意味着我国经济体制改革及经济发展进入了新发展阶段。在这一背景下，1993 年，国家教委颁布了《中国教育改革和发展纲要》（以下简称《纲要》），该纲要宏观规划了我国职业教育未来发展的走向。同时，《纲要》指出职业教育的办学力量由政府办学为主转向主要依靠社会力量，让职业教育更贴近市场，职业教育开始进行体制改革。1996 年 5 月 15 日，中国职业教育史上迎来了重要的里程碑。第八届全国人大常务委员会第十九次会议通过了《中华人民共和国职业教育法》，使职业教育有了自己的专门法。

这一阶段的职业教育受政策、经济、社会发展影响，在稳步发展前进。国家继续对职业教育实行统包统配政策，就业有保障，吸引了部分优秀学生进入中专、技校；很多职高毕业生可以选择继续升学或是当地就业，职高生源良性循环；政策发力，形成了一批国家级、省级重点骨干示范院校，促进了职业院校的快速发展。

2.4　职业教育完善阶段

2.4.1　遇冷期（1997—2001 年）

中国职业技术教育经过前一阶段的快速发展，在世纪之交，面临着巨大挑战。1993 年的《纲要》指出应依靠社会力量来发展职业教育。职业教育由计划经济体制转向由市场驱动时，由于 1997 年亚洲金融危机、生源危机，出现了不适应状态，数量及规模出现了较大波动。1997 年的亚洲金融危机使我国外贸出口受到了严重影响，就业面临着前所未有的挑战。职业教育体制的改革，让职业院校尤其是中职院校面临着财政经费、福利待遇等较多困难，校企合作也面临着中断，中职毕业生就业困难陡然增大。很多初中毕业生不得不进行理性思考与慎重选择。同时，1994 年开始，高校每年稳步扩招 3% ~4%，仍然还有较大需求缺口。1999 年，为应对亚洲金融危机带来的社会问题，国家进一步进行高校扩招，教育部公布的《面向 21 世纪教育振兴行动计划》中提出，力求到 2010 年实现大学入学率接近 15%（即在校人数与适龄人口之比）。为上好大学，社会民众又将目光转向了高中教育，对职业的歧视、中职的冷落又回来了。

政策方面，1998 年 8 月 29 日第九届全国人大常委会第四次会议通过并颁布了《中华人民共和国高等教育法》，明确界定"高等学校是指大学、独立设置的学院和高等专科学校，其中包括高等职业学校和成人高等学校"。

同年 10 月，教育部召开了职业教育改革与发展座谈会，提出中等职业教育应从数量转到质量上来。1999 年 6 月，党中央、国务院召开的改革开放以来的第三次全国教育工作会议指出，要调整教育体系结构，在扩大高中阶段教育和高等教育规模的同时，大力发展各级各类职业技术教育。随后出台的《中共中央　国务院关于深化教育改革全面推进素质教育的决定》中再次提出高等职业教育是高等教育的重要组成部分，要大力发展。形势的变化，使得中职教育处于边缘化，不得不积极为升格高等职业院校而准备。尽管 2000 年教育部领导在教育工作会议上强调，今后要长期坚持大力发展职业方针，包括后来出台了许多促进中职教育发展的政策，但效果一般。

2.4.2 改革发展期（2002—2018 年）

在这一阶段的十几年中，职业教育的地位、价值、作用慢慢得到社会的认同，中等职业教育慢慢复苏，高等职业教育迅速发展。2002 年 8 月，国务院出台了《国务院关于大力推进职业教育改革与发展的决定》（国发〔2002〕16 号）①，再次突出职业教育的地位、重要性，"职业教育为初、高中毕业生和城乡新增劳动者、下岗失业人员、在职人员、农村劳动者及其他社会成员提供多种形式、多种层次的职业学校教育和职业培训，是我国教育体系的重要组成部分，是国民经济和社会发展的重要基础"，规范了学校命名，"实施高中阶段学历教育的各类职业学校统一规范为'××职业技术学校'，高等专科学校和成人高等学校要逐步统一规范为'××职业技术学院'""坚持学历教育与职业培训并重"等一些亮眼决定。2002 年 11 月，江泽民在党的十六大报告中提出"加强职业教育和培训，发展继续教育，构建终身教育体系"。2006 年 8 月 27 日，《教育部等七部门关于进一步加强职业教育工作的若干意见》（教职成〔2004〕12 号）提出"进一步扩大中等职业教育招生规模""在高等教育中，高等职业教育招生规模应占一半以上"。② 2005 年 11 月 7 日，第六次全国职业教育工作会议在北京召开，会议

---

① http：//www.gov.cn/gongbao/content/2002/content_61755.htm.

② http：//www.gov.cn/ztzl/content_370852.htm.

首次提出"要发展中国特色的职业教育，建立和完善有中国特色的现代职业教育体系；首次提出要逐步增加公共财政对职业教育的投入，并且明确在'十一五'期间中央财政带头投入 100 亿元；首次强调职业教育要关注个人需求，要资助困难家庭子女；首次提出加强职业教育基础能力建设，并以'四项工程''四大计划''四项改革'等非常具体切实的措施来保证职业教育的发展"。[1]

2010 年 7 月 29 日，教育部发布了《国家中长期教育改革和发展规划纲要（2010—2020 年）》，制定了职业教育 2020 年的目标"形成适应经济发展方式转变和产业结构调整要求、体现终身教育理念、中等和高等职业教育协调发展的现代职业教育体系，满足人民群众接受职业教育的需求，满足经济社会对高素质劳动者和技能型人才的需要"，要求"实行工学结合、校企合作、顶岗实习的人才培养模式""积极推进学历证书和职业资格证书'双证书'制度，推进职业学校专业课程内容和职业标准相衔接"等。[2] 职业教育向着高质量方向发展，开始强调内涵建设。

2013 年 11 月，《中共中央关于全面深化改革若干重大问题的决定》指出"加快现代职业教育体系建设，深化产教融合、校企合作，培养高素质劳动者和技能型人才"，突出了职业教育应继续深入产教融合、校企合作的办学模式。该模式在 2017 年国务院办公厅印发的《国务院办公厅关于深化产教融合的若干意见》（以下简称《意见》）中再次强调。《意见》首次明确了深化产教融合的政策内涵及制度框架，将教育先行、人才优先融入各项政策，完善了产教融合推进机制。深化产教融合，将促进职业教育、高等教育发展，加强创新型人才和技术技能人才培养，更好发挥教育对产业转型升级支撑引领作用，进一步推动教育与经济社会协调发展[3]。

2014 年 5 月 2 日，《国务院关于加快发展现代职业教育的决定》（国发〔2014〕19 号）出台[4]，在总体要求、现代职业教育体系、职业教育办学活力、人才培养质量、发展保障、组织领导六方面 28 条系统地对现代职业教育体系进行了顶层设计。同年 6 月，教育部等六部门印发《现代职业教育体系

---

① http://www.zjchina.org/mms/shtml/216/news/1454.shtml.
② http://www.moe.gov.cn/srcsite/A01/s7048/201007/t20100729_171904.html.
③ http://www.gov.cn/zhengce/content/2017-12/19/content_5248564.htm.
④ http://www.gov.cn/zhengce/content/2014-06/22/content_8901.htm.

建设规划（2014—2020 年）》，时隔八年再一次召开的全国职业教育工作会议，为今后职业教育发展创设了更为广阔的空间，表明国家高度重视职业教育，职业教育将迎来前所未有的变革。在《现代职业教育体系建设规划（2014—2020 年)》中，国家清晰地画出了教育体系基本框架，如图 2－1 所示，以体现职业教育的层次结构、终身教育、办学类型与普通教育关系等，围绕服务产业、区域发展、人才衔接、高职优化、中职加强、民办加快、课程体系、信息化进程、双师培养等十二个重点任务，以加快职业教育发展步伐。

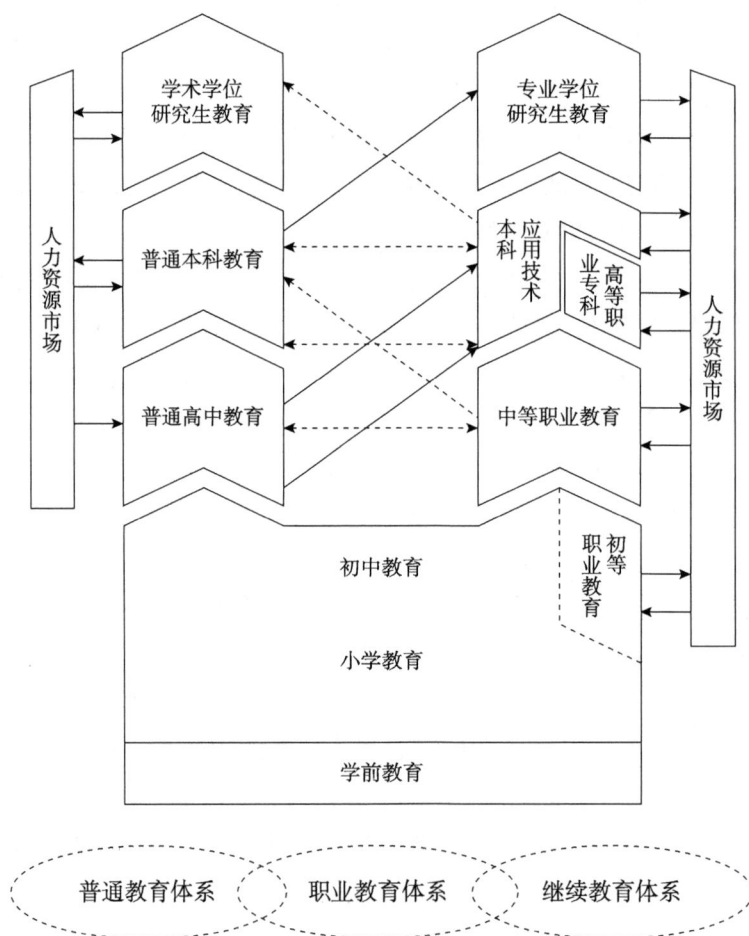

图 2－1　教育体系基本框架

对于职业教育的重要性、技术技能人才对社会经济发展的关键性等，在一些重要批示、讲话、文件及政策与措施中均有体现，如习近平总书记关于职业教育的重要批示中指出"职业教育是国民教育体系和人力资源开发的重要组成部分，是广大青年打开通往成功成才大门的重要途径，肩负着培养多样化人才、传承技术技能、促进就业创业的重要职责，必须高度重视、加快发展。要树立正确人才观，培育和践行社会主义核心价值观，着力提高人才培养质量，弘扬劳动光荣、技能宝贵、创造伟大的时代风尚，营造人人皆可成才、人人尽展其才的良好环境，努力培养数以亿计的高素质劳动者和技术技能人才"。2014 年，时任总理李克强在全国职业教育工作会议上说，要把提高职业技能和培养职业精神高度融合，不仅要培养大批怀有一技之长的劳动者，而且要让受教育者牢固树立敬业守信、精益求精等职业精神，让千千万万拥有较强动手和服务能力的人才进入劳动大军。使享誉全球的"中国制造"更多走向"优质制造""精品制造"，而且要补上服务的短板①。

在职业教育发展所需的师资方面，2018 年 1 月 20 日，中共中央、国务院出台《关于全面深化新时代教师队伍建设改革的意见》明确了职业教育师资目标，即"经过 5 年左右努力，教师培养培训体系基本健全，职业发展通道比较畅通，事权人权财权相统一的教师管理体制普遍建立，待遇提升保障机制更加完善，教师职业吸引力明显增强。教师队伍规模、结构、素质能力基本满足各级各类教育发展需要"。②

这一阶段总体来说职业教育发展非常迅速，一系列政策对职业教育作出了战略部署，构建了较为完善的职业教育体系，明确了职业教育未来发展的方向和重点，大大提升了职业教育的社会地位。

2.5 职业教育新发展阶段（2019 年至今）

这一阶段，职业教育迎来了新一轮的改革发展期。2019 年是职业教育改革不平凡的一年。1 月 24 日，国务院正式印发了《国家职业教育改革实施方案》（以下简称《方案》）。《方案》做了一个判断，"与发达国家相比，与建

---

① http：//china. cnr. cn/news/201406/t20140624_515714782. shtml.
② http：//www. gov. cn/zhengce/2018 - 01/31/content_5262659. htm.

设现代化经济体系、建设教育强国的要求相比，我国职业教育还存在着体系建设不够完善、职业技能实训基地建设有待加强、制度标准不够健全、企业参与办学的动力不足、有利于技术技能人才成长的配套政策尚待完善、办学和人才培养质量水平参差不齐等问题，到了必须下大力气抓好的时候。没有职业教育现代化就没有教育现代化"。《方案》提出了"三个转变"是指发展模式的转变，即要从注重数量向注重质量的方向转变，从政府举办为主向政府统筹、社会多元办学的格局转变，从参照普通教育的模式向产教融合、办学特色更加鲜明的类型教育方向转变。《方案》主要内容包括：一是完善国家职业教育制度体系。完善学历教育与培训并重的现代职业教育体系，源源不断为各行各业培养亿万高素质的产业生力军。二是构建职业教育国家标准。启动 1+X 证书制度试点工作，培养复合型技术技能人才。三是促进产教融合校企"双元"育人，狠抓教师、教材、教法改革，打一场职业教育提质升级攻坚战。四是建设多元办学格局，着力激发企业参与和举办职业教育的内生动力。五是完善技术技能人才保障政策，落实提高技术技能人才待遇的相关政策，健全经费投入机制。六是加强职业教育办学质量督导评价，建立职业教育质量评价体系，支持组建国家职业教育指导咨询委员会。七是做好改革组织实施工作，加强党对职业教育工作的全面领导，完善国务院职业教育工作部际联席会议制度。这次的《方案》强调落实建设中国特色职业教育体系的工作目标，明确办好类型教育的发展方向，形成共同推动职业教育的合力，在学校设置、师资队伍、教学教材、信息化建设、安全设施等方面建立制度标准，推出一批如双高学校和专业建设计划、高水平实训基地建设等有基础可操作的重大项目，启动诸如 1+X 证书制度试点、本科层次职教试点、产教融合型企业等重大改革试点。

《方案》是中央深化职业教育改革的重大制度设计，在职业教育发展史上有着举足轻重的作用。在《方案》印发后，国家陆续推出相应的配套政策，形成推进职业教育的"组合拳"。2019 年 4 月 4 日，《教育部等四部门印发〈关于在院校实施"学历证书+若干职业技能等级证书"制度试点方案〉的通知》（教职成〔2019〕6 号），要求"试点院校以高等职业学校、中等职业学校（不含技工学校）为主，本科层次职业教育试点学校、应用型本科高校及国家开放大学等积极参与"。

2019 年 5 月，教育部等六部门印发《高职扩招专项工作实施方案》，对贯彻落实高职大规模扩招 100 万人提出具体要求。①

2019 年 5 月 14 日，《教育部办公厅关于全面推进现代学徒制工作的通知》（教职成厅函〔2019〕12 号），在招生招工一体化上，提出"明确学徒的企业员工和职业学校学生双重身份"；在标准体系建设上，提出"专业设置与产业需求对接、课程内容与职业标准对接、教学过程与生产过程对接"的要求；在双导师团队建设上，提出"校企分别设立兼职教师岗位和学徒指导岗位""加大学校与企业之间人员互聘共用、双向挂职锻炼、横向联合技术研发和专业建设的力度"；在教学资源建设上，提出"开发一批新型活页式、工作手册式教材并配套信息化资源"；在培养模式改革上，提出"实施弹性学习时间和学分制管理，育训结合、工学交替、在岗培养，积极探索三天在企业、两天在学校的'3 + 2'培养模式"；在管理机制建设上，提出"校企协同制订现代学徒制专业人才培养方案，并由学校党委会审定。校企共同分担人才培养成本"②。

2019 年 5 月 31 日，《教育部关于印发〈高等职业学校物流管理专业实训教学条件建设标准〉等 21 项职业教育教学标准的通知》（教职成函〔2019〕9 号），在实训教学场所、实训教学设备要求、实训教学管理与实施等方面进行标准设置。③

2019 年 6 月 5 日，教育部出台《教育部关于职业院校专业人才培养方案制订与实施工作的指导意见》（教职成〔2019〕13 号），要求明确培养目标、规范课程设置、合理安排学时、强化实践环节、严格毕业要求、促进书证融通、加强分类指导等，并对相关要求作了量化，如"一般按照相应职业岗位（群）的能力要求，确定 6 ~ 8 门专业核心课程和若干门专业课程""三年制中职、高职每学年安排 40 周教学活动。三年制中职总学时数不低于 3000，公共基础课程学时一般占总学时的 1/3；三年制高职总学时数不低于 2500，鼓励学生自主学习，公共基础课程学时应当不少于总学时的 1/4。中、高职选修课教学时数占总学时的比例均应当不少于 10%。一般以 16 ~ 18 学时计为 1 个学分""实践性教学学时原则上占总学时数 50% 以上"等。④

---

① http：//zhzjs. org. cn/zcfg/89731. jhtml.
② http：//zhzjs. org. cn/zcfg/89729. jhtml.
③ http：//www. moe. gov. cn/srcsite/A07/moe_953/201906/t20190611_385274. html.
④ http：//zhzjs. org. cn/zcfg/89727. jhtml.

2019 年 7 月 1 日，《教育部关于公布〈高等职业教育创新发展行动计划（2015—2018 年）〉项目认定结果的通知》（教职成函〔2019〕10 号），认定一批职业教育的重点项目如骨干专业、生产性实训基地、优质专科高等职业院校、"双师型"教师培养培训基地、虚拟仿真实训中心、协同创新中心、技能大师工作室等。①

2019 年 8 月 30 日，《教育部等四部门关于印发〈深化新时代职业教育"双师型"教师队伍建设改革实施方案〉的通知》（教师〔2019〕6 号），提出"到 2022 年，职业院校'双师型'教师占专业课教师的比例超过一半，建设 100 家校企合作的'双师型'教师培养培训基地和 100 个国家级企业实践基地，选派一大批专业带头人和骨干教师出国研修访学，建成 360 个国家级职业教育教师教学创新团队，教师按照国家职业标准和教学标准开展教学、培训和评价的能力全面提升，教师分工协作进行模块化教学的模式全面实施，有力保障 1 + X 证书制度试点工作，辐射带动各地各校'双师型'教师队伍建设，为全面提高复合型技术技能人才培养质量提供强有力的师资支撑"的目标。②

2019 年 9 月 10 日，《人力资源社会保障部　教育部关于深化中等职业学校教师职称制度改革的指导意见》明确"把师德放在评价的首位""强化师德考评，实行师德问题'一票否决'""对文化课、专业课教师和实习指导教师进行分类评价"等。③

2019 年 10 月 25 日，教育部、财政部公示"中国特色高水平高职学校和专业建设计划"拟建单位名单，共有 197 个拟建单位上榜。④

2020 年 6 月 16 日，教育部发布《职业院校数字校园规范》，为发展"互联网＋职业教育"奠定基调，规范、引导职业院校信息化工作。⑤

2020 年 8 月 14 日，教育部办公厅发布《教育部办公厅关于做好职业教育专业目录修（制）订工作的通知》（教职成厅函〔2020〕10 号），要求进行"一体化设计中职、高职专科、本科层次职业教育专业目录，明确和畅通职业

---

① http：//zhzjs. org. cn/zcfg/89724. jhtml.
② http：//zhzjs. org. cn/zcfg/89612. jhtml.
③ http：//zhzjs. org. cn/zcfg/89654. jhtml.
④ http：//zhzjs. org. cn/zcfg/89613. jhtml.
⑤ http：//zhzjs. org. cn/zcfg/89241. jhtml.

教育人才成长通道"，要求"科学定位、调整更新职业教育各层次专业目录内容"，要求"建立健全国家宏观管理、行业科学指导、地方优化调控、学校自主设置的专业设置管理工作机制"。

2020 年 9 月 16 日，教育部等九部门关于印发《职业教育提质培优行动计划（2020—2023 年）》的通知（教职成〔2020〕7 号），设计了 10 项任务，27 条举措，提出进一步创新思想政治教育模式，进一步明确各层次职业教育办学定位和发展重点，充分发挥职业教育服务全民终身学习的重要作用，巩固职业教育产教融合、校企合作的办学模式，加快推进职业教育治理体系和治理能力现代化，系统推进职业教育"三教"改革等。

2021 年 1 月 28 日，教育部办公厅关于印发《本科层次职业教育专业设置管理办法（试行）》的通知（教职成厅〔2021〕1 号），从师资队伍，专业人才培养方案，专业所必需的合作企业、经费、校舍、仪器设备、实习实训场所等办学条件，在技术研发与社会服务上的工作基础，培养质量基础和社会声誉等方面进行了规定，特别提出本科层次职业教育专业"全校师生比不低于 1∶18；所依托专业专任教师与该专业全日制在校生人数之比不低于 1∶20，高级职称专任教师比例不低于 30%，具有研究生学位专任教师比例不低于 50%，具有博士研究生学位专任教师比例不低于 15%。""本专业的专任教师中，'双师型'教师占比不低于 50%。来自行业企业一线的兼职教师占一定比例并有实质性专业教学任务，其所承担的专业课教学任务授课课时一般不少于专业课总课时的 20%。""实践教学课时占总课时的比例不低于 50%，实验实训项目（任务）开出率达到 100%。""专业面向行业企业和社会开展职业培训人次每年不少于本专业在校生人数的 2 倍。""所依托专业招生计划完成率一般不低于 90%，新生报到率一般不低于 85%"，这些量化指标规定了职业本科专业建设最基本的要求，为办好、办实专业提供了保障。

2021 年 3 月 24 日，国务院常务会议通过了《中华人民共和国职业教育法（修订草案）》，这是继 1996 年颁布实施以来首次大修，时隔 25 年。该修订草案明确规定职业教育和普通教育是不同教育类型，具有同等重要地位；首次提出"高等职业学校"的说法；就"职业教育与普通教育相互融通"作出多项规定；对深度参与产教融合、校企合作，在提升技术技能人才培养质量、促进就业中发挥重要作用的企业予以奖励、支持等。

职业教育新发展阶段，在短短的三年时间内，国家出台的政策从《国家职业教育改革实施方案》，到《中华人民共和国职业教育法（修订草案）》，细细品味，这是从职业教育顶层设计，到人才培养方案、专业建设、师资队伍、实验室标准、信息化建设、重点项目等细节落实，再到法律法规保障的一个系统工程，为职业教育的深化发展开启了新篇章、新航程。

行是知之始，知是行之成。

——陶行知

3 数字经济时代职业教育人才培养的价值理念：大国工匠精神

教育理念是育人的灵魂。本章通过对劳动内涵、劳动文化底蕴、劳动成就价值、工匠精神内涵、工匠精神传承等内容进行分析，阐述在数字经济时代的今天，劳动观及工匠精神仍是职业教育人才培养的基本素养要求，进一步诠释现代职业教育的核心理念。

3.1 职业教育人才培养之劳动观

3.1.1 劳动的内涵

劳动，《现代汉语词典》的解释是"人类创造物质或精神财富的活动"。劳动具有价值。亚当·斯密在《国富论》中认为，国民财富来源于劳动。人类的生存以及人类社会的发展离不开劳动。马克思指出，"任何一个民族，如果停止劳动，不用说一年，就是几个星期，也要灭亡，这是每一个小孩都知道的。"人类通过劳动获取生存资料，建立各种社会关系，满足生存、情感、自我发展的需求。众所周知的马斯洛需求层次是人类需求的五级模型，从层次结构的底部向上，包括生理需求、安全需求、社交需求、尊重需求和自我实现需求。劳动是满足这些需求的基本活动，即在劳动中获得生理需求、安全需求，在劳动中建立社会关系，从而获得尊重需求和自我实现需求。

劳动分为体力劳动与脑力劳动，两者应是平等地位，无贵贱之分。毛泽东求学过程中的主张印证了这一观点。当时盛行贬低体力劳动、抬高脑力劳动，甚至将两者完全割裂对立的风潮，毛泽东极力反对，认为应将家庭、学校、社会合而为一，实行半工半读的教育模式。同时，他亲自践行体力劳动与脑力劳动的结合，进行了多次尝试，重新诠释"劳工神圣"的内涵。毛泽东还认为教育和劳动是紧密联系的，不容分开的，一方面，通过教育，培养出思想高、有觉悟、有文化的劳动者；另一方面，普通人民需要学习知识来提高劳动技能，教育必不可少。正如毛泽东所说，"我们的教育方针，应该使受教育者在德育、智育、体育几方面都得到发展，成为有社会主义觉悟的、有文化的劳动者。"中华人民共和国成立后，毛泽东在高等教育方面提出了具体要求，他指出，"学生如果只有书本知识而不做工，那是不行的。""理工学生要做实验、进工厂、搞实习，这些实践场地最好能直接进行生产"；而"文科要把整个社会作为自己的工厂……不然，学生毕业，用处不大"。对于职业教育，毛泽东主张学校应以办工厂或者农场的形式给学生提供实操的场地和机会，提高劳动技能。

3.1.2 劳动的文化底蕴

自古以来，劳动往往与辛勤搭配，通过"勤"来反映劳动的本质。在我国传统文化中，相关名言警句、经典诗句相当多，如"功崇惟志，业广惟勤""廉不言贫，勤不道苦"，尊其所闻，行其所知，"士而勤，万里青云可致身；农而勤，盈盈仓廪成红陈；工而勤，巧手超群能动人；商而勤，腰中常缠千万金……百尺竿头立不难，一勤天下无难事"等。人有志，必须勤奋实干，才能达到目的。一旦勤奋苦干，就不要抱怨辛苦，踏踏实实干，这样各行各业才能得到满意的收获，这样天下也就没什么困难之事了。

除了"勤"，劳动还需要"智慧"。蛮干而不懂方法，往往事倍功半。《道德经》第六十四章中说，"合抱之木，生于毫末；九层之台，起于累土；千里之行，始于足下"，做事从小做起、从点滴做起，一步一个脚印，坚持不懈，才能做成大事。同时要意识到"耳闻之不如目见之，目见之不如足践之""纸上得来终觉浅，绝知此事要躬行"，即听到、看到都不如亲自实践，只有实践了，才能有深刻认识。

3.1.3 劳动成就价值

价值，《现代汉语词典》的解释是"体现在商品里的社会必要劳动"。未经过劳动加工过的东西，即使对人有使用价值，也不具有价值。人通过劳动，塑造正确的价值观，得到全面发展，实现社会价值，向着更高层次进行自我价值跃进。劳动在人的价值实现过程中起着不可替代的重要作用。正如习近平指出，"一切劳动者，只要肯学肯干肯钻研，练就一身真本领，掌握一手好技术，就能立足岗位成长成才，就都能在劳动中发现广阔的天地，在劳动中体现价值、展现风采、感受快乐"。所以，认为劳动仅是谋生手段是狭隘的，更多的是人在劳动过程中实现了自我价值，可以说劳动是每个人实现自身价值的根本途径。

在物质生活丰富的今天，很多重复劳动的工作已由机器人代替，但这并不意味着可以摒弃劳动观。在劳动过程中，可以培养人的爱国情怀，因为劳动让人对一方土地、一方事物产生了热爱、依赖之情；可以培养人的敬业之心，因为劳动的艰辛让人逐渐形成和强化对职业的认可，长久的锤炼才能对事业产生依恋、热爱和敬畏；可以培养人的诚信品格，因为诚实守信，才能建立稳固的社会关系，得到他人尊重。习近平指出，"从自己做起、从身边做起、从小事做起，一点一滴积累，养成好思想、好品德"。这意味着从小事做起，养小德、积情怀、攒品质，积少成多，小德才能成大德，将这样的大德内化为个人精神，外化为自觉行动，最终劳动成就价值。

3.2　职业教育人才培养之工匠精神

3.2.1　工匠精神的内涵

工匠，《现代汉语词典》的解释是"手艺工人"。工匠与精神连接在一起，是指工匠对自己做的产品精雕细琢、精益求精，不断追求完美和极致的精神理念。自古以来，工匠精神体现了"精""守""信"三层内涵。"精"为设计之标准与目标力求精益求精、勇于创新的工匠精神；"守"为臻艺求精之过程需要秉持专心、专业、专职的工匠精神；"信"为怀抱设计之信仰，坚信设计之价值，遵从设计之道德，秉持遵道守信，德以立名的工匠精神。"精""守""信"是分别针对"技""艺""道"的素质要求，即常说的"精于技""守于艺""信于道"，这便是工匠精神的核心素质。

中国古代传统造物在工匠精神上的表现即为"技""艺""道"三个方面。这三个方面又有递进关系，即"技进乎艺，艺进乎道"，对应着工匠、艺匠、哲匠三个不同境界的设计之"匠"。在产品制作过程中，"技"是"道"的基础，"道"通过"技"才得以实现，优秀的产品既精于"技"，又重于"道"。其间，精湛而独具匠心之"技"是传承的重点，专注的、精益求精之"艺"是传承之核心。

3.2.2 工匠精神的传承

传统手工业的发展，为中国工匠精神的形成打下了坚实的基础，它的发展脉络与人类的生活需求有不可分离的关系。手工制品作为人在长期劳动实践中创造出来的文明成果，承载着传统手工匠人的劳作和智慧。五千年中华文明史记录了我国悠久的手工业传统，也记载着无数能工巧匠。技艺精湛的战国鲁班、"衣被天下"的宋元黄道婆、明代微雕大师王叔远等，他们心无旁骛、精益求精的手工劳作，传承的正是传统手工技艺和工匠精神。传统手工业成为培育工匠的"摇篮"，是工匠精神得以形成和发展的基石，推动了民族文化的发展。

专职手工从业者的逐渐增多，促使工匠职业的形成，为工匠精神的形成和发展创造了条件。笔者认为，中国工匠精神在传承和发展的过程中，主要有四个发展阶段，即以商品交换为目的，以朴素实用、精雕细琢为特征的产生阶段；以崇德尚艺为特征的兴起阶段；以主张口传心授、师徒相承为特征的传承阶段；以提倡推陈出新为特征的革新阶段。

工匠精神包含着工匠对于工艺文化的传承与革新，它的核心是一种信念，这种信念是尊重劳动、崇尚自然、注重传承、追求革新的职业操守。如今，这种工匠精神还在延续，中国桥梁、中国卫星、中国高铁、中国超算等背后都是一个个奋斗的"大国工匠"。"舌尖上的艺术家"强木根，"木版水印"的能人王玉良，为江河"把脉"的何江波，在钞票上作画的徐永才，插花界"花王"黄瑜勤，古建筑修复大师张喜平，中药材甄别家毛玉泉，勇于挑战进口设备的王树军，填补了和谐机车车载设备理论空白的王振平，从机修钳工到数控设备维修专家的刘云清等，都是工匠精神的传人。

职业教育培养的是技术技能人才，需要把工匠精神内化在教育过程中。

德国"双元制"一直是职业教育的典范。在工匠精神培育方面主要有两个特色。一是通过"匠"＋"师"的模式，形成技术工匠与艺术教师组成的双师制，实现了工匠作为工匠精神典型形象的建立，工匠精神得以在教学中传承。二是通过"专业工作室"（或称现代作坊）教学＋课堂教学，形成理论与实践结合的教育模式，使工匠精神在"专业工作室"的实践中得到认知与升华。

2021年4月，中共中央总书记、国家主席、中央军委主席习近平对职业教育工作作出重要指示，肯定了在全面建设社会主义现代化国家新征程中，职业教育前途广阔、大有可为。要求坚持党的领导，坚持正确办学方向，坚持立德树人，优化职业教育类型定位，深化产教融合、校企合作，深入推进育人方式、办学模式、管理体制、保障机制改革，稳步发展职业本科教育，建设一批高水平职业院校和专业，推动职普融通，增强职业教育适应性，加快构建现代职业教育体系，培养更多高素质技术技能人才、能工巧匠、大国工匠。由此可以看出国家在弘扬工匠精神、提高技术技能人才社会地位方面的决心。

<blockquote>
教育者，养成人性之事业也。

——蔡元培
</blockquote>

4 职业本科人才培养的逻辑机理：产业、专业互渗

研究教育逻辑是为了明晰育人起点和知识—技术—能力相互间的关系。本章从职业本科人才培养的教育属性及职业特征入手分析，基于产业结构优化理论分析产业专业渗透逻辑，并深入挖掘行业标准链与专业知识链重构育人机理。

4.1 职业本科人才培养的教育属性

4.1.1 教育的内涵

千百年来，教育是每个年代亘古不变的话题。对于子女的教育，从古至今，很多人都是抱着"万般皆下品，唯有读书高"的理念，勉励孩子"读书破万卷，下笔如有神"，告诫孩子"少壮不努力，老大徒伤悲"。党的十八大以来，以习近平同志为核心的党中央高度重视教育问题，习近平总书记在不同场合多次强调教育的重要意义，认为"教育是国之大计、党之大计""教育是提高人民综合素质、促进人的全面发展的重要途径，是民族振兴、社会进步的重要基石""建设教育强国是中华民族伟大复兴的基础工程""教育是人类传承文明和知识、培养年轻一代、创造美好生活的根本途径"。

办好思想政治理论课，最根本的是要全面贯彻党的教育方针，解决好培养什么人、怎样培养人、为谁培养人这个根本问题。新时代贯彻党的教育方针，要坚持马克思主义指导地位，贯彻习近平新时代中国特色社会主义思想，坚持社会主义办学方向，落实立德树人的根本任务，坚持教育为人民服务、为中国共产党治国理政服务、为巩固和发展中国特色社会主义制度服务、为

改革开放和社会主义现代化建设服务，扎根中国大地办教育，同生产劳动和社会实践相结合，加快推进教育现代化、建设教育强国、办好人民满意的教育，努力培养担当民族复兴大任的时代新人，培养德智体美劳全面发展的社会主义建设者和接班人（2019 年 3 月 18 日，习近平在学校思想政治理论课教师座谈会上的讲话）。

如今，在全面建设社会主义现代化国家新征程中，对教育体系的发展及完善又提出了新要求。《中华人民共和国国民经济和社会发展第十四个五年规划和二〇三五年远景目标纲要》第四十三章提出建设高质量教育体系，要求"全面贯彻党的教育方针，坚持优先发展教育事业，坚持立德树人，增强学生文明素养、社会责任意识、实践本领，培养德智体美劳全面发展的社会主义建设者和接班人"。其中，将职业技术教育作为教育提质扩容工程之一，支持建设 200 所以上高水平高职学校和 600 个以上高水平专业，支持建设一批优秀中职学校和优质专业。

高等教育是一个国家发展水平和发展潜力的重要标志。国家高质量发展需要高等教育，需要具备科学知识的优秀人才，这比以往任何时候都更为迫切。高等职业教育是高等教育不可或缺的一部分，在以往大专学历为职业教育天花板的现实下，迫切需要大胆突破，为职业教育高层次人才培养提供上升空间。

4.1.2 职业教育与普通教育

我国的教育，在实行九年制义务教育之后，推行的是普职分流的双轨制，分别培养学术型人才与技术技能型人才。如图 4 - 1 所示，在初中毕业之后，学生进入高中或中职继续学习。高中或中职毕业，可以进入大学、高职高专继续深造，形式多样。学生若进入高职，想上本科可以通过"3 + 2""4 + 0""专转本"等形式成为普通教育的学生。在职教 20 条未出台前，我国的整个教育体系似纺锤形，职业教育在学历层次上的上升空间及发展空间有限。职教 20 条提出的职业本科无疑为整个职业教育的发展带来了新机遇。职业本科是与普通本科并列的全日制本科学历教育，授予学士学位，是高职专科层次向上的拓展及延伸。未来，职业教育体系还可能出现专业硕士、专业博士，从而丰富及完善整个职教体系，真正形成与普通教育并列的双轨制教育体系。

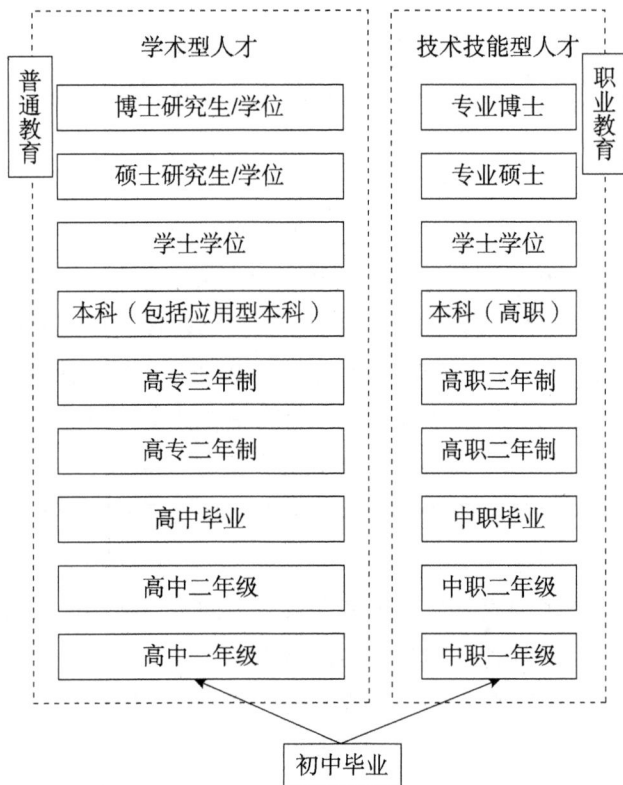

图 4-1　我国普职分流双轨制

普通教育本科包括学术型本科和应用型本科。学术型本科主要传承命题性知识，从事基础性（兼应用型）研究，通过理论创新等推进社会发展；应用型本科主要传承技术知识，从事应用型研究，通过技术发明等推进社会发展。而职业本科主要传承理论和实践的结合应用，解决生产一线技术难题，通过二次创新、技术改造等推进社会发展。

与普通教育相比，职业教育的特征不在于职业性、技术性，而是在培养目标、课程教学等方面更加显现出应用性的差异特征。普通本科中的应用型本科与职业本科有着很大相似性，因为两者培养的人才都属于高层次应用型人才。在现阶段职业本科只是处于萌芽阶段，并没有清晰、明确、可供借鉴的办学之路，需要对标应用型本科人才的培养方案、模式等，形成差异化人才培养路径。

同时，借鉴德国的"双元制"高等教育，特别是"双元制"大学的学习课程构建以及英国的学位学徒制，探索职业本科的应用人才培养之路。德国"双元制"大学的学习课程是由在高校和职业学院的理论学习，及企业的职业培训共同组成的。最为典型的是在两个学习场所即高校和学院中的学习与实践，而二者通过教学和组织形式紧密地融合在一起。英国的学位学徒制被认为是英国高等教育近几十年来较大的变化之一，学位学徒项目的周期大多为四年，培养标准由雇主团体制定，具体的人才培养由大学与雇主联合设计和开展，完成学习并通过第三方的独立评估后，由专业团体授予职业资格，由大学授予学位。

4.2　职业本科人才培养的职业特征

职业本科突出强调技术应用属性，在社会产业升级、产品复杂程度加剧的背景下，职业本科人才培养究竟如何定位才能满足社会对高层次技术技能人才的需求？普通应用型本科院校是培养高层次、具有较强创新精神以及具有相应专业业务操作和专长，能够胜任企业中相关岗位的高级应用型人才。而职业本科的人才培养应按照本科应用型人才培养标准和卓越技术技能人才培养要求，构建自身专业知识理论课程与技术技能训练实践课程相融的课程体系，确定教学组织实施及学生学习方式，以培养适应区域经济结构升级和转型、产业链创新的卓越技术技能应用人才。

职业本科作为职业教育本科层次的试点，培养面向高层次技术技能的复合型人才。在培养过程中，较之应用型本科人才培养，需要牢固树立新发展理念，服务建设现代化经济体系和更高质量更充分就业需要，对接科技发展趋势和市场需求，注重产教融合、校企合作、工学结合、知行合一，优化学校和专业布局，建设知识型、技能型、创新型高层次应用型人才。其职业特征主要表现为技术技能人才的培养定位、服务行业发展的需求导向、工学结合的人才培养模式、"双师型"教师的主体地位、注重实践教学的理实贯通要求以及书证融通的培养导向。

4.2.1　技术技能人才的培养定位

黄炎培先生认为"职业教育将使受教育者各得一技之长"，这意味着职业教育应坚持技术技能人才的培养定位不变。职业本科人才的培养，需要在充分吸收前期本科办学的经验及现有高职专科的基础上，设计以高级技术技能人才为目标的培养方案，使培养的学生具有更加深厚的专业理论基础、更加完整的专业知识体系、更加复合的专业能力、更加坚实的专业技术技能积累。

通过走访多家不同类型的企业及企业中相应的岗位部门、应用型本科高校，发现在培养职业本科人才时，需要学习专业的基本理论和基本知识，接受基于工作岗位的专业能力训练，以使学生具有创新创业意识、竞争意识及团队精神，具备高层次技术应用能力以及较高的职业素养。

4.2.2　服务行业发展的需求导向

黄炎培先生认为"职业学校的基础，是完全筑于社会的需要之上"，这意味着职业教育应坚持社会发展的需求导向不变。对职业本科人才培养而言，需要紧跟时代前沿，把握社会所需人才的定位，每年关注行业统计年鉴、各区域统计数据，同时走访、调研合作企业，深入研究对口企业行业标准和对人才需求的数量变化、知识结构变化，预测未来人才的变化，让专业的培养目标及培养内容深度对接岗位需求，与社会需求保持一致。

4.2.3　工学结合的人才培养模式

黄炎培先生认为"把教育和实业连为一体，一方安插人才，解决生计；一方即是开发地方产业"，这意味着职业教育要建立产学联合体，职业教育要主动联系实业界，主动与产业、行业、企业沟通。每年可以定期召开专业指导委员会，邀请企业高管、行业专家、高校教授共同讨论、修正、完善人才培养方案；根据行业发展的动态、未来趋势，从行业、企业岗位需求出发，进一步明确本专业人才培养目标和知识、技能素质要求，将工匠精神、职业素养深度融入人才培养全过程，让工学结合不仅体现在人才培养方案的制订上，还要体现在企业共同参与学生的培养过程中。例如，企业应深度参与专业课程体系构建和专业课程开发，尤其是实训课程和顶岗实习，邀请具有丰富企业工作经验的高工或企业兼职导师直接指导，校企联合开发专业课程比例超过 80% 以上等。

4.2.4 "双师型"教师的主体地位

黄炎培先生认为"理论的教育学者易找，实习之教师难觅"，这是指既有扎实的理论知识，又有丰富实践经验的"双师型"教师很难得。"双师型"教师是高职教育教师队伍建设的特色和重点，即使教学团队专任教师中"双师型"教师比例已达100%，企业技术骨干担任兼职教师数量也达到一定比例，仍不能停止"双师型"教师队伍建设，而应与企业努力共建"双师型"教师培养培训基地，聚焦"1＋X"证书制度，开展教师全员培训，打造校企人员双向交流协作共同体，争创教学模式改革的教师创新团队等。

4.2.5 注重实践教学的理念贯通要求

黄炎培先生认为"职业教育，不唯着重'知'，尤着重在'能'"，这意味着职业教育需要培养学生的职业能力，因而尤其需要重视实践教学。实践教学是巩固理论知识和加深对理论认识的有效途径，是培养具有创新意识的高层次技术技能人才的重要环节。在职业本科人才培养中，实践教学不仅体现在集中性的实践环节中，还体现在理实一体化的课程教学中；不仅体现在校内实验室、课堂项目驱动中，还体现在各类技能大赛、校外实践基地中；不仅在学期中有实践，也要求学生假期中开展社会实践和顶岗实习。

4.2.6 书证融通的培养导向

书证融通是产教融合的举措，体现黄炎培先生"产学联合体"的理念。目前，教育部首批启动了建筑工程技术、信息与通信技术、物流管理、老年服务与管理、汽车运用与维修技术5个职业技能领域试点，推进"1＋X"职业资格证书试点工作。在"1＋X"证书制度设计中，书证衔接和融通是精髓所在。X证书的职业技能培训不是要独立于专业教学之外再设计一套培养培训体系和课程体系，而是要将其培训内容有机融入学历教育专业人才培养方案。职业本科的人才培养方案应根据相应职业技能等级证书标准（高级）进行专业知识点的融入及技能培训模块的补充，通过若干门专业课程的学习，全部可以涵盖 X 证书职业技能培训内容，不需要另外培训。

4.3 职业本科人才培养的产业、专业互渗逻辑

4.3.1 产业结构优化理论

党的十九大报告指出，我国"正处在转变发展方式、优化经济结构、转换增长动力的攻关期"。产业结构优化是通过调整产业结构，实现产业结构与需求、资源供给、技术等相适应，引导产业结构的效率和水平不断向高级化、合理化演进，以提高各产业间发展的协调性，促进调整后的产业结构与经济发展更相匹配。众多文献从理论与实践两方面证明了产业结构优化升级对经济增长起促进作用。

在产业结构优化的研究中，Hausmann 和 Klinger 2006 年提出的经济发展与产业升级的"产品空间理论"受到了高度关注。该理论通过产品在空间上的异质性和离散性，以证明其对产业结构升级的影响。其内在的逻辑机理是产品的生产是通过物质、人力、制度等资本进行市场配置，形成装载知识的物品或服务；新产品的出现是物质、人力、制度等资本重新进行市场配置的结果，新产品内含知识结构的易获程度取决于新旧产品的相似性；新旧产品相似度越大，已积累的知识进行迁移的可能性越大；如果新旧产品相似度较小，已积累的知识不足以支撑新产品，这时就会出现知识断层，就需要额外人力资本的补充。

4.3.2 产业、专业互渗逻辑分析

2020 年国务院总理李克强所作的《政府工作报告》中指出，尽管当前我国面临着巨大困难和挑战，但仍要依靠改革激发市场主体活力，推动制造业升级和新兴产业发展。基于目前的现实背景，高校培养的人才若能为产业结构升级进行有效的人力资本补充，则新产品能顺利研发投入市场，产业能够真正得到升级。反之，高校培养的人才与产业所需的人力资本不相匹配，则产业结构优化是纸上谈兵。人才的培养往往通过专业设置来与产业结构对接，

职业教育同样如此。职业教育专业布局是产业需求与职业教育教学紧密结合的纽带，一方面产业结构的演进决定着职业教育专业布局的调整方向；另一方面职业教育专业布局水平影响产业结构的优化速度。产业结构的优化，不仅是产业结构与专业布局的匹配，而且是更深层次的相互渗透，如图 4-2 所示。

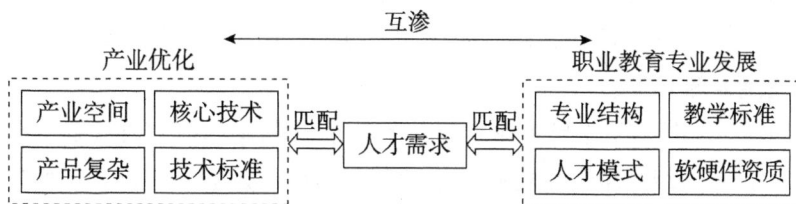

图4-2　产业、专业互渗逻辑

4.4　职业本科人才培养的标准链与知识链重构育人机理

4.4.1　标准化的重要性

国家在大力发展职业教育的过程中一直贯彻着"标准化"的理念。当前，国家对职业教育标准化建设要求为"从笼统要求走向具体要求，从外延标准建设走向内涵标准建设，从非系统化走向系统化，从国内走向国际"。职教20条中明确了"建成覆盖大部分行业领域、具有国际先进水平的中国职业教育标准体系"。职业教育标准体系的形成是职业教育科学化、内涵式发展的重要标志，其源于行业企业的标准，是职业教育与产业、行业、企业衔接联动、同频共振的基础。

职业本科的提出是社会经济高质量发展的要求，是职业教育在培养高层次技术技能人才上的首次探索，其办学路径不是原有高职办学的延续，也不是普通应用型本科的照搬照抄，而是一种新的高层次技术技能应用型人才的培养。在职业本科办学的起步阶段，如何制定本科职教标准？如何构建职业本科知识体系？这些问题迫在眉睫。

4.4.2 标准链与知识链重构关系分析

产业是由众多利益相关、分工不同的行业所组成的业态总称。产业链的上游、中游、下游聚集着众多相关行业、企业,有着相关的行业标准。在产业结构发生变化的背景下,有必要对行业标准、企业标准进行解构,重构行业企业的技术标准及职业标准(见图4-3),以形成适应社会经济发展要求的职业教育标准体系。

在图4-3中,行业与企业均有技术标准及职业标准,通过解构原有标准,根据产业升级要求,重构行业企业的技术标准及职业标准,进而作为职业本科的教学标准、"中职—高职—本科—研究生"无缝衔接教育教学标准制定的依据,形成从产业到职业教育的标准链。依据教学标准,构建相应的人才培养课程体系,研究知识之间的逻辑关系,形成知识模块重组的新知识链。综上,在产业—专业的互渗逻辑理论指导下,解构原行业企业标准、原教学标准,重构标准链,打破专业原课程体系,重塑专业课程模块间的知识链,最终形成高校—企业—政府多方协同育人格局。

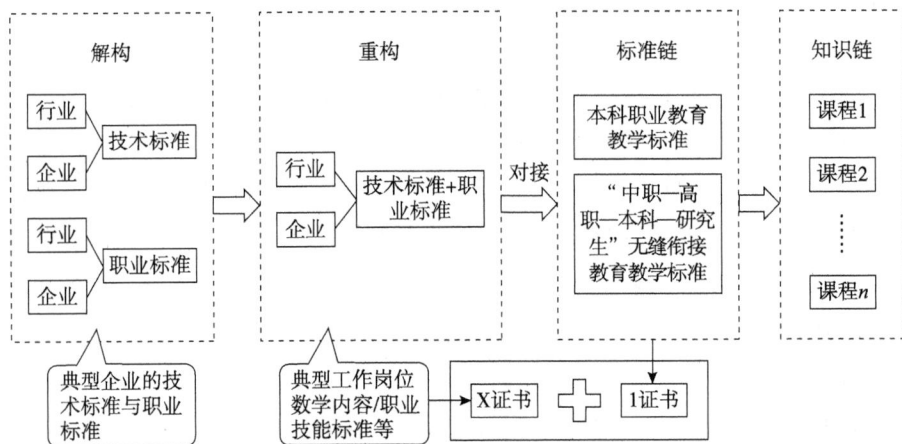

图4-3 标准链与知识链的育人机理

手脑双全,是创造教育的目的。中国教育革命的对策是使手脑联盟。

——陶行知

5 职业本科人才培养的困境丛林：
主体博弈之谜

职业本科是新生事物，将面临诸多不确定性及挑战。本章内容从分析职业本科人才培养的现状入手，分析职业本科在人才培养过程中与其他主体（如企业、社会公众、高职院校、应用型院校）的博弈，分析职业本科人才培养存在的社会观念、高层次技术技能人才定位及产教融合校企博弈等困境。

5.1 职业本科人才培养的现状

5.1.1 职业本科相关政策

职业本科在 2019 年《国家职业教育改革实施方案》明确提出之前，已有萌芽。相当多的高职院校与普通本科高校联合开办 3 + 2 或 4 + 0 形式的本科专业，为未来升格本科层次职业院校做准备。自 2019 年明确提出职业本科之后，国家不断推进职业本科进程，在大学的数量、专业目录等方面，出台了一系列政策。具体如下：

2014 年 6 月 10 日，教育部等九部门出台《教育部等九部门关于加快推进养老服务业人才培养的意见》（教职成〔2014〕5 号），提出"积极探索养老服务本科层次职业教育"。

2019 年 1 月 24 日，《国家职业教育改革实施方案》（以下简称职教 20 条）明确提出"开展本科层次职业教育试点"。

2019 年 4 月 4 日，教育部等四部门印发《关于在院校实施"学历证书 + 若干职业技能等级证书"制度试点方案》（教职成〔2019〕6 号），要求"试点院校以高等职业学校、中等职业学校（不含技工学校）为主，本科层次职业教育试点学校、应用型本科高校及国家开放大学等积极参与"。

2020年9月16日，《教育部等九部门关于印发〈职业教育提质培优行动计划（2020—2023年）〉的通知》（教职成〔2020〕7号），提出"稳步发展高层次职业教育"。

2020年9月16日，《教育部　江苏省人民政府关于整体推进苏锡常都市圈职业教育改革创新打造高质量发展样板的实施意见》（苏政发〔2020〕75号），提出"高职专科与本科贯通培养"。

2020年8月14日，教育部办公厅发布《教育部办公厅关于做好职业教育专业目录修（制）订工作的通知》（教职成厅函〔2020〕10号），要求进行"一体化设计中职、高职专科、本科层次职业教育专业目录，明确和畅通职业教育人才成长通道"。

2021年1月22日，《教育部办公厅关于印发〈本科层次职业教育专业设置管理办法（试行）〉的通知》（教职成厅〔2021〕1号），从师资队伍，专业人才培养方案，专业所必需的合作企业、经费、校舍、仪器设备、实习实训场所等办学条件，在技术研发与社会服务上的工作基础，培养质量基础和社会声誉等方面进行了规定。

2021年2月23日，中共中央办公厅、国务院办公厅印发《关于加快推进乡村人才振兴的意见》，提出"优先支持高水平农业高职院校开展本科层次职业教育"。

2021年3月24日，国务院常务会议通过了《中华人民共和国职业教育法（修订草案）》。这是为提高劳动者素质和技术技能水平，实施科教兴国、人才强国和创新驱动发展战略，促进社会主义现代化建设，而制定职业教育法来大力支持发展职业教育。"职业教育和普通教育是不同教育类型，具有同等重要地位""设立实施本科及以上层次教育的高等职业学校的学校，由国务院教育行政部门审批"等重要判断、认定被写进该修订草案。

2021年10月12日，中共中央办公厅、国务院办公厅印发的《关于推动现代职业教育高质量发展的意见》，要求"稳步发展职业本科教育，高标准建设职业本科学校和专业，保持职业教育办学方向不变、培养模式不变、特色发展不变"。

2022年4月20日，第十三届全国人民代表大会常务委员会第三十四次会议通过《中华人民共和国职业教育法》修订，此次修订对于推动职业教育高质量发展，提高劳动者素质和技术技能水平，促进就业创业，建设教育强国、人力资源强国和技能型社会，推进社会主义现代化建设具有十分重要的意义。

5.1.2 职业本科试点学校整体状况

本科职业教育不同于普通应用型本科教育，更不同于以往专科层次的职业教育，它强调培养社会之所需但又不是普通高校主要培养的人才，需要在错位发展中实现自身的社会价值及责任，同时，它不是量的外延扩张，而是质的内涵提高。截至 2021 年 7 月 30 日，教育部正式批复的本科层次职业大学增加至 25 所，其中民办院校 20 所、公办院校 5 所，其来源主要有高职院校升格 22 所、独立学院转设 1 所、高职院校与独立学院合并转设 2 所。具体学校（更名后）如下。

2019 年 15 所：南昌职业大学、江西软件职业技术大学、泉州职业技术大学、山东外国语职业技术大学、山东工程职业技术大学、山东外事职业大学、河南科技职业大学、广东工商职业技术大学、广州科技职业技术大学、广西城市职业大学、海南科技职业大学、重庆机电职业技术大学、成都艺术职业大学、西安信息职业大学、西安汽车职业大学。

2020 年 6 所：辽宁理工职业大学、运城职业技术大学、浙江广厦建设职业技术大学、南京工业职业技术大学、新疆天山职业技术大学、上海中侨职业技术大学。

2021 年 4 所：兰州资源环境职业技术大学、兰州石化职业技术大学、河北科技工程职业技术大学、浙江药科职业大学。

在 25 所本科层次职业大学中，80% 为民办高校，河北省、江西省、山东省各设立了 3 所，数量超过其他省市。2021 年教育部公布的《职业教育专业目录（2021 年)》中，高等职业教育本科专业共设 19 个大类，90 个专业类，247 个专业。

2020 年，共有 21 所院校开放了高等职业教育本科专业招生计划，其中80% 的院校招生专业数超过 10 个，较之 2019 年招生专业增加约 58%。

5.1.3 职业本科试点学校个体状况

由于本科层次职业大学发展历史较短，这里仅对 25 所大学的本科专业及招生情况进行说明，具体如下。

（1）南京工业职业技术大学

南京工业职业技术大学是全国首家公办职业本科试点学校。2019年12月，经教育部批准升格为本科层次职业学校，开展职业本科试点，校名暂定为南京工业职业技术学院（本科）。2020年6月，经教育部批准，学校正式更名为南京工业职业技术大学。2020年，学校有6个专业（机械电子工程、自动化技术与应用、软件工程、电子信息工程、国际经济与贸易、工程管理）升为职业本科专业，目前有21个本科专业。2023年招生情况如表5-1、表5-2所示。

表5-1　2023年南京工业职业技术大学江苏省本科提前批次（艺术类）招生计划

序号	专业名称	首选历史（人）	学制（年）	学费（元/学年）
		360		
1	产品设计	80	4	6800
2	数字媒体艺术	70	4	6800
3	视觉传达设计	105	4	6800
4	环境艺术设计	105	4	6800

表5-2　2023年南京工业职业技术大学江苏省本科批次（普通类）招生计划

序号	专业名称	首选历史（人）	首选物理（人）	学制（年）	学费（元/学年）
		433	1771		
1	机械电子工程技术		82	4	5800
2	机械设计制造及自动化		86	4	5800
3	智能制造工程技术		92	4	5800
4	装备智能化技术		102	4	5800
5	自动化技术与应用		60	4	5800
6	现代通信工程		92	4	5800
7	新能源发电工程技术		60	4	5800
8	物联网工程技术		40	4	5800
9	电气工程及自动化		60	4	5800
10	电子信息工程技术		114	4	5800

续　表

序号	专业名称	首选历史（人）	首选物理（人）	学制（年）	学费（元/学年）
		433	1771		
11	飞行器维修工程技术		72	4	5800
12	航空智能制造技术		134	4	5800
13	汽车服务工程技术		92	4	5800
14	城市轨道交通设备与控制技术		111	4	5800
15	新能源汽车工程技术		114	4	5800
16	软件工程技术		102	4	5800
17	网络工程技术		92	4	5800
18	人工智能工程技术		72	4	5800
19	工业互联网技术		134	4	5800
20	建设工程管理		60	4	5200
21	大数据与会计	144		4	5200
22	旅游管理	59		4	5200
23	企业数字化管理	60		4	5200
24	国际经济与贸易	60		4	5200
25	现代物流管理	60		4	5200
26	电子商务	50		4	5200

资料来源：http：//zs. niit. edu. cn/d8/80/c2896a55424/page. html

（2）浙江广厦建设职业技术大学

浙江广厦建设职业技术大学 2019 年 12 月经教育部批准升格为本科层次职业学校，开展职业本科试点，校名暂定为浙江广厦建设职业技术学院（本科）。2020 年 6 月，经教育部批准，学校正式更名为浙江广厦建设职业技术大学。目前学校设有本科专业 23 个，2023 年招生计划如表 5 - 3 所示。

表 5 - 3　　2023 年浙江广厦建设职业技术大学本科专业招生计划

序号	分院	招生专业	招生类别	学制（年）
1	建筑工程学院	建筑工程	理工类/物理类	4
2	建筑工程学院	园林景观工程	文史类/历史类	4

续　表

序号	分院	招生专业	招生类别	学制（年）
3	建筑工程学院	建筑设计	文史类/历史类	4
4	建筑工程学院	智能建造工程	理工类/物理类	4
5	建筑工程学院	道路与桥梁工程	不作科目要求	4
6	管理工程学院	工程造价	理工类/物理类	4
7	管理工程学院	建设工程管理	理工类/物理类	4
8	管理工程学院	大数据与会计	文史类/历史类	4
9	国际商学院	电子商务	文史类/历史类	4
10	国际商学院	现代物流管理	不作科目要求	4
11	国际商学院	民航运输服务与管理	不作科目要求	4
12	智能制造学院	机器人技术	理工类/物理类	4
13	智能制造学院	建筑电气与智能化工程	理工类/物理类	4
14	智能制造学院	智能制造工程技术	理工类/物理类	4
15	智能制造学院	物联网工程技术	理工类/物理类	4
16	信息学院	软件工程技术	理工类/物理类	4
17	信息学院	计算机应用工程	理工类/物理类	4
18	信息学院	虚拟现实技术	理工类/物理类	4
19	信息学院	数字媒体艺术	艺术类	4
20	艺术设计学院	工艺美术	不作科目要求	4
21	艺术设计学院	环境艺术设计	不作科目要求	4
22	艺术设计学院	视觉传达设计	艺术类/美术类	4
23	艺术设计学院	产品设计	不作科目要求	4

资料来源：http://zs. guangshaxy. com/zsxxxl02/content_61890

（3）南昌职业大学

南昌职业大学始建于 1993 年，是 2018 年经教育部批准设置的一所全日制国家统招本科高校，是全国首批职业本科试点学校之一。目前开设本科专业 13 个，2023 年专升本招生计划如表 5－4 所示。

表5－4　　　　　2023年南昌职业大学专升本招生计划

序号	专业名称	学费（元/学年）	招生计划（人）				
			总计	普通应届生	退役士兵	获奖学生	建档立卡贫困家庭
1	大数据与财务管理	24000	50	33	10	2	5
2	大数据与会计	24000	50	33	10	2	5
3	市场营销	24000	55	38	10	2	5
4	现代物流管理	26300	55	38	10	2	5
5	电子商务	26300	60	43	10	2	5
6	应用英语	24000	165	133	10	7	15
7	机械设计制造及自动化	24000	120	81	20	7	12
8	智能制造工程技术	24000	90	59	15	6	10
9	网络工程技术	24600	145	102	20	8	15
10	软件工程技术	24600	45	102	20	8	15
11	视觉传达设计	26300	145	102	20	8	15
12	音乐表演	26300	70	55	5	3	7
13	舞蹈表演与编导	26300	50	36	5	3	6

资料来源：http：//zsb. nvu. edu. cn/zhaosheng zixun/jian zhang/html. php？c－6033. html

（4）江西软件职业技术大学（原名：江西先锋软件职业技术学院）

江西软件职业技术大学是经教育部批准设置的全日制统招本科高校，是全国第一所软件职业技术大学，由国家软件百强企业先锋软件股份有限公司于2003年创办，成立之初就成功入选全国35所示范性软件职业技术学院。2018年12月18日，教育部批准学校升格为本科层次职业学校，成为全国首批15所职业本科高校之一。2019年5月27日，教育部批复更名为江西软件职业技术大学。

该校在2023年设有20个本科专业，具体如表5－5所示。

表5-5　　2023年江西软件职业技术大学本科专业设置与收费标准

序号	专业名称	学制（年）	类别	学费（元/学年）	类型
1	软件工程技术	4	本科	25300	文/理
2	大数据工程技术	4	本科	25300	文/理
3	导航工程技术	4	本科	25300	文/理
4	智能控制技术	4	本科	25300	文/理
5	人工智能工程技术	4	本科	25300	文/理
6	物联网工程技术	4	本科	25300	文/理
7	网络工程技术	4	本科	25300	文/理
8	信息安全与管理	4	本科	25300	文/理
9	现代通信工程	4	本科	25300	文/理
10	大数据与会计	4	本科	25300	文/理
11	大数据与审计	4	本科	25300	文/理
12	电子商务	4	本科	25300	文/理
13	应用英语	4	本科	25300	文/理
14	虚拟现实技术	4	本科	25300	文/理
15	数字媒体艺术	4	本科	28000	艺术/文/理
16	环境艺术设计	4	本科	28000	艺术/文/理
17	区块链技术	4	本科	36000	文/理
18	金融科技应用	4	本科	25300	文/理
19	网络与新媒体	4	本科	25300	文/理
20	影视编导	4	本科	28000	艺术/文/理

资料来源：https://www.zhaosheng.jxuspt.com/19116/article/1684491481662877696

（5）泉州职业技术大学（原名：泉州理工职业学院）

泉州职业技术大学，前身是1986年创办于晋江市金井镇的"晋江摩托培训学校"，1997年升格为福建省摩托汽车成人中专，2002年"泉州中营职业学院"正式建校，2007年经教育部备案更名为"泉州理工职业学院"，2018年12月获教育部批准升格本科，暂定校名为"泉州理工职业学院（本科）"，2019年5月，教育部正式函告福建省人民政府，更名为"泉州职业技术大学"，系全国首批职业本科试点学校。

该校开设 10 个学院，其中的 14 个本科专业 2023 年面向福建省内招生，专升本招生计划如表 5-6 所示，省内统招计划如表 5-7 所示。

表 5-6　　　　2023 年泉州职业技术大学专升本招生计划

序号	学院	专业	类别	招生计划（人）
1	国科数字产业学院	计算机科学类	计算机应用工程	45
2	人居环境学院	土木工程类	建筑工程	21
3	智能制造学院	理工类	机械设计制造及自动化	100
4	国科数字产业学院	理工类	软件工程技术	5
5	教育学院	学前教育类	学前教育	8
6	教育学院	教育类	休闲体育	12
7	艺术传媒学院	艺术类	数字媒体艺术	20
		合计		211

资料来源：http：//www.qvtu.edu.cn/zsw/info/1041/1175.htm

表 5-7　　　　2023 年泉州职业技术大学福建省分专业招生计划

序号	专业名称	学制（年）	福建省（1610人）			
			历史	物理	艺/体历史	艺/体物理
1	汽车服务工程技术	4		15		
2	机械设计制造及自动化	4		80		
3	计算机应用工程	4		155		
4	软件工程技术	4		125		
5	油气储运工程	4		95		
6	建筑工程	4		45		
7	酒店管理	4	18	47		
8	学前教育	4	20	30		
9	工艺美术	4			70	3
10	数字媒体艺术	4			60	10

序号	专业名称	学制（年）	福建省（1610人）			
			历史	物理	艺/体 历史	艺/体 物理
11	服装与服饰设计	4			80	
12	大数据与财务管理	4	15	27		
13	大数据与会计	4	28	57		
14	电子商务	4	7	8		
15	工程造价	4		120		
16	新能源汽车工程技术	4		80		
17	应用化工技术	4		145		
18	信息安全与管理	4		45		
19	现代物流	4	15	30		
20	休闲体育	4	90	90		

资料来源：http：//www.qvtu.edu.cn/zsw/info/1041/1177.htm

（6）山东外国语职业技术大学（原名：山东外国语职业学院）

山东外国语职业技术大学始建于2005年，前身为山东外国语职业学院。学校于2018年12月经教育部批准升格为职业本科学校，并于2019年5月更名为"山东外国语职业技术大学"，成为全国首批本科层次职业院校。现有经济学、文学、工学、管理学、艺术学等5个学科门类，66个专业，其中职业本科专业20个。2023年统招如表5-8所示，专本班（3+2学制）如表5-9所示。

表5-8　　2023年山东外国语职业技术大学本科层次招生专业

序号	专业	学制（年）	类别	学院
1	应用英语	4	夏考	外语学院
2	应用韩语	4	夏考/春考旅游管理	外语学院

序号	专业	学制（年）	类别	学院
3	应用俄语	4	夏考/春考电子商务	外语学院
4	市场营销	4	夏考/春考电子商务市场营销	国际商学院
5	国际经济与贸易	4	夏考	国际商学院
6	电子商务	4	夏考/春考电子商务	国际商学院
7	现代物流管理	4	夏考/春考电子商务	国际商学院
8	软件工程技术	4	夏考/网络技术、软件与应用技术	信息工程学院
9	数字媒体技术	4	春考数字媒体	信息工程学院
10	工艺美术	4	艺术/春考艺术设计	文化创意与旅游学院
11	大数据与会计	4	夏考/春考财税	财会金融学院
12	金融管理	4	夏考/春考财税	财会金融学院
13	大数据与财务管理	4	夏考/春考财税	财会金融学院
14	学前教育	4	夏考/春考学前教育	国际教育学院
15	应用日语	4	夏考	外语学院
16	企业数字化管理	4	夏考/春考市场营销	国际商学院
17	跨境电子商务	4	夏考/春考电子商务	国际商学院
18	软件工程技术（校企合作）	4	夏考/春考网络技术、软件与应用技术	信息工程学院
19	数字媒体技术（校企合作）	4	夏考/春考数字媒体	信息工程学院
20	大数据与会计（校企合作）	4	夏考/春考财税	财会金融学院

表 5-9 2023 年山东外国语职业技术大学专本班（3+2 学制）招生专业

学科门类代码	考试门类	公共课考试科目	全日制专升本招生院校	招生计划
1	哲学			
2	经济学			
3	法学			
4	教育学		青岛科技大学、青岛理工大学、临沂大学、山东第一医科大学、山东中医药大学、山东交通学院、山东外国语职业技术大学、山东管理学院、滨州学院、德州学院、菏泽学院、枣庄学院、泰山学院、潍坊学院、齐鲁师范学院、齐芒医药学院、济宁医学院、济宁学院、山东女子学院、山东青年政治学院、山东农业工程学院、山东石油化工学院等 44 所院校	
5	文学	英语（政治）计算机大学语文高等数学Ⅰ或高等数学Ⅱ或高等数学Ⅲ		全国招收1900人
6	历史学			
7	理学			
8	工学			
9	农学			
10	医学			
12	管理学			
13	艺术学			

资料来源：http://zsb.swut.cn

（7）山东工程职业技术大学（原名：山东凯文科技职业学院）

学校前身是山东大学 1990 年创办的"山东大学电子维修培训学校"，其后历经调整、合并等演变和发展。2005 年，经山东省人民政府批准，教育部备案，设立全日制专科层次的山东凯文科技职业学院。2018 年，经教育部批准，山东凯文科技职业学院升格为本科层次职业学校。2019 年，教育部批准更名为"山东工程职业技术大学"。

2023 年，学校设有 11 个二级学院，开设本科专业 26 个，其中专升本计划如表 5-10 所示，统招计划如表 5-11 所示。

表 5－10 2023 年山东工程职业技术大学专升本对应专科专业及招生计划

序号	招生专业代码	招生专业名称	计划数（人）	对应专科专业（类）
1	330701	电子商务	100	6305 经济贸易类
				6306 工商管理类
				600109 铁路物流管理
				6004 航空运输类
2	330301	大数据与财务管理	150	6902 公共管理类
				6303 财务会计类
				6305 经济贸易类*
3	330302	大数据与会计	170	6303 财务会计类
				6304 统计类
				6301 财政税务类
				6302 金融类
				6305 经济贸易类
				6306 工商管理类
				6307 市场营销类
				6308 电子商务类
				6309 物流类
				6902 公共管理类
4	260101	机械设计制造及其自动化	220	5205 煤炭类
				5206 金属与非金属矿类
				5601 机械设计制造类
				5602 机电设备类
				5603 自动化类
				5606 航空装备类
				5607 汽车制造类
				6001 铁道运输类
				6004 航空运输类
				车辆运用*

序号	招生专业代码	招生专业名称	计划数（人）	对应专科专业（类）
4	260101	机械设计制造及其自动化	220	导弹测试与控制*
				特装维修*
				试验仪器*
5	260102	智能制造工程技术	100	5205 煤炭类
				5206 金属与非金属矿类
				5601 机械设计制造类
				5602 机电设备类
				5603 自动化类
				5606 航空装备类
				5607 汽车制造类
				6001 铁道运输类
				6004 航空运输类
				车辆运用*
				导弹测试与控制*
				特装维修*
				试验仪器*
6	240301	建筑工程	110	5401 建筑设计类
				5402 城乡规划与管理类
				5403 土建施工类
				5406 市政工程类
				6001 铁道运输类
				6003 水上运输类
7	240501	工程造价	160	5405 建设工程管理类
				5407 房地产类
8	300203	汽车服务工程技术	120	5607 汽车制造类
				6002 道路运输类
				车辆运用*
				特装维修*

序号	招生专业代码	招生专业名称	计划数（人）	对应专科专业（类）
9	310203	软件工程技术	100	6101 电子信息类
				6102 计算机类
				6103 通信类
				接力通信 *
				移动通信 *
				网络安全 *
				光纤通信工程 *
10	310102	物联网工程技术	110	6101 电子信息类
				6102 计算机类
				6103 通信类
				接力通信 *
				移动通信 *
				网络安全 *
				光纤通信工程 *
11	350103	数字媒体艺术	50	6102 计算机类
				6502 表演艺术类
				6504 文化服务类
				6602 广播影视类
				6501 艺术设计类
				6503 民族文化类
				6601 新闻出版类
				5803 印刷类
12	310101	电子信息工程技术	110	5603 自动化类
				5606 航空装备类
				6004 航空运输
				6006 城市轨道交通类
				6101 电子信息类
				6102 计算机类
				6103 通信类

序号	招生专业代码	招生专业名称	计划数（人）	对应专科专业（类）
13	310205	大数据工程技术	110	5603 自动化类
				6101 电子信息类
				6102 计算机类
				6103 通信类
14	310301	现代通信工程	150	6101 电子信息类
				6102 计算机类
				6103 通信类
15	330602	市场营销	140	560119 工业工程技术
				5804 纺织服装类
				5901 食品工业类
				5902 药品制造类
				5903 食品药品管理类
				600109 铁路物流管理
				6002 道路运输类
				6306 工商管理类
				6307 市场营销类
				6308 电子商务类
				6401 旅游类
				6402 餐饮类
				6504 文化服务类
				6601 新闻出版类
				660215 媒体营销

资料来源：https：//mp.weixin.qq.com/s/TaXQiekAPzsyCGNBJTG6fA

表5-11　　2023年山东工程职业技术大学统招本科招生计划

序号	专业名称	学历层次	招生类别		学制（年）
			夏考	春考	
1	建筑工程	本科	文/理/综	建筑	4

续 表

序号	专业名称	学历层次	招生类别		学制（年）
			夏考	春考	
2	工程造价	本科	文/理/综	建筑	4
3	建筑设计	本科	文/理/综	建筑	4
4	建设工程管理	本科	文/理/综	建筑	4
5	汽车服务工程技术	本科	文/理/综	车辆维修	4
6	新能源汽车工程技术	本科	文/理/综	车辆维修	4
7	智能网联汽车工程技术	本科	文/理/综	电子技术	4
8	物联网工程技术	本科	文/理/综	电子技术	4
9	软件工程技术	本科	文/理/综	软件与应用技术	4
10	现代通信工程	本科	文/理/综	电子技术	4
11	电子信息工程技术	本科	文/理/综	电子技术	4
12	大数据工程技术	本科	文/理/综	软件与应用技术	4
13	云计算技术	本科	文/理/综	软件与应用技术	4
14	大数据工程技术（校企合作）	本科	文/理/综	软件与应用技术	4
15	物联网工程技术（校企合作）	本科	文/理/综	电子技术	4
16	电子商务	本科	文/理/综	电子商务	4
17	市场营销	本科	文/理/综	市场营销	4
18	企业数字化管理	本科	文/理/综	市场营销	4
19	大数据与会计	本科	文/理/综	财税	4
20	大数据与财务管理	本科	文/理/综	财税	4
21	婴幼儿发展与健康管理	本科	文/理/综	学前教育	4
22	数字媒体艺术	本科	文/理/艺/综	数字媒体	4
23	环境艺术设计	本科	文/理/综	艺术设计	4
24	视觉传达设计	本科	文/理/综	艺术设计	4
25	数字媒体艺术（艺术方向，校企合作）	本科	文/理/艺/综	数字媒体	4
26	机械设计制造及自动化	本科	文/理/综	机械制造	4
27	智能制造工程技术	本科	文/理/综	机电技术	4
28	机械电子工程技术	本科	文/理/综	机电技术	4
29	机器人技术	本科	文/理/综	机电技术	4

资料来源：https://www.suet.edu.cn/admissinon/info/1011/1604.htm

（8）山东外事职业大学［原名：山东外事翻译职业学院（本科）］

学校前身为创建于1999年的山东外事翻译学院。2004年7月，改建为山东外事翻译职业学院，成为全日制普通高等职业院校。2018年12月，经教育部批准升格为本科院校。2019年5月更名为山东外事职业大学。

2023年，该校设置22个本科专业面向山东省内招生，如表5-12所示。

表5-12　2023年山东外事职业大学山东省内分专业招生计划（本科）

序号	考别 专业名称	夏季高考		春季高考		
		专业代号 选考科目	计划数（人）	专业代号春季专业类别	计划数（人）	备注
1	工程造价	必选物理	90	建筑	40	
2	计算机应用工程	必选物理	45	网络技术	150	春考校企合作，与济南博赛网络技术有限公司合作
3	软件工程技术	必选物理	45	软件与应用技术	150	春考校企合作，与济南博赛网络技术有限公司合作
4	大数据工程技术	必选物理	45	软件与应用技术	150	春考校企合作，与济南博赛网络技术有限公司合作
5	大数据与会计	不限	45	财税	150	春考校企合作
6	国际经济与贸易	不限	45	电子商务	160	
7	电子商务	不限	45	电子商务	150	春考校企合作
8	现代物流管理	不限	45			
9	数字媒体艺术	不限	90			
10	音乐表演	不限	45			
11	学前教育	不限	40	学前教育	130	春考校企合作，与山东普照教育科技有限公司合作
12	应用英语	不限	120	国际商务	60	
13	应用日语	不限	70	商贸		
14	建筑装饰工程	必选物理	45			

续 表

序号	考别 专业名称	夏季高考		春季高考		备注
		专业代号 选考科目	计划数 （人）	专业代号春季 专业类别	计划数 （人）	
15	金融管理	不限	45	财税	100	
16	市场营销	不限	45	市场营销	120	春考校企合作
17	应用韩语	不限	70			
18	应用外语	不限	70			
19	中文国际教育	不限	80	国际商务	80	
20	外事法务	不限	80	公共服务 与管理	60	
21	应用法语	不限	70			
22	建筑装饰工程 （校企合作）	物理	90	建筑	40	
23	市场营销 （校企合作）	不限	90			
24	舞蹈表演与编导	不限	45			
25	学前教育			学前教育	160	

资料来源：http：//sb．saws．edu．cn

（9）河南科技职业大学（原名：周口科技职业学院）

学校始建于 1981 年，前身是周口市海燕职业中等专业学校，2008 年升格为普通高等职业学校"周口科技职业学院"，2018 年 12 月，经教育部批准成为全国首批本科层次职业教育试点学校，2019 年 5 月教育部批准更名为"河南科技职业大学"。

该校在 2023 年招生章程中，设置了 19 个 4 年制本科专业招生计划，如表 5 - 13 所示。

表 5 - 13　　　　2023 年河南科技职业大学在豫本科招生计划

序号	专业名称	学制（年）	所属学科门类	学费（元/学年）
1	建筑工程	4	理工类	16000
2	机械设计制造及自动化	4	理工类	16000

续 表

序号	专业名称	学制（年）	所属学科门类	学费（元/学年）
3	机械电子工程技术	4	理工类	16000
4	汽车服务工程技术	4	理工类	16000
5	电子信息工程技术	4	理工类	16000
6	计算机应用工程	4	理工类	16000
7	网络工程技术	4	理工类	16000
8	护理	4	医学类	17000
9	康复治疗	4	医学类	17000
10	大数据与财务管理	4	文科类	15000
11	现代物流管理	4	文科类	15000
12	服装与服饰设计	4	艺术类	18000
13	环境艺术设计	4	艺术类	18000
14	学前教育（师范）	4	文科类、理工类	15000
15	智能制造工程技术	4	理工类	16000
16	软件工程技术	4	理工类	16000
17	大数据与会计	4	文科类、理工类	15000
18	汽车工程技术	4	理工类	16000
19	工程造价	4	理工类	16000

资料来源：https：//zhaoshengchu.havust.edu.cn

（10）广东工商职业技术大学（原名：广东工商职业学院）

广东工商职业技术大学始建于1996年，位于广东省肇庆市，前身为肇庆工商职业技术学院。2018年经教育部批准升格为全日制职业本科院校，是全国首批职业本科试点学校之一。

2023年，该校对于广东省内设置29个本科专业招生，如表5-14所示；另对其他八省设置本科招生，对部分省设置本科招生，如表5-15所示。

表 5－14　　**2023 年广东工商职业技术大学本科招生计划（广东省）**

序号	专业组名称	计划类别名称	招生专业	招生计划（人）	选考科目 物理/历史	再选科目 化学、生物、政治、地理
1	历史组	历史组	现代物流管理	80	历史	无要求
2		历史组	大数据与财务管理	100		
3		历史组	大数据与会计	110		
4		历史组	网络与新媒体	80		
5		历史组	学前教育	80		
6		历史组	应用英语	80		
7		历史组	应用日语	30		
8		历史组	企业数字化管理	38		
9		历史组	电子商务	148		
10		历史组	金融管理	123		
11		历史组	人力资源管理	80		
12		历史组	法律	131		思想政治
13	物理组	物理组	机械设计制造及自动化	160		
14		物理组	机器人技术	100		
15		物理组	汽车服务工程技术	80		
16		物理组	网络工程技术	100		
17		物理组	现代物流管理	20		
18		物理组	大数据与财务管理	20		
19		物理组	大数据与会计	30		
20		物理组	网络与新媒体	20		
21		物理组	学前教育	20		
22		物理组	应用英语	20		
23		物理组	软件工程技术	130		
24		物理组	数字媒体技术	100		

批次：本科　　　学制：4 年　　　咨询电话：0758－6179018

续　表

序号	专业组名称	计划类别名称	招生专业	招生计划（人）	选考科目 物理/历史	再选科目 化学、生物、政治、地理
	批次：本科		学制：4 年		咨询电话：0758－6179018	
25	物理组	物理组	大数据工程技术	170	物理	无要求
26		物理组	工程造价	120		
27		校企合作组	软件工程技术（卓越工程师班）	50		
28		物理组	新能源汽车工程技术	120		
29		物理组	应用日语	20		
30		物理组	企业数字化管理	12		
31		物理组	电子商务	22		
32		物理组	智能建造工程	100		
33		物理组	金融管理	27		
34		物理组	人力资源管理	20		
35		物理组	物联网工程技术	150		
36		物理组	法律	131		思想政治
37		物理组	健康管理	120		化学或生物均可
38		物理组	婴幼儿发展与健康管理	100		
39	美术组	本科美术组	环境艺术设计	230	物理或历史	无要求
40	美术组	本科美术组	数字媒体艺术	200	物理或历史	无要求
41	音乐组	本科音乐组	音乐表演（音乐学）	100	物理或历史	无要求
42	音乐组	本科音乐组	音乐表演（声乐）	100	物理或历史	无要求
43	音乐组	本科音乐组	音乐表演（器乐）	100	物理或历史	无要求
44	体育组	本科体育组	休闲体育	200	物理或历史	无要求

注：学费 28500～34300 元/学年，住宿费 1800～2000 元/学年，最终招生计划以广东省教育考试院公布的专业目录为准。

表 5—15　　　2023 年广东工商职业技术大学本科招生计划（省外）　　单位：人

新疆 2023 年本科批招生计划

学院名称	专业名称	计划数	理工	文史
计算机学院	数字媒体技术	4	4	—
计算机学院	网络工程技术	3	3	—
智能制造与汽车工程学院	机械设计制造及自动化	3	3	—
智能制造与汽车工程学院	新能源汽车工程技术	3	3	—
财经政法学院	大数据与会计	1	—	1
商学院	电子商务	1	—	1
建筑工程学院	智能建造工程	3	3	—
财经政法学院	法律	2	—	2

广西 2023 年本科批招生计划

学院名称	专业名称	计划数	理工	文史
智能制造与汽车工程学院	机械设计制造及自动化	5	5	—
智能制造与汽车工程学院	机器人技术	5	5	—
计算机学院	网络工程技术	5	5	—
智能制造与汽车工程学院	新能源汽车工程技术	5	5	—
计算机学院	软件工程技术	5	5	—

江西 2023 年本科批招生计划

学院名称	专业名称	计划数	理工	文史
智能制造与汽车工程学院	机械设计制造及自动化	6	6	—
计算机学院	网络工程技术	6	6	—
财经政法学院	大数据与会计	4	—	4
外语学院	应用英语	4	—	4
建筑工程学院	工程造价	6	6	—
建筑工程学院	智能建造工程	6	6	—
人工智能与大数据学院	大数据工程技术	6	6	—
人工智能与大数据学院	物联网工程技术	6	6	—
商学院	电子商务	4	—	4
商学院	人力资源管理	4	—	4

江西 2023 年本科批招生计划				
学院名称	专业名称	计划数	理工	文史
财经政法学院	法律	4	—	4
财经政法学院	金融管理	4	—	4

海南 2023 年本科批招生计划			
学院名称	专业名称	计划数	类别
智能制造与汽车工程学院	机械设计制造及自动化	10	物理（1 门科目考生必须选考方可报考）
智能制造与汽车工程学院	新能源汽车工程技术	8	物理（1 门科目考生必须选考方可报考）
计算机学院	网络工程技术	8	物理（1 门科目考生必须选考方可报考）
财经政法学院	法律	8	历史（1 门科目考生必须选考方可报考）
外语学院	应用日语	8	历史（1 门科目考生必须选考方可报考）
文化与传播学院	网络与新媒体	8	历史（1 门科目考生必须选考方可报考）

资料来源：http：//zsb.gdbtu.edu.cn

（11）广州科技职业技术大学

学校前身是 1999 年创办的广东南大专修学院，2002 年与广州医学院合作举办广州医学院南大学院。2004 年，经广东省人民政府批准，广州科技职业技术学院成立。2018 年，经教育部批准，广州科技职业技术学院教育资格升至本科层次职业学校。2019 年，经教育部批准，更名为"广州科技职业技术大学"。

该校在 2023 年招生计划中，设置了 20 个本科专业面向广东省省内招生，如表 5－16 所示；同时面向其他六省开设部分本科专业招生，如表 5－17 所示；另有 10 个专业面向专升本学生设有招收计划，如表 5－18 所示。

表5－16 **2023年广州科技职业技术大学普高本科专业招生计划**

层次		招生性质	招生计划（人）		
本科		国家任务生	3455		
序号	二级学院	专业名称	招生计划（人）		
			物理	历史	美术
1	建筑工程学院	建筑工程	100	—	—
2		建筑设计	80	100	—
3	信息工程学院	计算机应用工程	430	—	—
4		电气工程及自动化	120	—	—
5		大数据工程技术	230	—	—
6	经济与管理学院	国际经济与贸易	70	30	—
7		旅游管理	40	20	—
8		物流工程技术	50	30	—
9		大数据与财务管理	150	60	—
10		酒店管理	40	20	—
11		企业数字化管理	150	50	—
12	自动化工程学院	机械设计制造及自动化	150	—	—
13		汽车服务工程技术	120	—	—
14	艺术传媒学院	数字印刷工程	120	—	—
15		数字媒体技术	170	—	—
16		环境艺术设计	—	—	150
17		学前教育	187	100	—
18		数字媒体艺术	—	—	150
19	健康学院	药学	110	30	—
20		护理	90	40	—
21	外语外贸学院	应用英语	150	80	—

表 5 – 17　2023 年广州科技职业技术大学普高本科外省招生计划

招生性质	学制	层次	招生计划（人）
国家任务生	4 年	本科	202

省份	专业名称	招生计划（人）			学费
		文科/历史	理科/物理	总数	（元/学年）
四川	电气及自动化	4			35000
	大数据工程技术	6			35000
	药学	4			35000
	护理	4			35000
	机械设计制造及自动化	4		40	29800
	企业数字化管理	4			33000
	大数据与财务管理	4			33000
	学前教育	6			33000
	数字媒体技术	4			35000
广西	护理	6			33000
	大数据工程技术	8			35000
	电气工程及自动化	8			35000
	大数据与财务管理	8			33000
	药学	8		66	33000
	机械设计制造及自动化	8			33000
	企业数字化管理	8			29800
	学前教育	6			26800
	数字媒体技术	8			33000
海南	电气工程及自动化	2			33000
	大数据工程技术	2			35000
	大数据与财务管理	3			33000
	机械设计制造及自动化	4			33000
	学前教育	3		22	35000
	数字媒体技术	2			33000
	药学	2			35000
	护理	2			35000
	企业数字化管理	2			35000

招生性质	学制	层次	招生计划（人）
国家任务生	4 年	本科	202

省份	专业名称	招生计划（人）			学费（元/学年）
		文科/历史	理科/物理	总数	
江西	护理	8			33000
	大数据工程技术	6			35000
	电气工程及自动化	6			35000
	药学	8			33000
	大数据与财务管理	6		60	33000
	机械设计制造及自动化	6			29800
	学前教育	6			33000
	数字媒体技术	6			35000
	企业数字化管理	8			35000
甘肃	数字印刷工程	2		4	23800
	机械设计制造及自动化	2			35000
青海	大数据工程技术	2			35000
	企业数字化管理	2			33000
	学前教育	2		10	35000
	机械设计制造及自动化	2			29800
	数字印刷工程	2			23800

资料来源：https://zs.gkd.edu.cn

表 5-18　2023 年广州科技职业技术大学专升本招生计划

序号	招生性质		层次	招生计划（人）	学制	
	国家任务生		本科	2040	2 年	
	批次	学科门类	专业名称	招生计划（人）	考试科目	专业综合课
1	普通批	工学	机械设计制造及自动化	40	政治理论、英语、高等数学	机械工程基础（统考）

序号	招生性质		层次	招生计划（人）	学制	
	国家任务生		本科	2040	2年	
	批次	学科门类	专业名称	招生计划（人）	考试科目	专业综合课
2	普通批	工学	电气工程及自动化	50	政治理论、英语、高等数学	电子技术基础（统考）
3	普通批	工学	计算机应用工程	50	政治理论、英语、高等数学	计算机基础与程序设计（统考）
4	普通批	工学	大数据工程技术	50	政治理论、英语、高等数学	计算机基础与程序设计（统考）
5	普通批	文学	应用英语	600	政治理论、英语、大学语文	英语基础与写作（统考）
6	普通批	管理学	旅游管理	450	政治理论、英语、管理学	行政管理学（统考）
7	普通批	经济学	国际经济与贸易	50	政治理论、英语、经济学	国际贸易理论与实务（统考）
8	普通批	工学	建筑工程	100	政治理论、英语、高等数学	建筑材料与结构（校考）
9	普通批	工学	汽车服务工程技术	40	政治理论、英语、高等数学	机械工程基础（统考）
10	普通批	工学	数字印刷工程	100	政治理论、英语、高等数学	图形图像技术综合（校考）
11	普通批	工学	数字媒体技术	50	政治理论、英语、高等数学	计算机基础与程序设计（统考）
12	建档立卡批	经济学	国际经济与贸易	5	政治理论、英语、经济学	国际贸易理论与实务（统考）
13	普通批	艺术学	环境艺术设计	80	政治理论、英语、艺术概论	设计基础（统考）
14	普通批	管理学	物流工程技术	310	政治理论、英语、管理学	物流管理基础（校考）
15	普通批	艺术学	建筑设计	50	政治理论、英语、艺术概论	设计基础（统考）

序号	招生性质		层次	招生计划（人）	学制	
	国家任务生		本科	2040	2 年	
	批次	学科门类	专业名称	招生计划（人）	考试科目	专业综合课
16	建档立卡批	工学	计算机应用工程	5	政治理论、英语、高等数学	计算机基础与程序设计（统考）
17		管理学	旅游管理	5	政治理论、英语、管理学	行政管理学（统考）
18		文学	应用英语	5	政治理论、英语、大学语文	英语基础与写作（统考）

资料来源：https://zs.gkd.edu.cn/contents/4128/865.html

（12）广西城市职业大学

广西城市职业大学，位于广西壮族自治区崇左市，是由广西壮族自治区教育厅主管的全日制普通本科院校，是全国首批职业本科试点学校之一。

学校建于 2005 年，时名广西城市职业学院，2018 年 12 月，升格为本科层次职业学校，暂定为广西城市职业学院（本科），2019 年 5 月更名为广西城市职业大学。

2023 年，该校招生计划中设置 27 个本科专业面向全国招生，如表 5-19 所示。

表 5-19　　2023 年广西城市职业大学普通全日制职业本科招生计划及校企合作企业培养

序号	院系	专业名称	层次	学制（年）	科类	专业计划（人）	校企合作企业（部分）
1	智能工程学院	机器人技术	本科	4	文/理	170	南京熊猫电子装备有限公司
2		智能制造工程技术	本科	4	文/理	170	江苏汇博机器人技术股份有限公司
3		机械设计制造及自动化	本科	4	文/理	170	瑞声科技有限公司

序号	院系	专业名称	层次	学制（年）	科类	专业计划（人）	校企合作企业（部分）
4	智能工程学院	装备智能化技术	本科	4	文/理	168	南京熊猫电子装备有限公司
5	信息工程学院	大数据工程技术	本科	4	文/理	170	中国—东盟信息港股份有限公司
6		计算机应用工程	本科	4	文/理	170	广西潮钜信息科技有限公司
7		信息安全与管理	本科	4	文/理	170	360 企业安全集团
8	商学院	国际经济与贸易	本科	4	文/理	160	广西江山地产
9		大数据与会计	本科	4	文/理	200	中国建设银行股份有限公司崇左分行
10	汽车工程学院	汽车服务工程技术	本科	4	文/理	100	广西汽车集团有限公司
11		汽车工程技术	本科	4	文/理	120	奇瑞汽车股份有限公司 广西数仿科技公司
12		新能源汽车工程技术	本科	4	文/理	180	比亚迪股份有限公司
13	建筑工程学院	建筑工程	本科	4	文/理	150	广西建工集团第四建筑工程有限责任公司
14		工程造价	本科	4	文/理	180	广西天骄建设工程有限公司
15		智能建造工程	本科	4	文/理	170	广西丰源钢结构有限公司
16	艺术设计学院	工艺美术	本科	4	艺术/文/理	300	凭祥友谊发展集团
17		环境艺术设计	本科	4	艺术/文/理	300	云南新态园林绿化工程有限公司 广东星艺装饰集团—广西有限扶绥分公司

序号	院系	专业名称	层次	学制（年）	科类	专业计划（人）	校企合作企业（部分）
18	管理学院	现代物流管理	本科	4	文/理	160	北部湾港股份有限公司
19		旅游管理	本科	4	文/理	200	广西红树林大酒店
20	国际学院	应用泰语	本科	4	文/理	100	中国—泰国崇左产业园
21		应用英语	本科	4	文/理	200	广西中国—东盟青年产业园
22		应用日语	本科	4	文/理	100	广西中贸教育科技有限公司
23	教育学院	学前教育	本科	4	文/理	250	北京纳森乐教育科技发展有限公司
24		婴幼儿发展与健康管理	本科	4	文/理	130	深圳迪朵母婴托育有限公司
25	健康学院	康复治疗	本科	4	文/理	200	崇左市人民医院
26		医养照护与管理	本科	4	文/理	120	南宁中南医院
27		中药学	本科	4	文/理	200	南宁中南医院

资料来源：http://www.dxsbb.com/news/103261.html

（13）海南科技职业大学

海南科技职业大学，坐落于海南省海口市，是海南省教育厅主管的本科层次民办高等职业学校，入选全国首批职业本科试点改革院校、第二批"1+X"证书制度试点院校。学校创办于 2008 年，2018 年 12 月升格为全日制本科高等院校，2019 年 5 月更名为海南科技职业大学。

在该校 2023 年的招生简章中，统招本科批次设置了 33 个专业面向全国招生，如表 5 - 20 所示。

表 5-20　　　　　**2023 年海南科技职业大学本科批次招生计划**

层次	序号	专业名称	所属学院
全日制统招本科（4 年制）	1	机械设计制造及自动化	机电工程学院（美兰校区）
	2	汽车服务工程技术	
	3	新能源汽车工程技术	
	4	新能源发电工程技术	
	5	人工智能工程技术	信息工程学院（美兰校区）
	6	大数据工程技术	
	7	物联网工程技术	
	8	软件工程技术	
	9	跨境电子商务	
	10	应用化工技术	化学与材料工程学院（美兰校区）
	11	制药工程技术	
	12	航海技术	海事学院（美兰校区）
	13	水路运输与海事管理	
	14	轮机工程技术	
	15	视觉传达设计	设计学院（美兰校区）
	16	环境艺术设计	
	17	金融管理	财经学院（美兰校区）
	18	法律	文法学院（美兰校区）
	19	中文国际教育	
	20	药学	临床医药学院（云龙校区）
	21	口腔医学技术	
	22	康复治疗	
	23	大数据与财务管理	会计学院（云龙校区）
	24	大数据与会计	
	25	企业数字化管理	工商学院（云龙校区）
	26	健康管理	健康科学学院（云龙校区）
	27	护理	国际护理学院（云龙校区）

层次	序号	专业名称	所属学院
全日制统招本科（4年制）	28	舞蹈表演与编导	传媒与音乐学院（云龙校区）
	29	学前教育	
	30	音乐表演	
	31	建筑工程	城建学院（云龙校区）
	32	工程造价	
	33	体能训练	体育学院

资料来源：http://www.zjut.cc/zs_14172/plan.html

（14）重庆机电职业技术大学

重庆机电职业技术大学是重庆市骨干高职院校、全国首批本科层次职业学校改革试点单位、重庆市首个中国人民解放军定向培养士官高校。

学校始建于1971年，前身是重庆兵器工业职工大学，由长安、江陵、嘉陵、建设、长江、望江、西车、泸化八所职大组成。2003年在重庆兵工职大的基础上成立全日制普通高等院校，更名为重庆机电职业技术学院。2018年12月19日，教育部同意学校升格为本科层次职业学校。2019年5月27日，教育部正式下文批准学校更名为重庆机电职业技术大学。

在2023年的招生计划中，该校对于重庆本地招生设置了17个本科专业，如表5-21所示；同时面向全国，在除重庆外的四川、江西、河南、广西、贵州、湖南、安徽、甘肃、陕西、河北、山西、宁夏、云南、青海、江苏、海南共16个其他省（自治区、直辖市）招生，其中只对四川、江西、河南、河北、湖南、安徽、云南、宁夏、新疆、青海、西藏、山西、广西、贵州十四个地区设置本科批次招生，如表5-22所示。

表5-21　2023年重庆机电职业技术大学重庆招生专业及计划、学费

序号	招生批次	计划类别	填报志愿的专业类或专业名称	招生人数（人）	学费（元/学年）
1	本科专业	历史	大数据与财务管理	79	15000
2			现代物流管理	55	15000
3			学前教育	72	15000

续　表

序号	招生批次	计划类别	填报志愿的专业类或专业名称	招生人数（人）	学费（元/学年）
4	本科专业	物理	现代物流管理	10	15000
5			机械设计制造及自动化	278	16000
6			材料成型及控制工程	89	16000
7			机械电子工程技术	20	16000
8			汽车工程技术	115	16000
9			汽车服务工程技术	81	16000
10			电气工程及自动化	276	16000
11			物联网工程技术	191	16000
12			大数据工程技术	166	16000
13			现代通信工程	10	16000
14			数字媒体技术	69	16000
15			工程造价	148	15000
16			智能制造工程	184	16000
17			大数据与财务管理	10	15000
18			学前教育	10	15000
14	本科专业	艺术	舞蹈表演与编导（认定重庆市舞蹈类专业统考成绩）	237	18000
19					
20			环境艺术设计（认定重庆市美术类专业统考成绩）	165	18000
21					

表 5-22　2022 年重庆机电职业技术大学重庆以外地区本科批次招生专业
及计划、学费

招生省份	招生批次	计划类别	填报志愿的专业类或专业名称	招生人数（人）	学费（元/学年）
四川	本科专业	文科	汽车工程技术	4	16000
			数字媒体技术	4	16000
			大数据与财务管理	15	15000

招生省份	招生批次	计划类别	填报志愿的专业类或专业名称	招生人数（人）	学费（元/学年）
四川	本科专业	文科	工程造价	8	15000
			大数据工程技术	8	16000
			智能制造工程技术	6	16000
			电气工程及自动化	6	16000
			机械设计制造及自动化	6	16000
			汽车服务工程技术	6	16600
		理科	汽车工程技术	4	16000
			电气工程及自动化	4	16000
			机械设计制造及自动化	16	16000
			汽车服务工程技术	12	16000
			大数据工程技术	12	16000
			智能制造工程技术	12	16000
			数字媒体技术	12	16000
			工程造价	12	15000
		艺术	舞蹈表演与编导（认定四川省舞蹈类专业统考成绩）	4	18000
江西	本科专业	文科	机械设计制造及自动化	8	16000
			机械电子工程技术	8	16000
			现代通信工程	8	16000
			工程造价	8	15000
		理科	机械设计制造及自动化	10	16000
			机械电子工程技术	10	16000
			现代通信工程	8	16000
			工程造价	6	15000
			大数据与财务管理	8	15000

招生省份	招生批次	计划类别	填报志愿的专业类或专业名称	招生人数（人）	学费（元/学年）
河北	本科专业	文科	大数据与财务管理	6	15000
			大数据与财务管理	7	15000
		理科	材料成型及控制工程	6	16000
湖南	本科专业	文科	学前教育	10	15000
		理科	汽车工程技术	7	16000
			汽车服务工程技术	7	16000
			电气工程自动化	7	16000
			智能制造工程技术	7	16000
			数字媒体技术	6	16000
			学前教育	6	15000
河南	本科专业	文科	材料成型及控制工程	5	16000
			汽车服务工程技术	5	16000
			工程造价	6	15000
			物联网工程技术	6	16000
		理科	材料成型及控制工程	10	16000
			汽车服务工程技术	14	16000
			工程造价	14	15000
			物联网工程技术	15	16000
广西	本科专业	文科	电气工程及自动化	6	16000
			物联网工程技术	5	16000
			机械设计制造及自动化	6	16000
			汽车服务工程技术	6	16000
			现代物流管理艺术	5	15000
			舞蹈表演与编导	10	18000
		理科	机械制造及自动化	8	15000
			电气工程及自动化	6	16000
			物联网工程技术	6	16000
			汽车服务工程技术	8	15000

招生省份	招生批次	计划类别	填报志愿的专业类或专业名称	招生人数（人）	学费（元/学年）
贵州	本科专业	文科	机械电子工程技术	8	16000
			大数据工程技术	8	16000
		理科	机械电子工程技术	9	16000
			大数据工程技术	10	16000
			材料成型及控制工程	10	16000
安徽	本科专业	理科	智能制造工程技术	8	16000
云南	本科专业	文科	汽车服务工程技术	5	16000
		理科	汽车服务工程技术	6	16000
宁夏	本科专业	理科	现代通信工程	5	16000
新疆	本科专业	理科	大数据工程技术	5	16000
青海	本科专业	文科	电气工程及自动化	4	16000
		理科	电气工程及自动化	5	16000
西藏	本科专业	理科	数字媒体技术	2	16000
山西	本科专业	文科	大数据工程技术	5	16000
			大数据与财务管理	5	15000
		理科	大数据工程技术	10	16000
			大数据与财务管理	5	15000

资料来源：https：//www.vsres.cn/news/172570.html

（15）成都艺术职业大学

成都艺术职业大学，简称"成艺"，是经教育部批准成立的一所全日民办普通本科职业大学。

学校始建于 1999 年，时名为成都艺术职业学院，2018 年经教育部批准升格为本科职业大学，校名暂定为成都艺术职业学院（本科），2019 年学校更名为成都艺术职业大学。

该校 2023 年共有 21 个面向四川省内统招本科计划如表 5-23 所示，省外限于篇幅，详见：https：//www.cdau.edu.cn/Article/view？id＝8271。

此外，还有西安信息职业大学（原名：陕西电子科技职业学院）、西安汽车职业大学（原名：西安汽车科技职业学院）、浙大城市学院、浙大宁波理工学院、新疆科技学院、辽宁理工职业大学、运城职业技术大学、新疆天山职业技术大学、上海中侨职业技术大学、兰州资源环境职业技术大学、兰州石化职业技术大学、石家庄工程职业技术大学及浙江药科职业大学等，这里不再详细阐述。

表5-23 2023 年成都艺术职业大学分省分专业招生计划表（四川省内统招本科）

序号	所属院系	专业名称	招生类别	学制（年）	学费（元/学年）	四川招生人数（人）	四川对口本科招生人数（人）
1	环境艺术设计学院	环境艺术设计	艺体类	4	18700	201	6
2		园林景观工程	普通类	4	15600	50	30
3	时尚设计学院	视觉传达设计	艺体类	4	18700	169	5
4		服装与服饰设计	艺体类	4	18700	25	5
5	数字艺术学院	数字媒体艺术	艺体类	4	18700	99	—
6		影视摄影与制作	艺体类	4	18700	—	—
7	舞蹈学院	舞蹈表演与编导	艺体类	4	18700	232	—
8	音乐学院	音乐表演（声乐美声唱法）	艺体类	4	18700	74	—
9		音乐表演（声乐民族唱法）	艺体类	4	18700	52	—
10		音乐表演（流行演唱）	艺体类	4	18700	47	—
11		音乐表演（钢琴、钢琴伴奏）	艺体类	4	18700	19	—

续 表

序号	所属院系	专业名称	招生类别	学制（年）	学费（元/学年）	四川招生人数（人）	四川对口本科招生人数（人）
12	音乐学院	学前教育	普通类	4	18700	50	100
13	体育学院	社会体育指导与管理	艺体类	4	18700	200	——
14	建筑工程学院	工程造价	普通类	4	15600	45	75
15	文化与管理学院	大数据与财务管理	普通类	4	15600	55	95
16	文化与管理学院	旅游管理	普通类	4	15600	20	10
17	美术学院	美术	艺体类	4	18700	101	6
18	传播学院	网络与新媒体	普通类	4	15600	100	200
19		播音与主持	艺体类	4	18700	132	——
20		影视编导	艺体类	4	18700	——	——
21		全媒体新闻采编与制作	普通类	4	15600	20	10

5.1.4 职业本科人才培养多元主体博弈分析

职业本科是个新生事物，数字经济时代推进职业本科发展，面临着来自企业、社会公众、高职院校、应用型本科院校等主体的挑战。

（1）与企业的合作博弈

从博弈角度看，高校与企业的合作经历了从非合作博弈到合作博弈的过程。如图 5-1 所示，高校与企业在合作前的预测与决策过程分为如下时序进行。

①高校与企业分别选择对方的类型，即高校自然选择高能力企业还是低能力企业，企业自然选择高水平高校还是低水平高校。高校与企业自己知道自己的类型，高校与企业类型的分布是公共知识与技能。

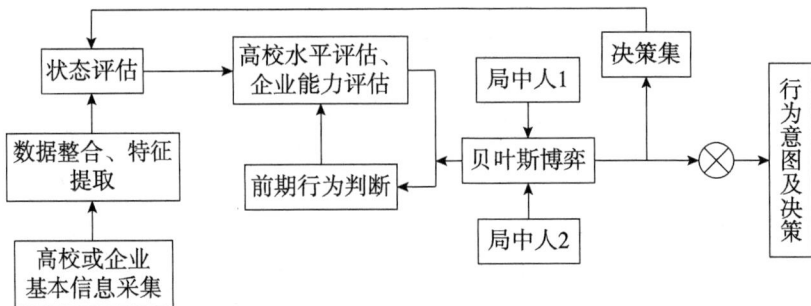

图 5-1 高校与企业在合作前的预测与决策过程

②先行动者决策：高校率先做出决策。高校做决策时，会根据自己的私人信息和支付函数，谋求收益最大化。高校的决策会泄露自己的私人信息，私人信息的泄露会有利于企业做出决策，因此，高校会隐藏自己的私人信息，向企业传递扭曲的信息，以谋取整体利益最大化。

③后行动者决策：企业决策时，能够看到高校的决策。企业会根据看到的高校决策，对高校的私人信息重新做出评估，修正原来的评价和判断。企业再根据新的评价和判断，做出收益最大化的决策。

在高校与企业之间的博弈中，双方各自利用对方的策略变换自己的对抗策略，以取得自身的最优利益。当双方找到最优解并稳定时，该解为均衡解。如果该均衡解是双方都愿意合作，则校企双方进入合作阶段。

在合作阶段中，仍旧存在着博弈。当双方利益产生冲突或是出现道德风险时，合作将面临极大挑战。冲突能不能缓和？合作是否继续进行下去？图 5-2 表明了冲突分析的过程。当引起冲突的事件在阈值内，并具备一定稳定性，通过措施可以缓解冲突，则继续合作。否则，合作将终止。

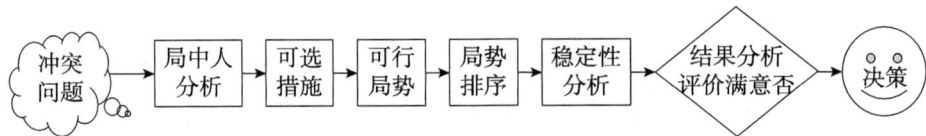

图 5-2 冲突分析的过程

（2）与社会公众质疑及信任的博弈

职业教育，在政策层面上已经确定其与普通教育地位一样。但受传统观念的影响，但凡带上"职业"二字，总受到公众偏见、歧视。职业本科在这样的社会背景下产生，发展道路充满挑战。职业本科必须真正走出有职业特色、满足社会人才需求、受到企业好评之路，才能赢得社会公众的口碑，建立信任感。

（3）与高职院校、应用型本科院校人才培养的特色化博弈

职业本科人才培养不是原来高职大专的简单平移，也不是应用型本科人才培养模式。但这三者有着一定的重合性，特别是职业本科与应用型本科，其区分度不在于人才培养方案文字表述的不一样，而更多的是需要充分调研，紧跟社会产业、行业企业用人需求，由产业定专业、由岗位定层次、由标准定知识构架，并落实于实际教学过程中。

5.2　职业本科人才培养的现实与传统观念博弈困境

5.2.1　职业歧视的传统观念

发展职业本科是完善现代职业教育体系的关键一环。尽管国家在积极布局本科层次职业大学，加快对高层次技术技能人才的培养，以满足社会技术技能人才短缺问题，但是人们对"职业"仍抱有极大的歧视、偏见。当前的职业观念根植于20世纪90年代末的变化。曾经的工人下岗潮让人们深刻地感到工人是一份朝不保夕的职业。同时，高校的扩招被许多家庭视作让孩子避免进工厂的最重要的路径。目前在中国一线城市，普通高中的入学率仍是家长们最关心的话题。因为进入普通高中，便有了考大学的入场券，挤入了从本科到硕士、博士这条追逐高学历的车道。如果让孩子接受职业教育，即使是大专、高职一般也会被视为家庭教育的失败。

1999年开始的大学扩招，极大地提高了中国年青一代的受教育水平。1999年至2005年，每年招生递增25%，远超出国民经济发展的速度。2020年，高等教育毛入学率54.4%，各种形式的高等教育在学总规模4183万人。这两个数字表明我国已经实现了高等教育从大众化阶段向普及化阶段的跨越，已经建成了世界上最大规模的高等教育体系。追溯当时的历史背景，一批原本要直接进入劳动力市场，可能成为工人的年轻人经过高等教育，进入了白领就业市场，确实可以减轻当时蓝领就业的压力。但如今

经济形势发生了很大的变化，中国特色社会主义进入了新时代，党的理论创新实现了新飞跃，党的执政方式和执政方略有重大创新，发展理念和发展方式有重大转变，发展环境和发展条件有重大变化，发展水平和发展要求变得更高。从社会主要矛盾看，我国社会的主要矛盾已经由人民日益增长的物质文化需要同落后的社会生产之间的矛盾，转化为人民日益增长的美好生活需要和不平衡不充分的发展之间的矛盾。经济需要高质量发展，由原来粗放型转为集约型，产业结构正面临着转型升级，劳动力市场的供给和需求已出现了不均衡、不匹配现象，许多制造企业、物流企业面临着技术技能型人才的极度短缺，而读完大学的毕业生并不会因为技术工人工资的上涨就去做工人。

5.2.2　追求弹性工作的青年观念

在生活物质丰富的年代中，年轻人没有太大的生存压力，他们崇尚自由、喜欢高品质的生活，追求也不同。时下的零工经济，劳动者只需要完成非连续性的工作任务就行，如外卖小哥，自己提供劳动工具，自由决定工作时间和工作地点，没有管理者的训斥，也不需要随时保持紧绷的工作状态。相较于在制造车间、仓库、码头等环境单一的地方连续工作，甚至需要三班倒的工作，显然，年轻人更喜欢非连续性的工作。

5.2.3　职业本科地位的偏见观念

在职业本科的发展进程中，升本模式也成了人们关注的焦点。在已升本的 25 所院校中，有独立升本模式，也有学校合并升本模式。在合并升本模式中，如浙江海洋大学东海科学技术学院与浙江医药高等专科学校合并升格为浙江药科职业大学（公办），河北师范大学汇华学院与石家庄信息工程职业学院合并升格为石家庄工程职业技术大学（公办），西北师范大学知行学院、兰州石化职业技术学院与甘肃能源化工职业学院合并升格为兰州石化职业技术大学（公办），兰州财经大学长青学院与兰州资源环境职业技术学院合并升格为兰州资源环境职业技术大学（公办）等都是成功案例。但江苏经贸职业技术学院与南京师范大学中北学院合并升本事件引起了社会很大关注，虽然是对这种升本模式持有质疑，但其本质仍是人们对职业教育抱有偏见。

5.3 职业本科人才培养的专本及职普本科区分困境

尽管当前社会对职业技能教育的需求旺盛，但职业教育还没有能力挑起大梁。20 世纪 90 年代中后期之前，人们并不把职业教育看成无路可走之后的教育选择。当时职业教育中的中专体系跟行业企业联系紧密，技工学校跟国企联系紧密，两者的就业前景不错。当国企和行业企业都退出了职业教育，职业教育培养的人才不断受到排挤，人才和劳动力市场需求的脱节问题才逐渐显露，人才供给与需求不相匹配。

人才的断层需要学校进行充分调研，研究社会究竟需要什么样的人才。根据知识储备、所具备技能、能力进行人才类型划分。职业本科的出现不是偶然的，因为高层次技术技能人才匮乏已成为建设现代化经济体系的短板和掣肘因素。契合产业转型升级、一线人才质量需求层次上移的实际，迫切需要高水平的职业教育支撑，需要职业教育人才培养的提质升级，要求高等职业教育的层次、结构进一步提升和完善，加快建设知识型、技能型、创新型劳动者大军，弘扬劳模精神和工匠精神，营造劳动光荣的社会风尚和精益求精的敬业风气。

究竟如何定位职业本科？它不同于专科层次的技术技能人才培养，也不同于应用型本科院校的高素质应用型人才培养。在经过反复比较及论证后，在《本科层次职业教育专业设置管理办法（试行）》中确定其培养定位为高层次技术技能人才。对高层次的理解也在职业本科专业的人才培养方案中形成了不同于专科层次的技术技能人才培养以及应用型本科院校的高素质应用型人才培养的表述。但是仍存在一些问题。

5.3.1 职业本科与专科层次划分不够明确

职业教育均是培养技术技能人才，职业本科面向高层次技术技能人才，高职面向高素质技术技能人才，但光从命名，即"高层次""高素质"并不能很好地区分职业本、专科人才的区别，对技术技能等级的划分用以区分本科与专科掌握泛度还不够明确。中国教育科学研究院职业与继续教育研究所原所长、研究员孙诚认为"专业是人才培养的主要载体，管理主体和实施主体在开展本科层次职业教育专业设置过程中，首先，要找准专业定位。突破专科层次职业教育专业设置过窄过细的弊端，充分进行专业整合，设置覆盖面宽并且广的专业，不盲目攀比学术性研究型大学"①。如何突破？需要厘清产业发展诉求，让职业教育适应产业结构调整，进行人才结构合理配置。目前"学历证书＋若干职业技能等级证书"制度正在推行，但大多考生考取的是中级职业技能等级证书，对于高级职业技能等级证书，涉及还较小，能否适应产业对人才的需求，还有待考验。

5.3.2 职业本科与应用型本科区分度不够清晰

职业本科培养的"高层次技术技能"人才与应用型本科培养的"高素质应用型"人才，两者都注重实践性，存在很大程度的重合性，区分度仍较模糊。从课程体系设置上来看，本科层次的技术技能人才培养相较于专科，延长了基础课程的课时数（如高等数学、大学英语等），增加了有专业难度的课程等。但是这些改变是基于对大量应用型本科课程体系设置调研的基础上进行的，在实际执行时，会不会走上应用型本科之路，是值得研究的问题。全国人大代表、南京工业职业技术大学教务处处长王红军表示，"现在的本科职业教育，专业设置还是在参照普通本科，这是一个比较棘手的问题。职业本科教育与普通本科教育相比，有属于自己的特色。'目前，职业本科的专业标准，甚至是学校设置标准，基本上还是空白'"②。

随着职业本科专业的招生落实，现在按照既定人才培养方案实施，但实际培养效果究竟如何？是否能体现出职业本科的特点？高层次技术技能与高素质应用型是否有明显区别？这些问题还需要时间验证。不确定性的增加无疑给职业本科人才培养蒙上了神秘的面纱。

---

① http：//www. moe. gov. cn/jyb_xwfb/moe_2082/2021/2021_zl11/202102/t20210223_514456. html. ? eqid＝a4a144f10001cf8390000000364979a2d.

② http：//www. moe. gov. cn/jyb_xwfb/xw_zt/moe_357/jyzt_2020n/2020_zt06/shengyin/weiyuan/ 202006/t20200601_461214. html.

5.4 职业本科人才培养的产教融合校企博弈困境

5.4.1 产教融合案例样本调研

产教融合的主体主要是高校与企业，是一种跨组织的资源集聚的活动。资源集聚在跨越组织边界时，会遇到不同的阻碍，产生了不同的问题。河北工业职业技术大学党委书记王振杰认为"办好职业本科专业在模式定位上坚持产教融合、校企合作"①。

以江苏省为例，江苏共有高校 168 所，其中职业院校 90 所，出现了诸如"订单式""企业配合"等培养模式。例如，南京工业职业技术大学与 31 家世界 500 强企业建立深度合作关系，与华为、西门子、ABB、现代重工、罗克韦尔等领军企业建立合作平台 15 个；江苏经贸职业技术学院探索并实践了"一体两翼合作机制创新"产教融合协同育人模式，构建了园区型、公司型、门店型、工厂型等校企合作模式；南京铁道职业技术学院与行业和区域大型企业开展战略合作，实行订单培养，建设高水平产教融合实践平台；南京信息职业技术学院构建了学校、地方政府、产业园区、行业龙头企业互相协作、资源整合协同育人体系，与华为、新华三、中兴、数梦工场、埃斯顿、阿里巴巴、百度、吉利和 CQC 等行业龙头企业共建产业学院；南京交通职业技术学院成立了"江苏交工学院""万宇学院""康众学院"等 10 余个校企联合学院，探索实践"双主体"和混合所有制办学，组建了"舍弗勒班""宏信班""江苏交工班"等 20 余个具有现代学徒制特色的企业订单班；无锡职业技术学院在校外建立了 200 多个实习基地，其中 100 多家企业成为学校"工学结合"顶岗实习基地；江苏农林职业技术学院与上海光明乳业集团、江苏红太阳集团、江苏亚振集团、艾贝尔宠物医院等企业合作，推进"现代学徒制"的人才培养模式改革，开办订单班，校企双主体共同培养农业生产、经营、管理和服务高素质技术技能型人才；苏州卫生职业技术学院拥有 80 余家稳定的三级甲等实习医院以及 300 多个实习实训基地；常州机电职业技术学

---

① http：//www. moe. gov. cn/jyb_xwfb/moe_2082/2021/2021_zl11/202102/t20210223_514443. html.

院对接江苏省及常州市智能数控和机器人等重点产业链中高端技术与人才需求,集成打造产教融合集成平台;常州工业职业技术学院与星宇车灯、常发集团、今创集团、新瑞重工、江苏恒立液压等著名大集团、大公司紧密合作,校企共建了2个国家级公共服务平台、4个省级工程技术研究开发中心、2个市级重点实验室、6个市级工程技术研究开发中心、7个市级公共技术服务平台。

可以看出,目前高职院校积极响应国家产教融合政策,在政策的引导下,与企业通过产教融合项目的共同申报、校企合作协议的签订、人才培养方案的共同制订、实验室共建、产业学院的共创等形式,紧密结合产业、行业及地区经济社会发展的需求,纵深推进校企合作,形成了模式多元化、企业广泛化、产业聚焦化的特色。同时,产教融合的影响力在逐渐扩大,不仅是在高职院校,甚至在应用型本科院校也在积极推进产教融合。产教融合不是原有校企合作,而是深层次的互融,是产业与教育的跨界联合。但是,在调研中发现,产教融合目前还存在以下问题:企业合作的主动性不够、企业参与合作带有功利性及营利性、高校服务能力偏弱、仍缺乏真正的"双师型"教师、真正发挥功效的产教融合平台较少等。

5.4.2 产教融合存在的问题

(1)企业合作的主动性不够

企业是以追求经济利益为目的的,具有营利性,而高校是以培养社会所需人才为目的的,具有非营利性。两者在目的上是不一致的,是矛盾的。由于人才培养的时效性、所培养人才的道德风险等不确定因素,致使人才为企业服务的效益不能在短期内显现,从而显得企业合作主动性不够,与高校是一种被动合作。

(2)企业参与合作带有功利性及营利性

为促使企业与高校的有效合作,调动企业合作的积极性,政府出台了一系列推动产教融合的政策。产教融合相关政策虽然在经费补助、税收减免、融资支持等方面支持企业与高校合作,但往往成了企业钻营取巧的渠道。为获得经费补助、税收减免、融资支持等优惠政策,企业能够积极与高校联合申报项目,但在具体落实时大打折扣,致使产教融合流于形式。同时,在企业与高校合作产教融合项目谈判时，企业往往要求高校转让大部分或全部经费，甚至追加投入经费，一定程度上打击了高校合作的积极性，不利于项目成果的有效落实。

（3）高校服务能力偏弱

在产业结构升级、智慧化程度不断加快的背景下，大部分高校的人才培养定位与理念、专业设置、课程体系设计等还未能有效对接产业需求，培养的人才需要进企业进行二次培训，才能为企业所用。同时，在高校中，特别是高职院校，科研能力仍较薄弱，为企业提供咨询服务或是技术服务的水平偏低，降低了企业与高校合作的积极性。

（4）真正"双师型"教师仍缺乏

目前高校仍有大部分教师是从"象牙塔"进入"象牙塔"，没有真正的企业经历。虽然学校已推出教师挂职锻炼等政策，但由于企业考虑到知识产权、商业机密等问题，教师进入企业挂职大多是形式，很少有机会接触一个项目的开发、跟踪，致使教师得到的实践训练不足，技术技能积累不够。

（5）真正发挥功效的产教融合平台较少

产教融合平台是将企业与高校的资源集于一体的平台，具体表现为实验/实训、课证融通、培训服务、产教资源、课程学习等内容。但由于利益分配的不明晰、相关制度不完善等，使得产教融合平台利用率不高，未发挥应有作用。

使学生对教师尊敬的唯一源泉在于教师的德和才。

——爱因斯坦

6 职业本科人才培养的案例分析：
不同专业设计

本章首先基于 PGSD 能力分析模型，设计职业本科人才培养范式；接着以现代物流管理专业、汽车服务工程技术（智能网联方向）专业、机械设计制造及自动化专业、自动化技术与应用专业为例，分析每一专业的人才培养市场需求、定位以及基于范式的专业课程体系或核心课程。

6.1 基于 PGSD 能力分析模型的职业本科人才培养范式设计

库恩认为"按照其已确定的用法，范式就是一种公认的模型或模式"。职业本科作为职业教育本科层次的试点，培养面向高层次技术技能的复合型人才，研究其范式设计时，"事前必须缜密调查，以决定社会需要、职业趋向、环境要求，事后尤须有详细考察，以占所造就人才是否能适应职业的环境，切合职业界的要求"。而 PGSD 能力分析模型恰是通过职业岗位所需能力的分解，形成能力体系，从而将职业与教育联系起来的一种模型。由此，从 PGSD 能力分析模型入手，构建职业本科人才培养的范式。

6.1.1 PGSD 能力分析模型的内涵

能力是完成一项目标或者任务所体现出来的综合素质。如图 6 – 1 所示，PGSD 能力分析从职业岗位群开始，分解成一系列职业活动，由职业活动继而分解成若干工作任务，每项工作任务转化成相应所需的职业能力（P）、通用能力（G）、社会能力（S）及发展能力（D）。其中，职业能力是胜任职业活动所需的技术技能，是职业人才从新手到熟手必备的能力，以增加存量式教育为目标；通用能力包括语言、数学、科技、人文与社会、艺术、运动与健康、信息技术等；社会能力包括职业道德、法律法规、安全、环境保护、沟通交流、与人合作、项目管理、跨文化与国际视野、公民责任等；发展能力包括学会学习、批判性思维、问题解决、创新思维、创业意识等。

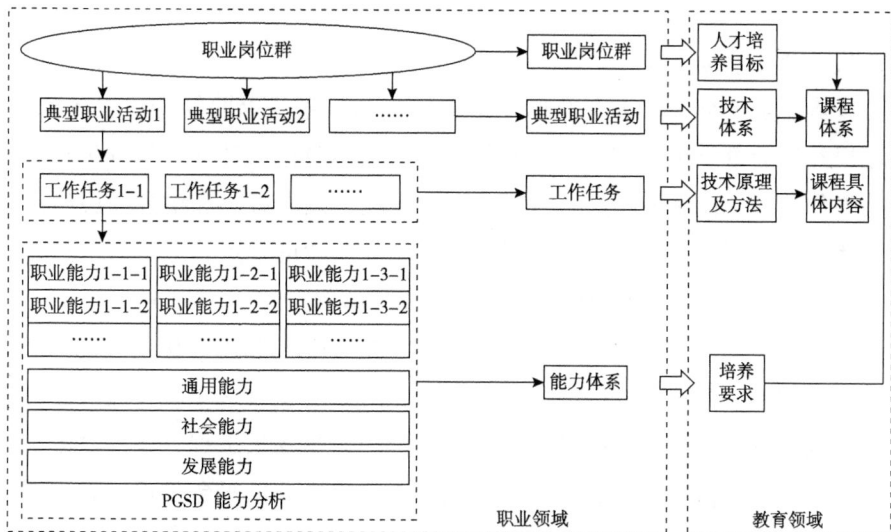

图 6-1 基于 PGSD 能力分析模型的人才培养范式

6.1.2 基于 PGSD 能力分析模型的职业本科人才培养范式分析

如前所述，职业本科培养的是高层次技术技能的复合型人才，突出强调职业及技术应用属性。这些属性的背后是综合能力的体现，PGSD 能力又由许多具体能力构成，形成能力体系。图 6-1 包含了两大领域，即职业领域与教育领域。职业领域包括职业岗位群、典型职业活动、工作任务、能力体系。其中能力体系的构建是根据职业岗位群分解成典型职业活动，再具体化为工作任务，进而形成 PGSD 能力的逻辑演化而来。职业领域中的职业岗位群、典型职业活动、工作任务、能力体系分别映射到教育领域，形成培养目标、技术体系、技术原理及方法、培养要求等；由人才培养目标、培养要求及技术体系构建起课程体系，由技术原理及方法构成了课程具体内容（一个个知识要点），从而形成知识体系。

6.2 现代物流管理专业人才培养案例

6.2.1 现代物流管理专业人才的市场分析

（1）国家产业政策

物流业是融合运输业、仓储业、货代业和信息业等的复合型服务产业，是国民经济的重要组成部分，涉及领域广，吸纳就业人数多，促进生产、拉动消费作用大，在促进产业结构调整、转变经济发展方式和增强国民经济竞争力等方面发挥着重要作用。为了促进我国物流业的发展，近年来国家相继出台多项扶持物流业发展的产业政策，现梳理如下。

2014 年 9 月，国务院印发了《物流业发展中长期规划（2014—2020 年)》（国发〔2014〕42 号），重点列了多式联运工程、物流园区工程、农产品物流工程、制造业物流与供应链管理工程、资源型产品物流工程、城乡物流配送工程、电子商务物流工程、物流标准化工程、物流信息平台工程、物流新技术开发应用工程、再生资源回收物流工程、应急物流工程 12 个工程，明确提出要以提高实践能力为重点，按照现代职业教育体系建设要求，探索形成高等学校、中等职业学校与有关部门、科研院所、行业协会和企业联合培养人才的新模式。此后，2016 年 4 月国务院办公厅发布了《国务院办公厅关于深入实施"互联网+流通"行动计划的意见》（国办发〔2016〕24 号）、2017 年 6 月国家发展改革委印发了《服务业创新发展大纲（2017—2025 年)》（发改规划〔2017〕1116 号）、2017 年 4 月国务院办公厅发布了《国务院办公厅关于加快发展冷链物流保障食品安全促进消费升级的意见》（国发办〔2017〕29 号）、2017 年 8 月的《国务院办公厅关于进一步推进物流降本增效促进实体经济发展的意见》（国办发〔2017〕73 号）、2018 年 12 月的《国家物流枢纽布局和建设规划》（发改经贸〔2018〕1886 号）、2019 年 9 月中共中央 国务院印发了《交通强国建设纲要》，这些政策让物流业发展的整体政策环境得到了进一步的改善。

从整体看，"十三五"时期，我国推动交通物流一体化、集装化、网络化、社会化、智能化的发展，构建交通物流融合发展新体系，明确提出"十三五"时期我国交通物流融合发展的思路、方向和主要任务。

在"十四五"开局之年，2021 年 2 月中共中央、国务院印发了《国家综合立体交通网规划纲要》、2021 年 8 月商务部等九部门印发《商贸物流高质量发展专项行动计划（2021—2025 年)》等，可以看出国家将深化交通运输供给侧结构性改革，推进物流"降本增效"，推动智慧物流发展。未来，物流行业呈现六大发展趋势。

①新型物流基础设施投资规模扩大

自动驾驶、无人仓、无人机等技术的发展对物流基础设施智能化的要求越来越高，建设互联互通的物流物联网迫在眉睫。但是，我国存量巨大的物流基础设施目前还达不到智能化的要求，推动传统基础设施的智能化改造将成为发展重点。

中央经济工作会议将"5G、人工智能、工业互联网、物联网"定义为"新型基础设施建设"，并且提出"加大城际交通、物流、市政基础设施等投资力度"，同时，《国家物流枢纽布局和建设规划》提出以 127 个城市作为国家物流枢纽承载城市建设现代化物流运行体系，政府稳增长、稳投资的重点项目将加大在智慧型物流园区、物流物联网络、农村物流、冷链物流等新型物流基础设施上的投资规模。

②物流市场监管转向信用和数据

2018 年，物流信息化建设纵深推进，国家综合物流信息平台实体化营运，部分地区交通运输、海关、税务、工商等部门积极开展政府物流信息平台建设，20 家部委就物流业严重违法失信市场主体及其有关人员实施联合惩戒，物流业信用体系建设步入规范化轨道。信息技术的进步为政府监管提供了新的手段，货运市场监管向实时监管、视频监管、远程监管、平台监管发展，监管信息透明化程度和监管力度得到加强。

未来监管的重点将由以审批为主的事前资质监管向以信用为主的事中事后监管转变。随着区块链技术商业化，物流信用记录方式、契约规则将发生改变，物流信用系统、物流金融创新将具有极大的发展潜力。

③物流业务流程数字化改造

推动物流企业拥抱智能科技，加快推进传统企业业务流程的数字化改造，是物流业下一步发展面临的艰巨挑战。通过云计算、大数据、物联网等新型基础设施的建设，把物流每个环节的信息转化为数据，并将这些数据打通实现在线化，只是解决传统物流企业业务数据化的第一步。更重要的是，按照数字化的要求对业务流程及组织管理体系进行重构，推动全流程的透明化改造，通过智能化技术赋能物流各个环节实现效率提高和成本降低，实现数据业务化。

④物流业和制造业深度联动

伴随新一轮产业革命以及中美贸易摩擦，全球产业布局和全球供应链格局均将发生重大调整。《中国制造2025》将推动我国的制造业加速向智能化、高端化、精细化发展，对于物流供应链可视化、协同化、全球化和稳健性的要求越来越高。2021年3月，国家发展改革委等十三部门联合印发《关于加快推动制造服务业高质量发展的意见》，该文指出我们要构建包含产业链、供应链、价值链、人才链以及创新链的生态系统，强调从联动融合走向生态融合。作为生产性服务业的重要组成，物流业将在提升制造业核心竞争力方面发挥更加重要的作用。未来这种趋势将进一步驱动物流业与制造业深度联动融合发展。对于物流企业而言，竞争力的关键不再是单纯提供物流运营业务，而是能够输出上下游供应链一体化的解决方案，实现制造、流通和消费的无缝对接。此外，培育具有国际竞争力的全球供应链体系，将成为物流业和制造业深度联动融合发展的核心。

⑤区域物流一体化加速推进

2018年，港珠澳大桥通车，京津冀、长三角、粤港澳大湾区等城市圈（群）和区域一体化正成为引领高质量发展的重要动力源。推动城市圈（群）一体化发展，要求打破传统的城市行政边界，在更大的范围内调整物流布局。未来，以京津冀协同发展、粤港澳大湾区、长三角高质量一体化三大国家战略为核心，以基础设施互联互通、运输组织协同高效、信息资源共享应用、管理政策规范统一、推动区域物流与产业协同为重点，区域物流一体化将加速推进。

⑥信息技术影响物流模式变革

随着新型信息技术的广泛应用，物流管理理念转向以轻资产的形态管理重资产，推动物流业跨界融合、动态化演进。2020年，物联网和大数据在物流项目中的应用潜力已经得到验证，人工智能和区块链技术在物流项目将迎来应用的爆发。信息技术对物流业的支持，也逐步由问题解决型向方案设计型过渡，新兴技术给物流业带来信息收集、精准匹配及产业链整合的机会，同时也扮演着流量端口和精准营销端口的双重角色。新零售的变革带来线上线下的进一步融合落地，推动智慧物流加速前进的同时，也对物流效率和体验提出了新要求。

综上所述，从各项国家产业政策看，物流产业处于国家的大力扶持当中，并以物流服务促进其他产业的发展，因此，为高校物流管理专业毕业生提供了广阔的发展空间。

（2）现代物流管理人才需求分析

①总体分析

物流行业这一传统劳动密集型行业，随着互联网、电子商务、资本市场的推动，也逐渐向技术密集、资本密集、人才密集的方向转变，物流也从一个操作性职能转变为战略性职能，重要性越发凸显。跨界融合、资本化、金融化、数字化的影响以及新商业、新模式、新业态的出现，对从事物流行业的人才要求提高，也开启了物流行业的人才争夺战，吸引人才从不同行业进入物流行业，物流的内涵与外延不断扩大，物流行业的人才多样性、跨地域流动性越发明显，经济发展、劳动保护等带来整体用工成本的上升，而上述行业内外的变化叠加，也带动了物流行业的薪酬快速攀升。做物流也从"苦力"变成了"甜蜜"的事业。

"互联网+"促进了传统物流产业的变革升级，人工智能与物联网的结合，正在让物流行业发生一场效率革命。一方面，物流业与"互联网+"越来越紧密地联系在一起，行业领军企业及新型智慧物流科技企业正加强移动互联网、大数据、智能技术、云计算等先进技术在物流领域内的应用，由此加快了跨行业、跨区域、跨国界的物流信息平台的构建，进一步优化物流运作流程，提高物流供需信息对接和使用效率，提升物流仓储的自动化、标准化、智能化水平以及运转效率，从而加快商品流通，减少对流动资金的占用，降低物流成本；另一方面，现代物流要抓住"一带一路"和"长江经济带"的机遇，融入国际大物流，以提高国际竞争力。这些都带来了技术技能复合型物流人才的紧缺。

从物流整体行业及细分领域人才需求分析，主要缺口体现在以下几个方面。

a. 物流智能化

互联网时代下，物流行业与互联网结合，带动行业新技术、新业态不断涌现。各大电商物流纷纷推出物流新科技。顺丰打造智慧物流地图，无人仓储投入使用。智慧物流加快转型升级成为行业发展的必然趋势，以推动物联网技术在物流中更好地应用。

人才缺口：物联网运营人才、物联网产品规划人才、物联网解决方案人才、车货匹配平台运营管理人才、智能仓配设计人才。

b. 物流新零售

新零售带来的供应链变革不断推动物流业对于效率与速度的追求。随着新零售的到来，源于对分钟级配送的追求，前置仓模式兴起。比如盒马鲜生，门店即是前置仓，做到分钟级配送。而在更快时效的背后，需要强大的由大数据驱动的物流供应链来支撑。随着新零售概念的推广和对线下"体验性"和"即得性"的追求，物流在新零售领域的重要性日渐突出。

人才缺口：数据运营人才、物流规划人才、线上运营类人才、成本分析类人才。

c. 物流平台

"互联网＋"平台模式发展如火如荼，行业竞争不断加剧，2018 年的物流平台类公司，经过行业洗牌，逐渐从创业期向平稳成长期过渡，上下游组织变化催生一大批以技术和服务创新驱动供应链时效的新型物流平台。结合平台公司与深度运营能力的物流公司将成为一种新业态。

人才缺口：物流平台运营人才、行业解决方案人才、业务开拓人才、仓配规划人才、供应链优化人才。

d. 物流资本化

近年来，资本的持续关注使得物流行业飞速发展。2018 年以来，一线快递企业陆续上市，"新零售"带来了新消费时代，电商巨头与新兴创业者竞相布局，也使资本热钱流入物流行业的变革中，物流领域将全面进入资本时代。

人才缺口：物流产业基金设计/运营管理人才、高级投资人才、风控合规人才。

e. 国际物流

全球化的物流时代已经到来，随着多家电商逐步布局海外市场，快递企业也在加快"出海"步伐。随着"一带一路"和全球化的拓展，物流行业正迎来新的发展机遇。

人才缺口：跨境供应链/电商物流规划人才、跨境供应链/物流解决方案人才、海外仓储管理人才。

面对社会形势的变化，我国物流人才的教育培养更是跟不上经济发展的步伐，各地纷纷闹起了"物流人才荒"，特别是物流高级管理人才。有预测显示，中国的物流产业将会以每年30%的速度迅速增长，而国内物流人才的需求缺口将达到600万人。我国仅高级物流管理人才到2025年每年需求量就为3万~4万人；物流技术操作和营销人才每年需要3万人以上。以南京一地为例，南京市已形成龙潭港、王家湾、丁家庄、禄口机场、河西农副产品和六合化工园等六大物流基地，每年有400亿元的商贸流通量，但与之配套的人才非常紧缺，预计到2025年，南京地区物流人才的缺口达10万人。这种需求将表现在各类职位上，无论是基础物流岗位，还是中高级岗位，南京目前拥有的物流人才势必满足不了企业发展的需要。

但是，我国高等院校开设物流专业普遍较晚，江浙经济发达地区的高校开设物流专业大多始于2001年以后，而且培养的是一些专科学历层次的初级物流人才。至于本科、研究生学历层次物流人才的培养工作，一直到2003年才有高校正式启动。由于高校人才培养有一定的滞后性，市场上物流人才的供需矛盾非常突出，许多企业为了招聘适合企业需要的物流人才，不惜开出百万元年薪，只是应聘者甚少。同时，各高校所开设的物流专业，其课程体系的更新跟不上社会需求变化，所学知识显得陈旧，物流人才供需脱节。

②基于需求层次的物流人才能力分析

从管理基层、中层、高层分析物流人才需求状况，具体如下：

a. 基层物流操作人才

这类人才主要从事具体的物流作业，如货物的上架、分拣、堆垛、包装、配送等，对他们的要求主要是操作能力的训练、吃苦耐劳精神的加强和企业文化意识的培养。但随着先进机械设备和信息技术在现代物流中的应用和推广，对物流操作人才的能力也提出了更高的要求。

b. 中层物流管理人才

这类人才主要对物流运作的某一部门进行管理，他们必须熟悉自身从事的物流环节的运营，使本环节的物流工作进行得更有效、更合理，此外还要有整个物流大系统的理念，并协调配合相关部门，使整个物流系统合理化、科学化。因此，中层物流管理人才应掌握物流基础理论、物流管理、经济管理、决策分析、外语及法律法规等方面的知识。

c. 高层物流管理人才

缺少物流管理人才和技术力量是我国物流业发展滞后的一个重要原因。高级物流管理人才要求从业人员知识面广，有较强的战略判断和把握能力，能敏锐地发现市场的变化，对物流的各个环节进行宏观调控。

③基于企业视角的物流人才所需的知识储备

由于物流是一个囊括了采购、仓储、运输、包装、国际贸易、计算机等方方面面功能的管理性工作，高级的物流人才不但要懂得物流专业知识，还要对所在岗位所涉及的其他专业技能熟练地运用，才能较好地胜任物流工作。无论是才出校门的大学生，还是已有两三年工作经验的职员，都必须在实践中持续提高，才能满足现代企业快速发展对物流人才的需要。

现代企业最需要的高级物流人才是那种既懂得从战略角度规划企业长远的发展，又有一线部门实际工作经验的物流人才，如果有在国外著名的物流企业、物流上市公司或咨询行业工作过的背景最佳。据数据统计，自 2017 年苏宁易购集团门店数量 3799 个，同比增长 10.9% 后，苏宁易购集团门店数延续上涨趋势，2018 年苏宁易购集团门店数暴增 183.3%，门店总数量为 11064 个。这么多数量的门店，所创造的就业岗位也是可观的，这需要有一个既熟悉大型物流中心的运营，又能建立仓储配送体系的物流团队。苏宁云商江苏地区的运输部门每天家用电器的配送量达到了 1 万台，很难想象一个没有实际运输配送经验的毕业生能胜任这样的工作。同时，据网上调查显示，目前大部分物流企业将物流人才目光聚焦在：物流＋项目管理、物流＋财务或管理会计、物流＋互联网营销、物流＋供应链＋一线沉淀、物流＋数据挖掘与数据分析、物流＋PPT 及 PS 技术、物流＋移动互联网、物流＋敏锐商业嗅觉＋会总结和分析、物流＋擅长交流＋心理学＋善于分享等。现在的学校教育和行业培训，偏重于理论教学，毕业生所掌握的专业技能和视角与企业需求还有较大的差距，这也是我国物流人才供需矛盾突出的重要原因。一般而言，高级物流人才需要重点掌握以下四方面专业知识和技能。

a. 物流管理知识

物流管理的核心在于宏观上资源整合、微观上精益运作。从事物流管理工作的人员要熟悉该行业的基本流程，掌握物流中心的规划与布局、货物的运输与配送、采购管理与库存控制、物流机械设备的基本运用原理、物流企业的运营管理特点等专业知识。

　　b. 计算机信息系统、数据分析、互联网知识

　　由于现代企业的物流运营对信息系统、数据分析、互联网的要求相当高。高级物流人才除了能够熟练地掌握电脑使用技能和办公自动化工具，还必须对信息系统、数据分析、互联网有深刻的理解，能够在企业信息化浪潮中正确的判断企业的物流需要，站在专业的角度为企业的物流变革指明方向。

　　c. 财务知识

　　物流之所以被称作"第三方利润源"，是因为可以通过节约成本的方式为企业提高经济效益。作为高级物流人才，担任的是企业中高层职位，只有精通财务知识，才能在工作中正确地为企业进行"物流诊断"，分析出物流成本并降低成本。

　　d. 较好的外语应用能力

　　高级物流管理工作需要不断借鉴世界上最新的物流管理技术和计算机、财务、外贸、人力资源等方面的知识，只有在工作中不断学习才能保证企业的物流工作始终充满活力并达到不断节约成本的目的，因此，较好的外语应用能力是高级人才的必备技能。

　　④基于招聘岗位的物流人才需求

　　a. 招聘物流人才的企业类型

　　招聘物流人才的企业类型通常包括以下五种：

　　物流企业，典型企业有中外运，顺丰速递等。

　　商贸企业，典型企业有苏宁云商，苏果超市，南京医药等。

　　制造企业，典型企业有海尔电器，金陵药业等。

　　服务企业，典型企业有中国移动，肯德基等。

　　电商企业，典型企业有阿里巴巴、京东等。

　　b. 企业招聘物流人才所涉及的岗位

　　企业因自身规模和物流在企业经营中的地位不同，在招聘中为物流人才设定的岗位也具有很大差别。从岗位来看，根据网上各招聘平台（智联招聘、58同城、看准等），物流管理专业本科人才的岗位需求，如表6-1所示。从管理层次（基层操作、基层管理、中层管理、高层管理）上看，本科生从事基层操作岗位的较少，如采购专员、调度员、单证员、报关与报检员、仓库管理员等，主要集中在基、中层管理岗位，如采购主管、物流主管、物料主管、物流专员、集装箱业务、供应链主管、仓库主管、货运代理、采购经理、

物流经理、供应链经理、项目经理、运输经理等。

表 6-1   **物流职业岗位需求**

物流职业活动	岗位
采购	采购计划员、采购员、采购主管、采购经理、采购总监
运输	海运进出口操作员、海运租船助理、集装箱拼箱与运输管理助理、制单员、汽车计划调度员、汽车押运员、站场管理、装卸搬运管理、特殊运输管理、特殊货物运输押运、物流经理
仓储	业务员、入库管理员、保管员、出库管理员、仓储单证管理、仓储机械管理、叉车司机、仓库主管、仓库经理
配送	订单处理员、收货员、装卸工、盘点员、拣货员、补货员、配货员、送货员、配送中心经理
国际物流	报关报检、保险、单证员、货运代理
其他	财会、客服、市场营销、信息收集员、信息分析员、物流计划员、回收物流管理、供应链管理、物流规划、金融物流

6.2.2 现代物流管理专业人才培养的定位

通过调研、走访近 10 家应用型本科院校，发现职业本科作为现代职业教育体系的一种开创性办学，在人才培养目标定位、人才培养方案、教学过程、教材选择等方面与应用型本科应具有以下差异。

（1）人才培养目标定位

以物流管理专业为例，普通应用型本科院校（以下简称"应用型本科"）的物流管理专业是培养高层次、具有较强创新精神以及具有物流业务操作和物流流程管理专长，能够胜任制造业企业及相关领域的运输、仓储、配送等物流相关工作的高级应用型物流管理人才。

职业本科物流管理专业按照本科应用型人才培养标准和卓越技术技能人才培养要求，构建物流管理专业知识理论课程与技术技能训练实践课程相融的课程体系，确定教学组织实施及学生学习方式，以培养适应区域经济结构升级和转型、产业链创新的物流专业高层次技术技能应用人才。

职业本科人才培养较之于应用型本科，定位于高层次技术技能的复合型人才。这"高层次"意味着知识的深度及创新的程度。在培养过程中，应将职业需求、实践能力、产学研用进行有机结合，突出强调产教融合、校企合作、工学结合、知行合一。

（2）人才培养方案设计

在大多数应用型本科人才培养方案中，实践教学环节学分占总学分比例为30%左右，实践环节课程主要包括物流管理流程模拟实训、仓储管理实训、运输与配送管理实训、物流信息技术实训、国际贸易实训、统计数据处理实训、供应链管理综合实训、物流沙盘模拟实训、Excel操作、国际货代实训等。同时要求学生在校期间必须参加至少1项自主化创新（创业）项目，未达到者不能毕业。

而在职业本科的人才培养方案中，实践教学环节学分占总学分的50%以上，集中性实践主要包括物流技术实训、ERP沙盘实训、3D虚拟仿真综合实训、ERP软件实训、国际货代综合实训、物流业务运作综合实训等，需要取得计算机等级证书、英语四六级考试证书、物流能力等级证书（中级）。

较之应用型本科物流管理专业的人才培养方案，在课程体系构建上，考虑到职业本科课程体系的特点，注重公共基础课的加强和学生技术技能训练的提高，在数学、外语、专业基础等方面提出更高的要求，公共基础课程的学分占总学分至少30%，同时实践环节学分占总学分的50%以上。

（3）教学过程

应用型本科在教学过程中逐步形成"两突出，一注重"的特色教育，即突出专业实践技能的培养；突出综合实训技能的培养；注重加强社会实践环节，培养学生的创新意识和创新能力，为就业打好基础。在教学质量监控中，学校建有完善的教学质量组织保障体系、学院建有二级质量监控体系、各相关职能部门配合做好保障工作，另外对毕业生质量进行跟踪调查。

职业本科在教学过程中应有别于应用型本科教育：聘请典型企业技术骨干，专业课以工学结合为切入点，突出技术应用能力的培养，体现基于工作过程与任务的课程设计理念；以工作任务组织课程内容，并与国家职业资格标准相衔接；注重职业道德的培养和职业素质的养成；以典型产品和服务为载体，在真实工作情境中实施教学；充分利用已有的物流管理与工程实训中心、物流管理实验室，以实验、实训、实习循序渐进落实能力培养的方式来组织实践教学，并想方设法充分利用企业的实习基地实现企业培养作用，达到 4 年制职业本科人才培养目标，充分体现以产学结合为特征的办学模式，实现人才培养模式上"工学结合"的高职特色。在向应用型本科课程学习的同时，加强课程定位研究，对课程标准，课程内容，授课计划，实训环节，教材等进行再造，进一步提高了授课效果和质量。

（4）教材选择

应用型本科物流管理专业的教材建设根据制定的教材管理办法，对教材进行选择。教材选用的基本原则是：理论课程必须选用近三年公开出版的教育部规划教材，实验课程优先选择符合本专业教学需要的自编教材。

职业本科物流管理专业的教材建设原则上：一是选用的教材必须具有一定的先进性、前沿性，体现应用特色；二是坚持选用教育部规划教材和优秀教材，尤其是核心课程选用规划或优秀教材，并注意选用近三年出版的新教材。

对比职业本科与应用本科的教材建设制度，差别并不大，均要求选择规划、精品或优秀教材，能突出应用性、反映前沿性的近三年教材。但职业本科未来的教材应适应"互联网＋职业教育"的发展需求，以新型活页式、工作手册式等形式，根据专业教学标准，选用体现新技术、新工艺、新规范等的典型生产案例，以典型工作任务为线索，将职业素养、专业知识、职业技能进行有机整合。同时，建好用好职业教育专业教学资源库，促进优质资源共建共享，使用满足多样化需求的课程资源（如微课视频、教学课件、演示动画、虚拟仿真、拓展资料、习题等）。利用这些教学资源，进行项目教学、案例教学、情景教学、工作过程导向教学，广泛应用线上线下混合教学（见图 6 - 2）。

综上所述，现代物流管理专业人才培养目标为依托学校强势专业的技术和资源优势，服务于区域内外贸一体化产业链，培养理想信念坚定，德、智、体、美、劳全面发展，具有良好的人文素养、职业道德和创新意识、精益求精的工匠精神，系统掌握现代物流与供应链管理基础理论及管理方法，具备现代物流所需的专业技能，能够从事供应链和物流规划、运营管理岗位工作的高层次技术技能人才。

课前自主学习　　　　　　　课上知识内化或技能习得

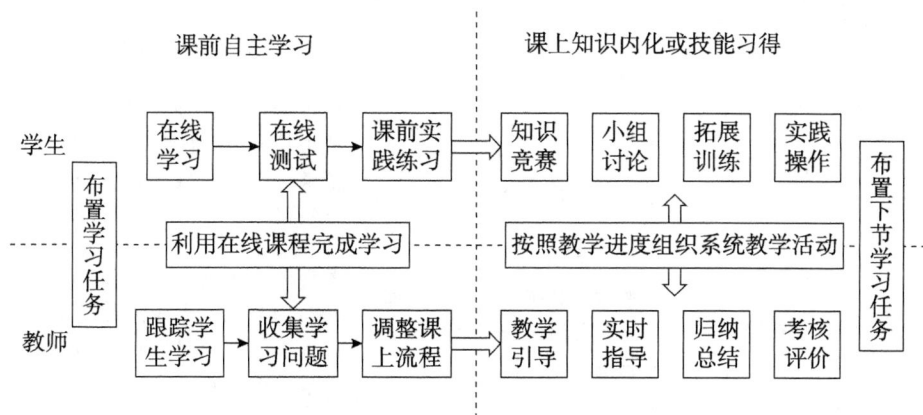

图6-2　线上线下混合教学

6.2.3　现代物流管理专业课程体系构建

课程体系是某专业不同课程门类按照一定的逻辑关系进行排列，是教学内容和进程的总和，决定了学生通过学习将获得的知识结构。以物流管理专业为例，基于图6-1，动态构建起基于PGSD能力分析模型的职业本科物流管理专业课程体系。

（1）物流管理专业PGSD能力分析

根据图6-1的分析，物流管理专业人才培养方案制订从物流职业岗位需求入手（见表6-1），分解成采购、运输、仓储、配送、国际物流等物流职业活动；再从每个物流职业活动出发，进行工作任务分解，进而形成物流管理人才培养的PGSD能力体系。本书通过对德邦物流股份有限公司、苏果超市有限公司、苏宁云商集团股份有限公司、顺丰速运（集团）有限公司、申通快递有限公司、江苏先声药业股份有限公司、中国外运江苏有限分公司、百世集团等20家物流企业的调研，得出如表6-2所示的物流企业典型岗位内容分析。为详细了解物流企业对物流本科人才具体的能力要求，设计了调查问卷，罗列了44种能力，面向多家物流企业的人力资源主管，进行能力要求的调研。此次调查问卷利用问卷星平台，共收到100份不同物流企业的问卷反馈，经过数据处理，得到如表6-3所示的结果。

表6-2 物流企业典型岗位内容分析

岗位		工作内容	工作能力要求
基础岗位	物流营销人员	市场调查、询价、商务谈判、签订合同、填写进出口报关报检单据	语言表达能力强、写作与会话能力较强，掌握商务谈判技巧，能够与客户有效沟通、会与客户签订交易合同，履行合同等
	仓管员	验收、分拣、包装、入库、在库管理、补货、拣货、流通加工、复核、整仓	掌握物流对象的属性和特征、物料的领用、发放流程及物料的养护等，同时熟练运用 VMI 管理系统等
	运输调度员	安排运输车辆、安排行程路程及负责货物配载等相关事务	掌握车队资源、合理调度，了解地形及行车路线，熟练运用 TMS 管理指挥运输事务等
	运输业务员	熟悉运输业务、整拼箱、运输业务处理、装箱商务谈判	能够熟练处理运输业务、集装箱、整箱运输单据、拼箱运输单据，能与客户进行有效沟通等
	货运代理员	了解各货运市场情况及其运价、商务谈判、签订货代合同、安排货运类型和路线、货品验收	掌握调查市场的方法和技巧，熟悉行业内情况，与客户有效沟通，能够熟悉进行货品验收工作，安排货运及其路线等
	配送人员	路线安排、点货上车、交货验收、退货点收、异常处理、回程提货、交单回报	熟悉所在区域库房物料的布置情况和物料配送的路线，掌握物料搬运的要求，较好地处理突发事故能力等
	客服人员	能处理客户纠纷、协调客户与企业业务关系	语言表达能力强、具有较强的协调及处理各类突发事件能力，有团队协助精神，熟悉物流整体运作流程的设计等
	信息录入员	打印分拣出料单、接单、核单、批价、回单、查单、异常回报、盘点等	能熟练输入数据、进行单据整理，掌握 MRP、管理和物料计划制订等

岗位		工作内容	工作能力要求
拓展岗位	仓储配送业务主管、运输车队队长、物流信息管理员、仓储配送业务部经理、物流运输部经理、国际物流部经理、信息管理部经理	策划和管理部门工作、现场操作、安全和消防，协调和处理与各岗位业务关系，进行 6S 现场管理、新人培训、工作分配、作业绩效考核等	掌握生产组织管理方法，具有一定组织协调能力，学习能力强、熟练运用生产现场管理方法，具有较强的执行、沟通、协调及处理现场突发事件能力等

表6-3　　　　　物流企业对物流本科人才能力要求占比情况

能力	比例	能力	比例
项目规划、策划能力	74%	实际操作能力	73%
交流、沟通能力	71%	工作创新能力	70%
信息资源管理能力	69%	客户关系管理能力	69%
专业知识学习能力	69%	市场推广与开拓能力	62%
诚信	60%	组织协调能力	60%
供应链管理能力	60%	企业信用管理能力	59%
灵活应变能力	58%	创新研发与攻关能力	55%
人才资源管理能力	57%	环境适应能力	55%
职业道德与忠诚度	55%	品牌管理能力	55%
执行能力	53%	市场营销能力	54%
协同合作能力	52%	责任心	52%
项目推进能力	51%	严谨周密的思维模式	51%
资本运营管理能力	43%	企业战略管理能力	46%
库存管理能力/标准化管理能力	37%	压力/困难/挫折承受能力	43%
时间管理能力	35%	潜在的领导能力	37%
语言文字表达能力	34%	质检纪检能力	35%
电子支付能力	33%	热心服务能力	31%

续　表

能力	比例	能力	比例
外语应用与国际交流能力	30%	办公自动化能力	30%
财会工作能力	29%	判断力	29%
文案处理能力	28%	职业培训能力	27%
公关能力	27%	在线采购能力	25%
网络营销能力	22%	运用物流法规及理论政策能力	23%

注：表中第一行表示有74%的物流企业要求物流人才应具备"项目规划、策划能力"，并且73%的物流企业还要求物流人才应具备"实际操作能力"等。

针对表6-3，进行PGSD能力分析，得到如表6-4所示的职业本科物流管理专业PGSD能力分析。

表6-4　　　　　　职业本科物流管理专业 PGSD 能力分析

PGSD 能力	具体能力
职业能力（P）	项目规划、策划能力、实际操作能力、专业知识学习能力、客户关系管理能力、企业信用管理能力、市场推广与开拓能力、供应链管理能力、执行能力、项目推进能力、人才资源管理能力、资本运营管理能力、品牌管理能力、市场营销能力、企业战略管理能力、库存管理能力/标准化管理能力、质检纪检能力、电子支付能力、财会工作能力、在线采购能力、网络营销能力、物流法规水平
通用能力（G）	信息资源管理能力、协同合作能力、压力/困难/挫折承受能力、时间管理能力、语言文字表达能力、办公自动化能力、文案处理能力
社会能力（S）	诚信、组织协调能力、环境适应能力、职业道德与忠诚度、责任心、潜在的领导能力、热心服务能力、外语应用与国际交流能力、职业培训能力、公关能力、理论政策水平
发展能力（D）	工作创新能力、灵活应变能力、创新研发与攻关能力、严谨周密的思维模式、判断力

（2）物流管理专业课程体系构建

①物流管理人才培养目标

根据学校办学特色、物流职业岗位群，定位物流人才培养目标。如职业本科物流管理专业培养理想信念坚定，德、智、体、美、劳全面发展，具有良好的人文素养、职业道德和创新意识，精益求精的工匠精神，较强的就业能力和可持续发展的能力；掌握现代物流管理专业知识，具备现代物流规划设计和运作管理技术技能，面向商贸连锁业、装备制造业、跨境电商行业的物流管理职业（岗位）群，能够从事采购、仓储、生产、配送、运输、国际货代、信息服务等方面工作的高层次技术技能型人才。

②物流管理人才培养要求

根据表6-4，培养职业本科物流管理人才要求包括：职业技术能力要求，例如具有专业初步认知能力，具有供应链结构的初步分析能力，具有采购需求的确定、采购计划的编制、采购成本计算、供应商的选择及采购绩效分析能力等；通用能力要求，例如借助参考资料、网络、手册等途径进行信息获取、加工与处理利用能力，阅读物流相关英文资料的能力和英语口语表达能力，计算机应用基本能力，语言和书面表达能力等；社会能力要求，例如有正确的社会历史观和人生价值观，具有热爱本职工作及不断开拓创新的能力，具有团队协作能力，人际交往和协商沟通能力等；发展能力要求，例如具有创新物流系统开发和设计的能力，具有探究学习和终身学习的能力等。

③物流管理技术体系构建

根据表6-2，列出物流管理专业所需的物流技术（如运输、仓储、装卸搬运、包装、配送、流通加工等基本作业技术方法，以及各个作业环节的管理理论和运作方法，计算机通信网络技术、识别技术、数据传输跟踪技术、数据库技术、智能技术等信息技术，运筹学、物流网络布局、物流设施设备优化等优化技术），并进行系统整合，形成培养物流管理人才所需的物流技术体系。

④物流管理技术原理及方法识别

根据典型职业活动分解的一个个工作任务，解析完成任务所需的技术原理及方法。这些技术原理及方法应与职业本科培养的人才相匹配，其难度的界定应是目前企业中面临此类问题通常的做法。例如，配送管理中的车辆配载问题：要求车辆的载重量能力和车厢容积都被充分利用，如何装载货物？简单模型从两种不同重量、不同体积的货物入手，构建模型进行求解。这种简单模型无法运用于现实。职业本科物流管理人才的培养需要让学生更多了解现实中的车辆配载情况，应更多地考虑多品种、订单波动、时间限制等情况下的模型构建、智能化系统、注意事项等。再如，在仓储作业管理中，对入库计划编制问题，除了掌握计划编制流程，更重要的是需要学会分析影响入库作业的因素，入库作业关键点控制等技术方法。

⑤物流管理专业课程体系设计

由物流管理人才培养目标、要求及物流管理技术体系，按"宽基础、深专业、强技术、提素质"的原则，进行物流管理专业课程体系框架构建，如图6-3所示。

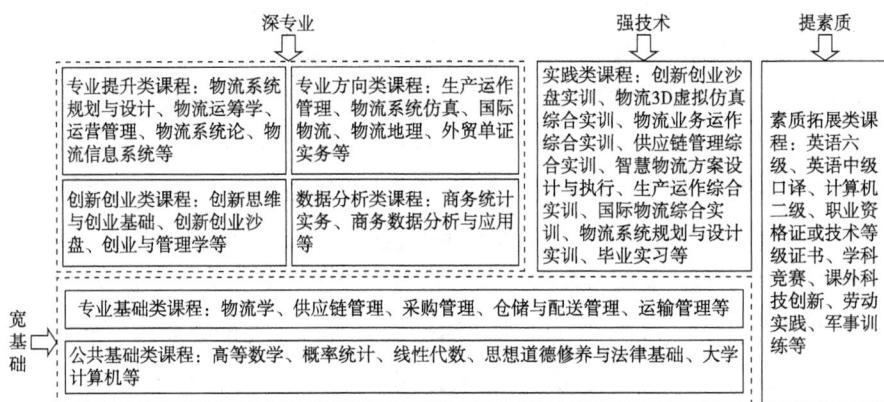

图6-3　物流管理专业课程体系思路框架

根据图6-3，"宽基础"意指培养职业本科物流管理人才所需的基础知识应较为广泛，映射到课程上，体现为公共基础类与专业基础类课程。"深专业"意指培养职业本科物流管理人才所需的专业知识不能停留在普通高职院校的重流程轻规划的专业知识上，而是需要强化物流顶层规划原理及方法，映射到课程上，包括专业提升类课程、数据分析类课程及创新创业类课程。"强技术"意指培养职业本科物流管理人才的技术技能不能是简单的、机械的物流操作，而是能够对出现的问题进行系统分析及优化，从而达到解决问题的目的，映射到课程上，体现为实践类课程。"提素质"意指培养职业本科物流管理人才不仅重视文化素质，还要注重自然素质、心理素质的培养，映射到课程上，体现为素质拓展类课程。

在上述思路框架基础上，根据国家及学校课程设置规范及标准，如课程体系分成通识课程（包括必修及选修）、专业课程（包括基础、必修及选修）、集中实践课程（包括独立及专业实践）、能力拓展课程，对图6-3框架中的课程进行重新归类，形成如图6-4所示的职业本科物流管理专业的课程体系架构，进而确定课程学分及学时，得到如表6-5所示的现代物流管理专业课程体系的设置及分配。

物流管理专业课程体系

- 通识必修课程：大学英语、高等数学、线性代数、概率统计、形势与政策、思想道德修养与法律基础、马克思主义基本原理概论、毛泽东思想和中国特色社会主义理论体系概论、中国近现代史纲要、职业生涯规划、体育、就业指导、创业教育、创新思维与创业基础、大学计算机基础、心理健康教育、劳动实践与素质拓展等

- 通识选修课程：通修课、大学语文等

- 专业基础课程：经济学、运筹学、会计学、创业与管理学、运营管理等

- 专业必修课程：物流学、供应链管理、数据库原理与应用、物流系统论、物流信息分析与设计、仓储与配送实务、物流运输管理、货运代理与国际物流、物流系统规划与设计、交通运输规划与设计、物流专业英语等

- 专业选修课程：物流项目管理、物流金融、物流法律法规、生产运作管理、物流设施设备、快递实务、外贸单证实务、报关报检实务、数据分析与应用、物流园区规划设计等

- 独立实践课程：军事训练、劳动实践、暑假社会实践等

- 专业实践课程：物流3D虚拟仿真实训、创新创业沙盘实训、物流信息技术实训、物流业务综合实训、ERP软件综合实训、采购业务实训、物流数据分析综合实训、跨境电商综合实训、毕业设计（论文）、顶岗实习等

- 能力拓展课程：物流系统规划与设计实训、英语六级、英语中级口译、职业资格证或技术等级证书、学科竞赛和课外科技创新

图6-4 职业本科物流管理专业的课程体系架构

表6-5 现代物流管理专业课程体系的设置及分配

课程模块	课程类别	课程性质	学分		学时					
			学分（分）	占比	理论学时	理论学时占比	实践学时	实践学时占比	学时	占比
公共基础课程模块	全校类公共必修课	必修	49.5	28.9%	636	17.7%	448	12.5%	1084	30.2%
	学院类公共必修课	必修	21	12.3%	304	8.5%	32	0.9%	336	9.4%
	公共选修课程	选修	4	2.3%	64	1.8%	0	0.0%	64	1.8%
专业课程模块	专业基础课程	必修	30	17.5%	344	9.6%	126	3.5%	480	13.4%
	专业核心课程	必修	9	5.3%	98	2.7%	46	1.3%	144	4.0%
		限选	7	4.1%	56	1.6%	56	1.6%	112	3.1%
	专业选修课程	选修	8.5	5.0%	68	1.9%	68	1.9%	136	3.8%

课程模块	课程类别	课程性质	学分		学时					
			学分（分）	占比	理论学时	理论学时占比	实践学时	实践学时占比	学时	占比
素质能力与拓展模块	素质拓展课程	选修	6	3.5%	48	1.3%	48	1.3%	96	2.7%
	能力拓展课程	选修	2	1.2%	0	0.0%	48	1.3%	48	1.3%
集中实践模块	公共基础实践	必修	4	2.3%	0	0.0%	176	4.9%	176	4.9%
	专业实践	必修	26	15.2%	0	0.0%	816	22.7%	816	22.7%
		限选	4	2.3%	0	0.0%	96	2.7%	96	2.7%
小计			171	100.0%	1618	45.1%	1960	54.6%	3588	100.0%
毕业最低学分（分）			171							

6.3　汽车服务工程技术（智能网联方向）专业人才培养案例

6.3.1　汽车服务工程技术（智能网联方向）人才的市场分析

（1）产业发展态势

《交通强国建设纲要》里指出要"大力培养支持中国制造、中国创造的交通技术技能人才队伍，构建适应交通发展需要的现代职业教育体系"。2017年2月以来，教育部积极推进新工科建设，强调打造新工科建设背景下的多学科交叉融合培养体系。《高等学校人工智能创新行动计划》要求推进新工科建设，强调要建设100个"人工智能＋X"特色专业，形成复合专业培养新模式。深化产教融合，鼓励企业与高等院校合作开设相关专业，协同培养创新型中青年科技人才、工程技术人才、高级技工和管理人才。智能驾驶作为国家和产业界着力发展的战略性新兴产业以及多学科交叉融合的典型代表性学科，已成为国内各大院校争相开设的学科和专业。

智能驾驶是汽车产业与人工智能、物联网、高性能计算等新一代信息技术深度融合的产物，是当前全球汽车与交通出行领域智能化和网联化发展的主要方向，已成为各国争抢的战略制高点。2019年中共中央国务院印发《交通强国建设纲要》，提出建成世界前列交通强国的总体目标，大力发展智慧交通，推动人工智能、大数据、互联网等新技术与交通行业深度融合。国务院在《新一代人工智能发展规划》中明确提出要大力发展人工智能新兴产业。尤其是"发展自动驾驶汽车和轨道交通系统，加强车载感知、自动驾驶、车联网、物联网等技术集成和配套，开发交通智能感知系统，形成我国自主的自动驾驶平台技术体系和产品总成能力"。2021 年《中华人民共和国国民经济和社会发展第十四个五年规划和二〇三五年远景目标纲要》中强调"加快研发智能（网联）汽车基础技术平台及软硬件系统、线控底盘和智能终端等关键部件"。

（2）智能网联汽车从业人员数量与专业分布现状

据统计，2019 年汽车行业从业人员约 551 万人，研发人员总数约为 55.1 万人，智能网联汽车在岗研发人员约为 5.33 万人，依据本课题研究边界，筛选出除从事智能网联汽车道路设施智能化相关人员外的研发人员约为 4.0 万人，智能网联汽车研发人员占汽车行业研发人员总数的比例约为 7.26%；中国汽车工程学会对 91 家智能网联汽车上游、中游、下游代表企业进行问卷调查，结果显示截至 2019 年年底，研发人员总数约为 12.46 万人，智能网联汽车在岗研发人员约为 2 万人，智能网联汽车研发人员占比约为 16%，问卷企业智能网联汽车研发人员占比高于行业占比，说明问卷企业在智能网联汽车领域属于头部企业，更具代表性。

企业问卷调查结果显示，智能网联汽车研发人员已从传统车辆、机械为主的专业分布向计算机、电子信息、自动化类倾斜。计算机类毕业生占比超过车辆工程专业和机械类（除车辆工程专业外），而电子信息类和自动化类也成为智能网联汽车研发人员的主力军，分别排名第三和第四（见表 6 - 6）。

表 6 - 6　　　智能网联汽车研发人员部分学科（专业）分布

序号	学科（专业）名称	人员占比
1	计算机类	23.17%
2	车辆工程	20.01%
3	电子信息类	19.70%
4	自动化类	15.68%
5	机械类（除车辆工程专业外）	12.42%
6	交通运输类	3.10%
7	数学类	2.65%
8	材料类	1.13%

（3）智能网联汽车市场规模预测

据麦肯锡预测，到 2025 年全球无人驾驶汽车可产生 2000 亿～1.9 万亿美元的产值。据中国汽车工程学会相关课题组综合测算，2020 年我国因智能化与网联化所带动的汽车新增产值约 3100 亿元人民币。随着智能网联汽车从 L0 级走向 L5 级，产值规模将不断扩大，预计 2025 年新增产值达到 8000 亿元人民币。

根据预测，智能网联汽车将迎来持续 20 年的高速发展，到 2035 年，将占全球 25% 左右的新车市场。

中国智能网联车市场规模及渗透率将持续提升，2023 年规模有望达到 2381 亿元，2020—2023 年 CAGR（复合平均增长率）约为 20.62%（见图 6-5）。

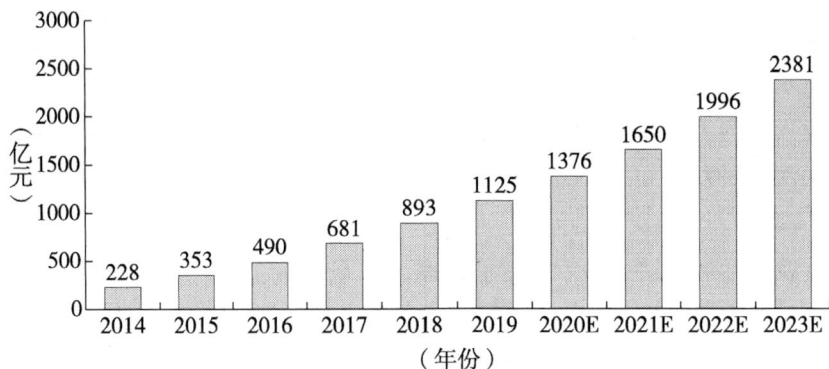

图 6-5　中国智能网联汽车市场规模

资料来源：智研咨询，民生证券研究院

同时，根据 IHS Markit 数据，中国智能网联车 2019 年市场渗透率约为 35.3%，随着自动驾驶及网联技术的升级，2025 年市场渗透率将达到 75.9%（见图 6-6），中国有望成为全球最大的智能网联车市场。

智研咨询进一步将智能网联车市场细分，并推测 2020—2030 年智能网联车 10 年产业总规模有望达到近 2 万亿元，其中"聪明的车"市场规模约为 8350 亿元，"智慧的路"市场规模约为 2950 亿元，"车路协同"市场规模约为 7630 亿元。

（4）汽车人才需求预测

以自动驾驶、智能座舱和车联网三大业务模块的发展水平来表征智能网

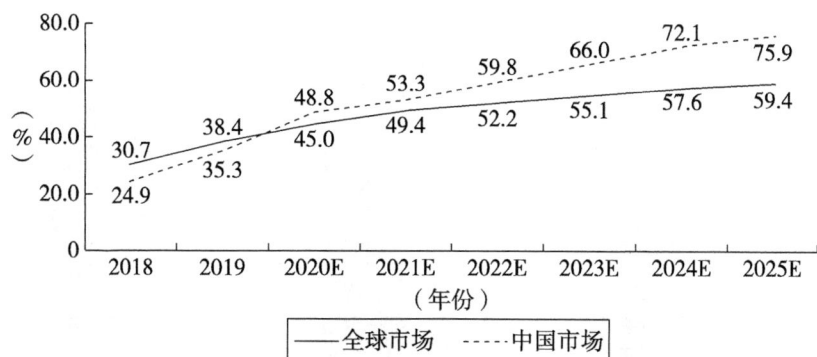

图6-6 全球与中国智能网联汽车市场渗透率对比
资料来源：IHS Markit，民生证券研究院

联汽车的发展水平，同时设定市场成熟度、技术驱动力、政策法规影响力为三大业务板块的主要影响因素，构建了三维立体的智能网联汽车人才需求数量预测模型（见图6-7），通过预测不同业务模块在不同发展水平下对不同类型人才的需求数量，获得智能网联汽车人才需求总量。

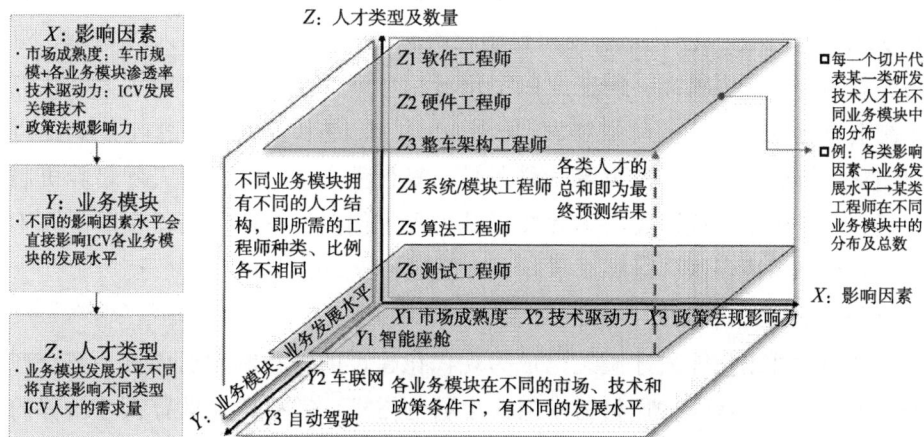

图6-7 智能网联汽车人才需求预测模型

在快速发展、稳步发展和缓慢发展三种情境下，智能网联汽车人才需求总量为：2021年6.1万~7.9万人，2023年7.7万~9.9万人，2025年9.2万~11.6万人（见图6-8）。

（5）智能网联汽车人才培养面临问题

当前智能网联汽车行业主要存在以下两方面问题：一是从业人员数量供

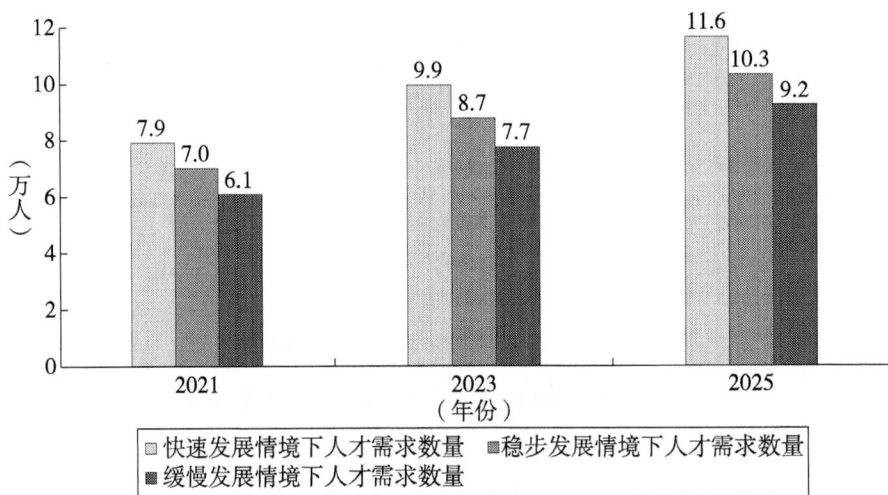

图6-8 不同情境下智能网联汽车人才需求数量预测

给严重不足。根据2021年《智能网联汽车产业人才需求预测报告》，2025年，汽车行业总体需求约120万人，预计缺口103万人，在快速发展情况下，智能网联研发人员需求量约11.6万人，预计缺口3.7万人。从专业细分看，尤其缺乏计算机类、电子信息类和自动化类人才，这些IT背景人才难招、难留、难用，薪酬要求高。制造业数字化转型对三大类人才总体需求大，且汽车制造行业薪酬低、劳动强度大、吸引力低。二是从业人员质量不能满足行业需求。智能网联汽车急需跨学科背景的复合型人才，复合型人才培养机制不足、专业核心课程设置与人才知识结构需求偏离、毕业生工程实践能力不足、高校知识更新迭代慢等"卡脖子"问题导致关键技术人才缺乏。

（6）人才培养需求

高层次技术技能人才匮乏已成为现代化建设的短板和掣肘因素，契合产业转型升级、一线人才质量需求层次上移的需求，需要职业教育人才培养的提质升级，要求高等职业教育的层次、结构进一步提升和完善，加快建设知识型、技能型、创新型劳动者大军。

从全国范围看，《国家职业教育改革实施方案》中明确提出要"开展本科层次职业教育试点"。汽车服务工程技术本科专业，顺应智能网联汽车发展趋势，将会更好地发挥现有汽车检测与维修技术专业群的优势，将服务汽车后市场的办学经验延伸到智能网联汽车设计、制造、销售与服务全产业链，在满足江苏地区汽车产业区域需求的同时，更好地服务于全国汽车产业。

　　汽车产业的发展需要高层次技术技能人才。汽车产业的快速发展，对智能网联汽车技术高等职业教育的人才培养规模、质量、规格和结构都提出了更高的要求，但专门从事智能网联汽车性能检测、生产管理、销售、维修、运营等岗位的技术人才紧缺，因此迫切需要高等职业院校加快智能网联汽车制造、销售与服务全产业链领域的专业建设，培养和储备专业技能人才，推动职业教育更好地承担起服务社会的职能，更好地满足经济社会全面发展的要求。

　　（7）工作岗位分析

　　未来的汽车产业是新能源汽车和智能网联汽车，更是实体与虚拟、制造业与互联网、机械工程与信息网联的综合体，需要具备更加宽泛知识的复合型汽车技能型人才。为更好地服务区域经济发展，依据行业产业发展最新动态与趋势，对整车制造公司，如吉利汽车集团、奇瑞汽车有限公司、丰田汽车研发中心等；4S店，如比亚迪朗迪4S店、比亚迪盛世新景4S店等；行业协会，如中国汽车工程学会、江苏省汽车工程学会、全国智能电动汽车职业教育联盟；保险公司，如人保、太平洋保险、平安等；招聘网站，如前程无忧、猎聘网等开展广泛与深入的调研，结合汽车产业人才需求与岗位要求，学院决定开设汽车服务工程技术、新能源汽车工程技术职业本科专业。与学校职业本科人才培养目标相切合的岗位名称及岗位能力要求如表6-7所示。

表6-7　　　　　　　　　　岗位名称及岗位能力要求

岗位名称	岗位能力要求	对应专业
技术服务顾问	1. 了解最新的汽车专业技术知识（新能源、智能网联） 2. 能够熟练使用维修检测工具和设备 3. 准确地对维修车辆进行报价，估计维修费用 4. 对车辆故障进行判断，并进行维修	汽车服务工程技术
汽车定损理赔专员	1. 具备汽车检测与维修相关知识 2. 具备新能源汽车、智能网联相关技术 3. 掌握事故车辆理赔流程，现场事故查勘处理 4. 掌握汽车配件相关知识	汽车服务工程技术

岗位名称	岗位能力要求	对应专业
现场测试工程师	1. 熟练掌握车辆的静态、动态测试过程和关键测试参数标准 2. 能够分析问题并优化测试过程 3. 能够在生产线上进行车轮定位、侧倾、制动测试等 4. 了解新能源、智能网联汽车相关测试标准	汽车服务工程技术（测试与试验方向）
智能网联项目工程师	1. 有智能汽车辅助驾驶产品知识 2. 有前装后装市场、车路互动、智慧交通相关知识 3. 了解 ADAS（高级驾驶辅助系统）系统原理 4. 对自动驾驶有基本了解，例如传感器、控制算法等 5. 熟悉电子零件的技术	汽车服务工程技术（智能网联方向）
智能网联系统测试工程师	1. 基于智能网联系统的理解，能独立开展故障零部件的解析 2. 能根据智能网联系统的故障模式，设计相应的测试场景和测试用例 3. 能够使用常用测试软件、诊断仪等常用的诊断分析工具	汽车服务工程技术（智能网联方向）
汽车装配工艺工程师	1. 能熟练操作 SolidWorks 三维软件、CAD 二维画图软件 2. 熟悉工装图纸设计、验证及提升 3. 娴熟使用各种基本的装配工具，严格按照装配工艺，进行产品的装配，确保装配质量 4. 熟练掌握 PLC 编程	汽车服务工程技术（智能网联方向）
现场质量工程师	1. 收集新项目车型车身质量问题，对相关问题进行质量分析 2. 编制认可试验计划、调研设备和工装需求 3. 会看汽车零配件图纸，熟悉常用测量工具 4. 掌握新品开发阶段的产品可靠性验证	汽车服务工程技术
汽车设计工程师	1. 熟悉国家相关标准、政策和法律法规；熟悉公司产品开发流程 2. 熟悉汽车整车构造知识 3. 熟悉 CATIA、CAD 等专业软件	汽车服务工程技术

6.3.2　汽车服务工程技术（智能网联方向）人才培养的定位

通过调研、走访近10家应用型本科院校，职业本科作为现代职业教育体系的一种开创性办学方式，在人才培养目标定位、人才培养方案设计、教学方法等方面与应用型本科应具有以下差异。

（1）人才培养目标定位

普通应用型本科院校（以下简称"应用型本科"）的汽车服务工程专业主要培养汽车运用，汽车服务，汽车诊断、检测与维修技术，汽车保险与理赔，汽车评估等，培养汽车高级服务人才，主要服务于汽车生产出来之后的服务市场。车辆工程专业主要培养研究汽车、拖拉机、机车车辆、军用车辆及其他工程车辆等陆上移动机械的理论、设计及制造技术，比如车辆的设计开发、生产制造、质量检测等。两个传统本科专业由于技术成熟，在人才培养方案中按传统汽车模式进行培养。

而职业本科人才培养，需紧跟科技发展前沿，进一步加快技术更新，培养紧跟汽车技术发展的高层次技术技能的复合型人才。在培养过程中，应将职业需求、实践能力、产学研用进行有机结合，突出产教融合、校企合作、工学结合、知行合一。

因此汽车服务工程技术专业以智能驾驶为核心，响应国家产业发展，发挥"自动驾驶国家人工智能开放创新平台"的社会责任，深化产教融合，从产业及企业用人标准出发，从岗位技能标准、实训产品技术、课程资源建设、协同创新四大体系，与企业共建智能驾驶学科体系，准确把握智能驾驶相关学科的教学需求及特点，面向智能汽车测试、售后服务领域，着力培养智能汽车环境传感器、智能终端装调与标定、底盘线控系统、智能汽车集成、测试、运维及售后技术支持等高技能、创新型人才，服务区域智能驾驶产业转型升级。

（2）人才培养方案设计

落实立德树人，推进整体育人、特色育人。构建特色通识教育体系，构建"三全"育人格局，全面加强课程思政建设，形成各类课程与思想政治理论课同向同行，形成协同效应。坚持高层次技术技能人才培养目标定位。有效对接区域经济和行业发展需求，明确培养高层次技术技能人才的目标定位，立足培养产业转型升级和企业技术创新需要的发展型、复合型和创新型人才。

汽车服务工程技术分为汽车测试与试验技术和智能网联应用技术两部分。智能驾驶功能测试工程师岗位主要针对从事自动驾驶软件系统操作、维护、应用开发相关的工作。并与百度智能网联事业部等相关人员、汽车服务工程普通本科专业的高校专家，以及专业自身的教学团队建立教学委员会；以"汽车运用与维修（含智能新能源）"中、高级及"自动驾驶软件系统应用"中级"1＋X"证书制度要求为基础，制订了汽车服务工程技术职业本科人才培养方案，确定了人才培养目标、培养要求、课程体系等。

（3）教学方法

① "三真"驱动，项目引领

如图6-9所示，以真实任务、真实岗位、真实流程为任务驱动，对项目进行加工整理，使教学内容更加贴近企业，贴近技术前沿。借助在汽车测试技术和智能网联应用技术中得到的结论，在实际工作环境中进行操作训练，企业导师以精准的实践标准指导学生规范操作，解决了学生没有装配程序调试实践经验、职业操作不够规范等问题，增强学生职业化操作规范意识。

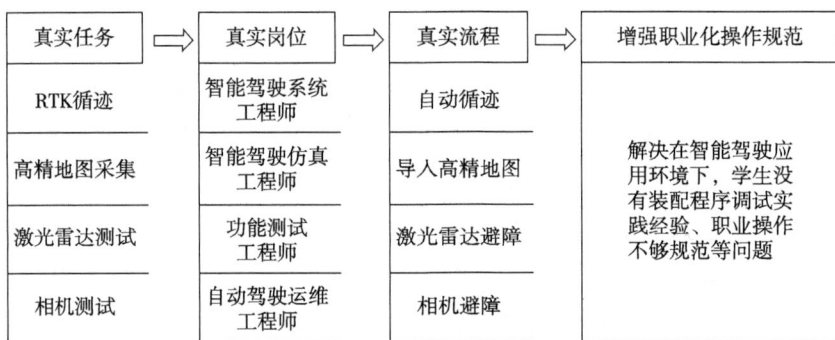

真实任务	真实岗位	真实流程	增强职业化操作规范
RTK循迹	智能驾驶系统工程师	自动循迹	解决在智能驾驶应用环境下，学生没有装配程序调试实践经验、职业操作不够规范等问题
高精地图采集	智能驾驶仿真工程师	导入高精地图	
激光雷达测试	功能测试工程师	激光雷达避障	
相机测试	自动驾驶运维工程师	相机避障	

图6-9 "三真"驱动，项目引领

② "三化"实施，多维共进

如图6-10所示，通过个性化、智能化、数字化多种信息资源，线上线下活动贯穿"理、虚、实"三维阶段，微信等多工具并用，解决了传统课堂教学时空的限制；教学云平台、微课和线上测试实现反复看，随时学；虚拟仿真、动画视频使抽象问题形象化，解决学生实际操作中不熟练、误操作等问题。

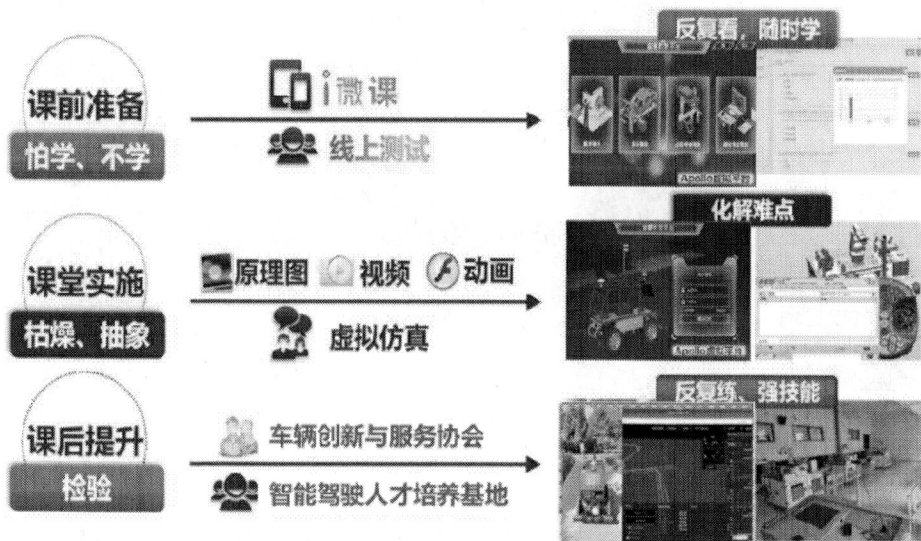

图6-10 "三化"实施，多维共进

③任务驱动，智慧众筹

以汽车测试技术和智能网联汽车应用技术现场实践为真实场景，以教学云平台，引出学习目标和学习任务，通过现场实战训练进行测试及应用，通过实践探究，形成测试逻辑，解决难点知识。在每个学习环节均采用分组智慧众筹的方式学习讨论，学生进行组间同质、组内异质分工协作。

④"三维多元"综合评价体系

建立过程评价（占比75%）、终结评价（占比15%）、增值评价（占比10%）"三维多元"综合评价体系，如图6-11所示，从"教师＋学生＋企业＋社会"四个主体对学生个人和小组团队表现开展全过程教学评价。通过三维度评价结合的方法，获取客观、及时的教学效果反馈，教师根据评价结果，对课堂进行动态改进。课后分析评价数据，对课程内容和课堂组织形式进行迭代改进。做到"以评促学""以评促教""以评促课""以评促效"。让评价为学生、教师、课程服务，做到课课有提升，课课有改进。

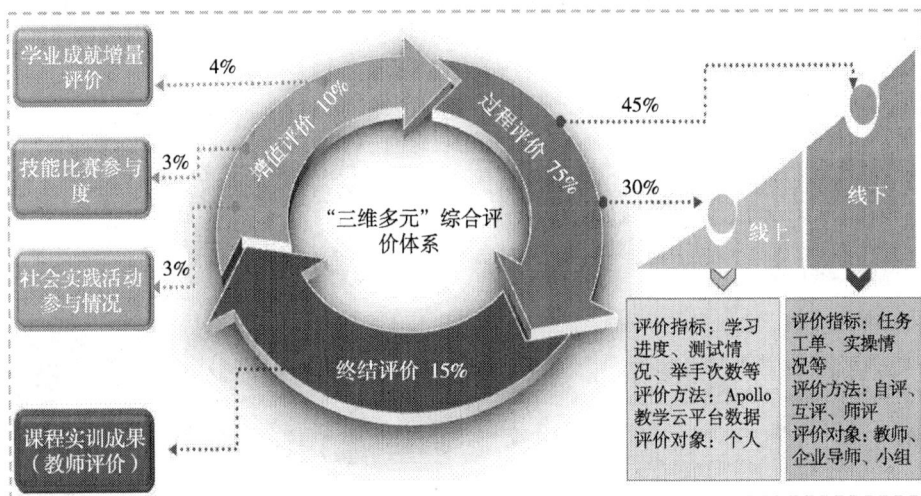

图 6-11 "三维多元"综合评价体系

6.3.3 汽车服务工程技术（智能网联方向）专业课程体系构建

（1）汽车服务工程技术（智能网联方向）专业 PGSD 能力分析

根据《中国智能网联汽车人才发展报告》《智能网联汽车产业人才需求预测报告》对智能网联汽车人才需求与岗位需求的分析，并结合汽车方向技能型特点，梳理智能驾驶行业人才职业面向、典型工作任务与职业能力（见表 6-8 与表 6-9）。

表 6-8 专业职业面向

对应行业	从事技术领域	资格证书
1. 汽车制造类 2. 计算机、通信和其他电子设备制造类	1. 底盘线控系统装备与测试 2. 汽车感知系统装调与标定 3. 自动驾驶车辆软件部署与运维 4. 自动驾驶汽车故障检测与维护 5. 智能终端装调与标定 6. 智能汽车测试与验证 7. 售后技术支持	1. 智能网联汽车测试装调职业技能等级证书 2. 自动驾驶软件系统应用职业技能等级证书

表6-9　　　　　　　　　专业典型工作任务与职业能力

岗位类型	岗位名称	典型工作任务	职业能力要求
集成类	1. 自动驾驶集成工程师 2. 自动驾驶装备工程师 3. 自动驾驶传感器标定工程师	1. 智能汽车底盘线控执行系统 2. 智能汽车传感器装调与标定 3. 智能汽车硬件故障检测与诊断	1. 熟悉汽车底盘线控系统 2. 熟悉传感器测试及标定原理与方法
测试类	1. 自动驾驶软件测试工程师 2. 自动驾驶实车测试工程师 3. 自动驾驶安全测试员	1. 自动驾驶系统软件封闭场地测试、性能测试及版本测试 2. 自动驾驶道路端车辆测试、地图测试及模块测试	1. 掌握 Python 或 C++编程语言，熟悉 Linux 操作系统 2. 熟悉自动驾驶车辆测试流程、软硬件测试方法及测试设备的使用 3. 可独立完成测试任务及测试报告
运维类	1. 自动驾驶车辆运维工程师 2. 自动驾驶数据运维工程师	1. 自动驾驶车辆软件部署、升级与运维 2. 日常故障检测、日志分析	1. 掌握 Python 或 C++编程语言，熟悉 Linux 操作系统 2. 掌握自动驾驶车辆软硬件故障排除方法 3. 独立撰写运维文档
营销服务类	1. 智能汽车营销员 2. 智能汽车售后服务工程师	1. 智能汽车营销服务 2. 智能汽车售后、维修业务接待	1. 具备智能汽车专业基础知识，良好的反应能力和沟通能力 2. 具备良好的营销与售后服务能力

　　根据调研分析，职业本科汽车服务工程技术（智能网联方向）专业 PGSD 能力分析，如表6-10所示。

表6－10　职业本科汽车服务工程技术（智能网联方向）专业 PGSD 能力分析

PGSD 能力	具体能力
职业能力（P）	具备一定的中文能力和机械基础及电工电子基础知识，能正确理解工艺文件要求，识读电路图和装配图。能按照工艺文件要求，识别各种传感器及零部件，选择装配工具和测量工具。能根据工艺文件要求，完成传感器调试验收；完成各传感器标定；完成多传感器联合标定；识别装配调试标定过程中出现的故障，定位故障，分析故障原因，排除故障。能根据工艺文件要求，完成线控系统调试验收；识别安装调试过程中出现的故障，定位故障，分析故障原因，排除故障；能按照工艺文件要求，识别计算平台硬件，选择装配工具和测量工具；正确识别安装位置，完成计算平台硬件安装及线路连接。能根据工艺文件要求，完成自动驾驶汽车操作系统安装，完成计算平台调试验收；识别安装调试过程中出现的故障，定位故障，分析故障原因，排除故障
通用能力（G）	具备语言文字表达和理解能力，能正确理解工作文件并能够与团队良好沟通，能正确地描述故障现象、记录故障原因、梳理排故过程；具备基本的数学素养（线性代数基础知识、数制转换知识、数理统计基础知识等），能够满足各系统装配调试标定的工作需要；具备良好的职业素养、团队协作能力；具备基本的艺术素养及设计心理学基本知识，能够满足智能座舱系统设计阶段的工作需要；具备良好的体能，能胜任装配调试标定工作；具备基本的计算机操作使用能力
社会能力（S）	严格遵守工艺文件要求，完成装配调试标定工作；尊重知识产权，使用正版软件；接受安全教育及安全培训，遵守安全生产相关法律法规及规范，提高安全意识，安全地完成工作；具有环保意识，将作业垃圾合规处理；具有良好的沟通能力，能及时反馈工作进度及工作中出现的问题；与人相处，态度友善，能与人合作，完成工作任务；具备基本的项目管理能力，能够保障工作项目顺利完成
发展能力（D）	综合运用各种资源（互联网、图书馆、行业专家等），主动学习、终身学习，来解决工作中遇到的问题；能对工作任务进行复盘和再学习，具备能力迁移和转化能力；具有独立分析能力，不轻信不盲从，批判性地思考；在工作中用知识和经验主动发现问题、评估问题、分析问题、解决问题；在工作中发现和应用解决问题的新思路新办法，培养创新意识，激发创新能力

（2）汽车服务工程技术（智能网联方向）专业课程体系构建

①人才培养目标

培养理想信念坚定，德、智、体、美、劳全面发展，具有良好的职业道德、人文素养、创新精神、工匠精神和良好的公民意识、高度的社会责任感，掌握汽车（含新能源及智能网联汽车）构造与原理、汽车性能与试验、汽车服务等基本知识、基本理论、基本方法，具备汽车检测与诊断、汽车测试与试验、智能网联汽车技术、汽车后市场技术服务技术技能，能够从事汽车检测与诊断、汽车测试与试验、智能网联汽车技术开发与应用、设备应用与维护、汽车技术服务等工作，具有创新意识、创业精神，具备国际视野，主动适应电动化、网联化、智能化发展的高层次技术技能现场应用工程师。

②人才培养要求

知识要求：掌握必备的思想政治理论、科学文化基础知识；熟悉与本专业相关的法律法规以及文明生产、环境保护、安全消防等知识；掌握汽车专业相关的电工电子、机械控制原理、机械基础等理论知识；掌握汽车（含新能源及智能网联汽车）发动机、电机和动力电池原理与构造知识；掌握汽车（含新能源及智能网联汽车）底盘原理与构造知识；掌握汽车（含新能源及智能网联汽车）电气与电子控制知识；掌握编程语言、嵌入式系统原理等方面知识；熟悉汽车专业相关的国家标准、行业标准；掌握 ADAS、电控/线控底盘、数据采集系统的结构与原理，传感器的装配、标定与调试等方面的知识。

能力要求：掌握文献检索、资料查询及运用现代信息技术获取信息的方法，具有综合运用所学知识和技术应用于实际生产过程的能力；掌握科学的思维方法，具有制订实验方案、完成实验、处理和分析数据的能力；具有对汽车（含新能源及智能网联汽车）各系统、总成进行系统表达、故障分析与排除、电路检测和结构拆装的能力；熟悉本专业领域涉及的国家有关方针、政策及法律法规，了解相关国内外行业标准；具有一定的国际视野，了解本学科领域的发展动态，具有初步的科学研究能力和较强的创新能力；具有汽车检测与诊断仪器与设备的使用、解决汽车复杂工程技术问题、质量管控、机动车评估和定损理赔等能力；具有计算机应用基本能力；具有智能网联汽车的典型系统和传感器的装配、调试及标定、数据采集、应用与开发的能力。

③技术体系构建

根据企业人才培养标准，以及岗位对知识、技能、素养的要求，制订基于工作过程的项目制体系、任务驱动型课程体系，构建技术体系，如表 6 - 11 所示。

表 6 - 11   技术体系

岗位技能	能力描述	技术体系
电控/线控底盘调试和测试	掌握电控/线控车辆底盘的构造；能够测试车辆转向、油门、制动模块功能或性能；排查和解决底盘故障	智能汽车线控技术
传感器设备组装、调试、质检与故障诊断	了解智能汽车常用传感器设备（激光雷达、毫米波雷达、摄像头、组合导航系统等）基本原理；掌握设备的调试、配置和简单调试方法，具备设备故障定位的能力	智能汽车装备与测试技术
智能汽车的系统装配	了解各智能化设备功能、安装要求和校准方法	
智能汽车安全测试	熟悉智能汽车功能和常用测试场景；按照测试定稿，记录问题，形成测试报告	
数据采集及标注	掌握机器学习技术所用数据集的采集方法和标注方法	智能网联应用技术
智能汽车故障诊断与维修	掌握智能汽车故障诊断、分析方法，能够确认故障件	智能汽车故障检测与维修技术

④课程体系

形成"双主体分段式"模块化课程体系。坚持就业导向，专业设置与产业需求对接，课程内容与职业标准对接，教学过程与生产过程对接，毕业条件与"1 + X"职业资格证书对接，职业教育与终身学习对接，推进课证融通，制定专业课程建设规划，促进学科交叉融合，实施"知识—技能—就业"三段式培养，如图 6 - 12 所示。以"通识课程模块 + 专业课程模块 + 集中实践模块"为主体，"素质与能力拓展模块"与主体模块相互衔接，构筑了"双主体分段式"模块化课程体系。

⑤汽车服务工程技术专业课程内容

课程内容分为通识、专业、素质与能力拓展和集中实践四个模块，总学

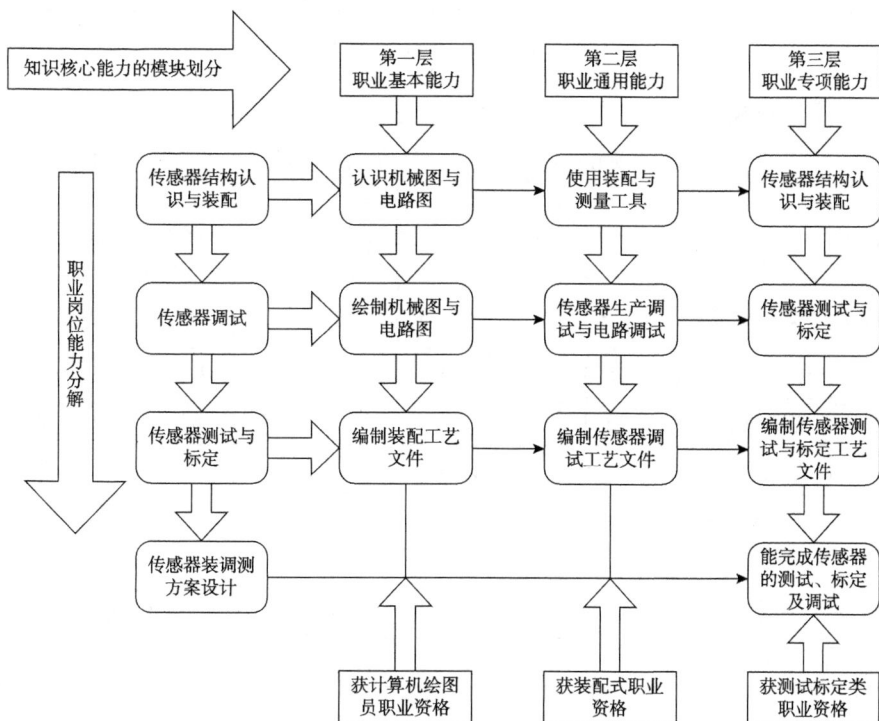

图 6 - 12　"双主体分段式"模块化课程体系

分为 170 分，如表 6 - 12 所示。

通识课程包括：大学英语、高等数学、工程数学、大学物理、计算机基础、大学语文、创新思维与创业、中国近代史纲要、马克思主义基本原理概论、毛泽东思想和中国特色社会主义理论体系概述、职业生涯规划、就业指导、军事训练、体育等。

专业课程包括：工程力学、电工技术、电子技术、汽车机械基础、机械制图、C 语言程序设计、机械工程控制基础、车辆动力系统构造、车辆底盘系统构造、汽车理论、汽车电气与电控技术、汽车检测与诊断。专业方向包括汽车测试与试验技术方向与智能网联应用技术方向。其中，汽车测试与试验技术方向课程包括汽车试验学、汽车测试系统创新与应用、汽车性能仿真与优化；智能网联应用技术方向课程包括智能网联汽车 ADAS 技术、智能网联汽车规划控制技术、车联网技术。

表6-12　汽车服务工程技术（智能网联方向）专业课程体系的设置及分配

课程模块		学分（分）		占总学分的比例（%）		学时			占总学时的比例（%）
		理论	实验与实践	理论	实验与实践	讲授	实验与实践	小计	
通识课程模块	通识必修课程	51.9	17.6	30.5	10.4	890	346	1236	35.7
	通识选修课	4	—	2.4	—	64	—	64	1.8
专业课程模块	专业基础课程	16.3	6.7	9.6	3.9	260	108	368	10.6
	专业核心课程	12.5	5	7.4	2.9	200	80	280	8.1
	专业选修课程	11.5	5.5	6.8	3.2	304	128	432	12.5
素质与能力拓展模块		—	8	—	4.7	—	144	144	4.2
集中实践模块		—	31	—	18.2	—	936	936	27.1
小计		96.2	73.8	56.7	43.3	1718	1742	3460	100

总学分：170 分

6.4　机械设计制造及自动化专业人才培养案例

6.4.1　机械设计制造及自动化专业人才的市场分析

（1）机械工业人力资源状况

制造业是我国经济发展的基础和支柱，经济的持续增长与制造业的发展息息相关。过去十年来，我国经济突飞猛进，人均 GDP 不断提升，制造业增加值占到国民生产总值的近 1/3，制造业成为举足轻重的行业。过去我国凭借劳动密集型产业和初级加工产业，使制造业产量取得了世界第一的地位，但是我国制造业的发展仍然存在诸多问题。据人社部发布的 2021 年第四季度全国招聘大于求职"最缺工"的 100 个职业排名显示，生产制造业严重缺人。同时，我国制造业从业人员中拥有大专及以上文化程度的比例不到 10%，70% 以上为初中及以下文化程度，其中工程技术人员只占制造业从业人员的

4.4%，中级、高级技术工人只占工人总数的10%，技术人员严重偏少。这些问题在较大程度上制约了我国制造业的技术进步和产品升级。长期以来，我国主要依靠劳动力规模的增长、低工资成本和资金的投入实现了制造业的快速发展，在新形势下这样的发展模式已经不可持续。

（2）机械工业人力资源建设规划

21世纪以来，党和国家深入实施人才强国战略，推动我国由人力资源大国迈进人才强国行列，制造业人才队伍建设取得了显著成绩，有力地支撑了制造业持续快速发展。一是制造业人才培养规模位居世界前列。二是制造业人力资源结构逐步优化。三是制造业人才聚集高地初步形成。以院士、科技创新领军人才为代表的制造业高端人才队伍逐步壮大，形成了一批国际领先的重点学科、实验室、工程中心等，在科技创新、重大项目攻关等方面发挥了重要作用。四是制造业人才发展环境逐渐改善。受到行业和社会认可的人才评价机制初步建立，有利于制造业人才成长和发挥作用的政策和社会环境正在形成。

同时，制造业人才队伍建设还存在一些突出问题。一是制造业人才结构性过剩与短缺并存，传统产业人才素质提高和转岗转业任务艰巨，领军人才和大国工匠紧缺，基础制造、先进制造技术领域人才不足，支撑制造业转型升级能力不强。二是制造业人才培养与企业实际需求脱节，产教融合不够深入、工程教育实践环节薄弱，学校和培训机构基础能力建设滞后。三是企业在制造业人才发展中的主体作用尚未充分发挥，参与人才培养的主动性和积极性不高，职工培训缺少统筹规划，培训参与率有待进一步提高。四是制造业生产一线职工，特别是技术技能人才的社会地位和待遇整体较低、发展通道不畅，人才培养培训投入总体不足，人才发展的社会环境有待进一步改善。这些问题制约着我国制造业的转型升级，必须通过深化改革创新尽快加以解决。

①机械行业技能人员构成国际比较

近年来，随着机械工业的发展，企业对从业人员的要求逐渐发生了变化，从对技术技能人员的要求来看，一是对职业精神的要求愈发突出，二是对知识结构和技术技能水平的要求有所提高，对掌握高级技术技能和复合型技术技能人才的需求增加，三是对沟通交流、自主学习等非智力因素的重视有所提高。中国机械行业技能人员构成与其他国家比较，如图6-13所示。

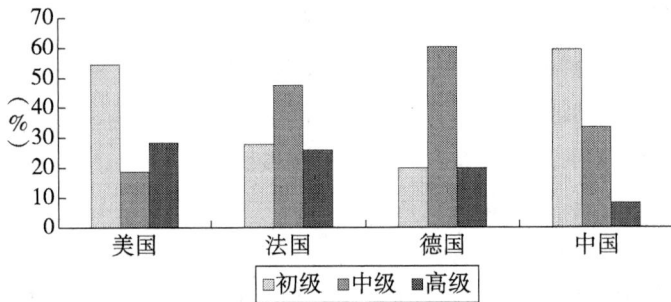

图6-13　美国、法国、德国、中国机械行业技能人员构成比较

资料来源：中国机械工业联合会统计数据

由图6-13可知，我国机械行业技能人员中高级技能人员结构失衡，高级技能人员严重不足，初级技能人员数量过大。当前，机械行业技能人员队伍建设的重要任务之一是迅速提高中级工及以上技能人员的数量和比例。

②未来五年机械行业技术技能人才需求趋势

预计未来五年，机械工业产业发展仍维持中速增长，技术技能人才需求平稳，维持中速增长。参照"十三五"机械行业从业人员增长数据推算，"十四五"期间，机械工业每年新增从业人员数量为50万人～80万人，不同学历人员需求数量如表6-13所示。

表6-13　　　　　　　机械工业今后五年每年新增从业人员需求　　　　　　单位：人

本科及以上	高职	中职
6万～10万	12万～20万	30万～50万

资料来源：中国机械工业联合会统计数据

实现制造强国的战略目标，关键在人才。在全球新一轮科技革命和产业变革中，世界各国纷纷将发展制造业作为抢占未来竞争制高点的重要战略，把人才作为实施制造业发展战略的重要支撑，加大人力资本投资，改革创新教育与培训体系。当前，我国经济发展进入新常态，制造业发展面临着资源环境约束不断强化、人口红利逐渐消失等多重因素的影响，人才是第一资源的重要性更加凸显。

③《机械工业"十四五"发展纲要》

《机械工业"十四五"发展纲要》要求牢固确立人才引领发展的战略地

位，完善人才培养体系和机制，大力培养和引进机械工业高质量发展所需的各类人才。以提升产业基础能力和产业链水平为目标，培养引进具有国际水平的科技领军人才、青年科技人才和高水平创新团队；以提高现代经营管理水平和企业竞争力为目标，培养引进创新型经营管理人才队伍；以高质量产品生产为目标，培养引进门类齐全、技艺精湛、爱岗敬业的高技能人才，重视"工匠精神"培育和"工匠队伍"建设；以全面提高对外开放水平为目标，培养引进既懂专业技术，又具有国际视野、通晓国际规则的国际化人才。

为此，要加快推进高等教育改革，围绕科技发展趋势及特点，调整专业设置和招生方式，提高跨技术、跨专业领域复合型人才供给能力。高度重视职业技能教育，大力发展职业教育和应用型大学，打破转型升级的人才束缚，让职业院校真正成为培养高级技能人才的摇篮。鼓励企业根据劳动者不同就业阶段的特点建立系统的员工培训体系，开展就业技能培训、岗位技能提升培训、创业创新培训，加强在岗员工的再学习和能力提升。

（3）机械设计制造及自动化专业人才需求调研

①制造业人才需求情况

长三角地区 GDP 占全国 1/5，财政收入占全国 1/4，已有 400 多家世界 500 强企业落户，其中 389 家落户江苏，兴办合资、合作和独资企业，如 IBM、SONY、福特、菲亚特、依维柯、奔驰亚星、卡特彼勒、西门子、小松、东芝、GE、博世、迅达、现代、阿尔斯通等。

随着长三角制造业的发展，机械电子类人才成为职场一支不断上升的潜力股。以往机械机电类人才大量涌往深圳、广州等地，而最近几年，随着长江三角洲地区经济的快速发展，制造业异军突起，人才南下的现象已经渐渐趋缓，相反，倒是形成了一股回返的潮流，长三角逐渐成为机械机电人才的一个新的聚集地。与此同时，近年由于民营企业层出不穷，蓬勃发展，机械类人才的需求空间仍然比较大，尤其是有经验的人才更加受到青睐。

根据《江苏省"十四五"制造业高质量发展规划》，到 2025 年，江苏要率先建成"全国制造业高质量发展示范区"，基本建成具有国际竞争力的先进制造业基地，即到 2025 年，高新技术产业产值、战略性新兴产业占规模以上工业比重分别达 48.5%、42%；规模以上制造业企业研发投入强度保持 2% 以上，规模以上企业有效发明专利拥有量增长 12%；数字经济核心产业增加值占地区生产总值比重 10% 以上；单位工业增加值能耗比 2020 年降低 17%，单位工业增加值二氧化碳排放比 2020 年降低 20%。

②行业企业对人才的需求情况

为了更好地建设机械设计制造及自动化专业，通过企业调研，了解机械设计制造及自动化专业相应企业的人才结构现状、技术技能人才需求状况，掌握对应企业职业岗位设置情况和有关典型工作任务，明确企业对机械设计制造及自动化专业技术技能人才在知识、能力、素质等方面的要求。

调研主要针对长三角地区的装备制造类企业或相近的制造类企业进行调研。共调研企业 6 家，其中央企 1 家，国企 2 家，民营企业 2 家，合资企业 1 家。因调研明细较多，需要企业投入大量的时间配合调研，考虑企业运营的实际情况，采用了书面问卷、电话、网络访谈多种方式，涉及企业人力资源部门及技术部门等多个部门。调研过程中得到了企业的积极配合，企业很重视这次专业调研活动，客观填写了问卷上的各个项目。调查问卷统计结果基本达到了调研目的。

调研主要内容包括：

a. 企业生产实际中，技术型岗位群对应的技术条件变化情况，以及对应的管理方式变化情况（管理对象、管理内容、管理流程等）；服务型岗位群对应的工作方式变化情况（商业业态、服务内容、服务方式等）。岗位群对职业能力的需求变化，以及技术技能人才培养目标的变化要求。

b. 企业生产实际中采用国际通行或行业普遍认可的相关标准（如产品质量标准、生产流程标准等）情况。

c. 企业对本专业高等职业学校毕业生知识、能力、素质等方面的评价情况，对技术技能人才培养的建议。

③行业企业对人才需求情况的调研

a. 企业的生产状况

调研企业的规模及设备情况如表 6 - 14 所示。

表6－14 调研企业的规模及设备情况

序号	企业名称	企业规模	主营业务及发展	技术情况
1	南京高精传动设备制造集团有限公司	简称南高齿，占地700余亩，公司建有32万平方米联合厂房。现有员工3733人，其中工程技术人员873人。注册资本20亿元人民币	南高齿已形成齿轮、船用、机电、机床、LED五大业务格局，旗下品牌"NGC"是中国名牌和国际知名品牌。公司是全球领先的风电传动设备制造商，同时也是中国领先的齿轮设备生产商	引进了齿轮加工机床及刀具加工设备300多台套，其中德国进口高效数控成型磨齿机90台，德国进口高速滚齿机60余台，引进了美国等著名公司的齿轮设计理念和制造技术
2	南京数控机床有限公司	国家机械工业大型骨干企业，我国数控车床主要制造基地之一。公司通过ISO 9001认证，公司享有进出口自主权。占地450亩，现有员工350人，其中工程技术人员150人	公司开发出CK1440、CK1480、N－089A型等数控车床。数控车床产品有两类（棒料类和件料类并带自动上下料装置）12个系列40多个品种。同时在CK1450、CK1463、CK1480上开发了车削中心	建有一流水准的恒温装配车间和计量室，拥有精、大、稀关键设备200多台，其中有美国惠普激光干涉仪HP528A、美国格里森准双曲面磨齿机床N0137、瑞士马格齿轮磨床SD－32X、SD－62、英国雷尼绍的球杆仪QL10等
3	无锡凯马动力有限公司	隶属中国华源集团，公司注册资本3500万元，占地面积7万余平方米，建筑面积5万平方米。现有员工500余人，中等以上学历的占80%，高级工程师技术人员占20%	公司专业生产"凯马—KAMA"牌系列小型风冷柴油机、柴油发电机组、汽油发电机组、水泵机组以及园林机械、农业机械、普通机械配件制造。利用周边强大、高效的配套体系，年产量20万台	公司拥有高精度数控车床、数控铣床、加工中心等100余台，2个先进的发电机装配生产线。拥有华源集团先进的管理理念

序号	企业名称	企业规模	主营业务及发展	技术情况
4	南京金城三国机械电子有限公司	公司隶属金城集团，专业从事摩托车机油泵的合资公司。注册资本400万美元。占地面积80万平方米，现有员工800余人	专业制造摩托车机油泵，主要为金城、轻骑铃木、济南轻骑、建设雅玛哈、钱江、嘉陵、隆鑫等国内知名厂家配套，同时还远销日本、欧洲等市场	拥有先进的数控加工机床、加工中心和气动压床等机床设备多台，以及粗糙度测量仪、轮廓仪、影像测量仪、三坐标测量仪等检测设备
5	华孚精密金属科技（常熟）有限公司	公司为镁合金专业压铸厂家，为合资企业，注册资本100万元人民币。占地面积为2.5万平方米，现有员工700余人	公司主要经营汽车零部件的制造、加工与组装。公司致力于汽车零部件轻量化的开发与制造，同时与世界著名汽车配套一级厂商合作开发镁铝合金之汽车零部件应用	拥有来自日本的40台镁铝合金冷室压铸机，75台数控机床，自行开发9台专用机，以及CMM三次元量测仪、X-RAY分析仪、材料分析仪与3D扫描测量仪等先进设备
6	上海吕三轴承配件厂	股份制企业。注册资本300万元人民币。通过ISO 9001、QS 9000、TS 16949质量管理体系认证。现有职工400余人。其中技术和质量管理人员100余人。占地面积约1.35万平方米	专业生产轴承密封圈、油封等橡胶密封件制品。为长江、万向、人本、西北轴承、洛阳轴承、襄阳汽车轴承、上海通用等国内200余家企业提供高中档配套产品。年产量达4亿多件，1/3用于出口	拥有设备500余台套，形成了轴承密封圈、防尘盖和油封的专业生产流水线。开发高技术含量，高性能的轴承密封圈、防尘盖和油封产品，为国家重点工程，重点项目以及重点企业实施配套
7	南京德朔实业有限公司	公司是香港泉峰集团（CHERVON GROUP）设立于中国大陆的产品研发中心和制造基地，是泉峰集团全资控股公司，投资总额4770万美元。现有员工5000余人	专业从事电动工具及相关产品的研究开发、测试与制造。产品销往包括美国、欧洲和日本在内的全球主要市场。拓展了汽车零部件、工业泵阀、高速轨道车辆、航空器件等领域，打造核心制造能力	公司拥有先进的数控车床、数控铣床、加工中心等100余台，以及50多条不同种类的装配线，可灵活适应市场需求，进行小批量多品种生产。内部研发人员200名以上。公司已获得国内外各项专利423项

序号	企业名称	企业规模	主营业务及发展	技术情况
8	南京彩云机械电子制造有限公司	中国规模最大的一家专业从事"旋风铣削技术"应用产品的研究、开发和生产的高新技术企业。公司占地 2 万平方米，总建筑面积 1.3 万平方米，现有员工 300 余人	主要生产旋风铣头、数控蜗杆旋风铣床、EPS 蜗杆数控旋风铣床、环面包络蜗杆数控旋风铣床，以及各类螺杆丝杆旋风铣系列产品。其中环面包络蜗杆旋风铣床整体技术水平国际领先	拥有先进的美国加工中心和立式 CNC 加工中心 10 台、车削中心、精密齿轮加工设备等 70 多台；拥有 CNC 精密三坐标检测仪、投影仪、二次元检测仪等检测设备。建立了"江苏省数控蜗杆旋风铣床工程技术研究中心"
9	南京力聚精密锻造有限公司	公司集汽车、高速铁路、液压工具、五金精密锻件设计制造研发的民营企业。占地面积 3.4 万平方米，总资产 4000 万元。通过 ISO 9001 质量管理体系认证。员工 200 余人	主要生产汽车变速箱的换挡、驻车零件，汽车门铰链，汽车减震系统零件，汽车传动轴，铁轨部件、高铁刹车系统零件，液压工具，矿机的精锻件与机加工件。产品远销德国、西班牙、瑞士、芬兰、美国、加拿大等国家	拥有 6 条以 300t、1600t 电动螺旋压力机、摩擦压力机、热模锻压力机（韩国进口）为主的锻造生产线，另有 CNC 数控加工心、数控车床等机械加工生产线，具有较强制造模具的设备与能力，具备先进的检测设备与仪器
10	南京工艺装备制造有限公司	中国机械工业企业核心竞争力 100 强企业，国内规模最大、规格最全、质量最优的精密滚动功能部件产业化基地。占地面积 335 亩，员工 1000 余人	主要生产滚动功能部件，年产能力 10 万多套，品种有滚珠丝杠副、滚动导轨副、滚动花键副、滚动导套副及数控精密十字工作台、数控超高压水射流切割机等，以及刀库、刀架、电主轴、机械主轴等功能部件产品。产品销往全国 30 个省、市、地区，并出口美国、德国、日本、韩国等国家	拥有德国 4m、10m 数控高速硬体旋风成型铣床，高精度数控螺母硬体车床，瑞士 2m 数控高精度螺纹磨床、德国 4m 数控导轨磨床、数控滑块磨床、6m 中频数控淬火机床，英国数控高精度螺母磨床，5m 数控螺纹磨床，6m 数控导轨磨，6m 数控平面磨床，6m 数控打孔机等国际先进设备

b. 企业三年来新录用职工的学历结构

调研企业三年来新录用职工的学历结构如表 6 - 15 所示。

表 6 - 15　　　　　　　调研企业三年来新录用职工的学历结构

年份	录用情况	本科及以上	高职高专	中职（含中专、技校、职高）	经职业培训的高中、初中
2015	录用人数（人）	256	312	756	76
	录用比例	18.29%	22.28%	54%	5.43%
2016	录用人数（人）	311	607	904	0
	录用比例	17.07%	33.32%	49.62%	0
2017	录用人数（人）	428	976	1423	0
	录用比例	15.14%	34.52%	50.34%	0

从企业用工的情况分析，企业员工的主要来源是中职毕业生，约占 1/2，高职毕业生约占 1/4。调查也显示，近年来，企业录用应届毕业生时已基本不再录用普通初高中毕业生，2020 年、2021 年企业在录用应届毕业生时也不再录用经职业培训的初高中毕业生，中职毕业生的录用数量也有小幅下降的趋势。

c. 企业对新员工培训顺序调查

此次调查，对调研企业认为新入职毕业生应该接受培训的顺序情况进行了调查，如表 6 - 16 所示。

表 6 - 16　　　　调研对象认为新入职毕业生应该接受培训的顺序

企业	培训 1	培训 2	培训 3	培训 4
南京高精传动设备制造集团有限公司	企业纪律	企业文化	职业素质	上岗技能
南京数控机床有限公司	企业纪律	企业文化	职业素质	上岗技能
无锡凯马动力有限公司	企业纪律	企业文化	职业素质	上岗技能
南京金城三国机械电子有限公司	企业纪律	上岗技能	企业文化	职业素质

企业	培训 1	培训 2	培训 3	培训 4
华孚精密金属科技（常熟）有限公司	上岗技能	√	√	√
上海吕三轴承配件厂	企业文化	企业纪律	职业素质	上岗技能
南京德朔实业有限公司	企业纪律	企业文化	上岗技能	职业素质
南京彩云机械电子制造有限公司	企业文化	企业纪律	上岗技能	职业素质
南京力聚精密锻造有限公司	上岗技能	√	√	√
南京工艺装备制造有限公司	企业纪律	企业文化	职业素质	上岗技能

注：1. √为认为重要，未排序。
　　2. 所调查项目：企业纪律培训；企业文化培训；职业素质培训；上岗技能培训。

从表 6－16 来看，虽然各个企业排序不一致，但是可以看出基本规律，只有 2 个企业将上岗技能排在第一位，有 6 个企业将企业纪律放在第一位，说明在机械设计制造及自动化专业人才培养过程中，除了对专业技术技能的需要，职业素质、集体文化的培养更重要，自律性占据第一位。

④企业对新增技术技能人员的关注焦点

调研显示，企业新增从业人员的从业稳定性较低，非正常离职现象比较突出。有企业表示，新职工入职半年内离岗率超过 30%，3 年内新职工离职率达 50% 以上。除薪资以外，因对工作不感兴趣、认为事业没有前途，以及人际关系、个人情感等方面的因素也比较突出，反映了青年职工对企业要求高，对自身约束少和不踏实的特点。企业反映最看重毕业生的不是学历和证书，而是他们的职业精神。企业认为，青年职工应当爱岗敬业，脚踏实地，努力学习，甘于奉献，希望职工与企业同甘共苦，不要过于看重福利待遇、工作环境和工作时间。缺乏职业精神，除对企业有影响外，更重要的是影响了职工的自我发展。青年职工职业精神的缺失，会造成企业的技术技能积累出现断层，影响关键岗位的技能传承，甚至出现老职工的绝技绝活后继无人的局面，在铸、锻、焊、机加、装配等传统工种尤其突出。

⑤企业对新增员工的专业领域期待

随着现代制造业的发展，特别是"两化融合"的加快，将催生新的专业分工和就业岗位。今后三年及未来一段时间，转型升级对技术技能人才的专业要求会逐步拓宽。技术技能人才培养新增专业需求集中在：一是机械制造关键基础技术领域，如铸造、锻造、焊接、热处理、表面处理等专业。二是先进制造技术领域，如增材制造、特种加工技术等专业。三是高端装备制造技术领域，节能环保产业、新能源产业、新材料产业等新兴产业的崛起，急需大量的高素质技术技能人才。四是生产性服务领域，目前，虽未设置相关专业，但此类人才符合产业发展需求，未来几年的人才需求会明显增加。

⑥企业对高层次复合型人才的需求情况

高层次复合型人才的培养已迫在眉睫。既懂设计又懂生产技术和经营管理；既能操作生产设备又会维修；既懂项目管理又具有外语沟通能力的复合型、创新型人才需求缺口将迅速增加。依据企业实际需求，多方面、多层次加大复合型人才培养势在必行。图6-14为机械工业升级人才培养专业需求强度。

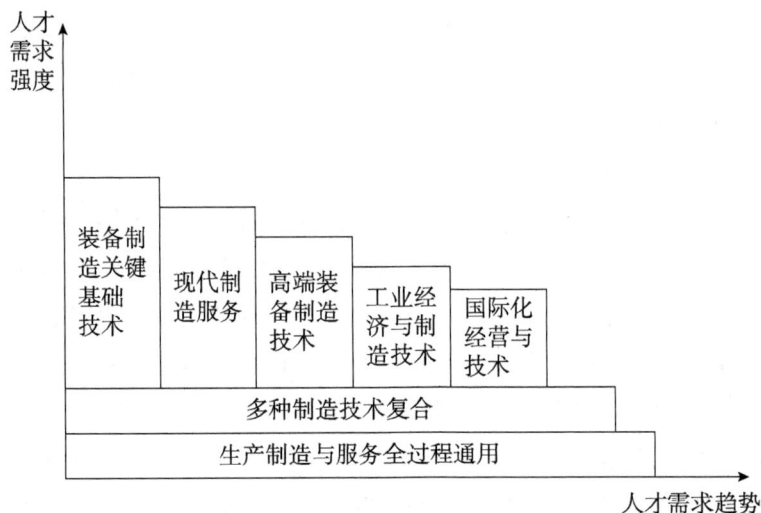

图6-14 机械工业升级人才培养专业需求强度

⑦企业相关岗位的人才需求情况

调研企业相关岗位的设置及其对知识、能力与素质要求，如表6-17所示。

表6-17　　　　　　　　调研企业相关岗位的人才需求情况

序号	企业名称	岗位设置及需求（人）	岗位的典型工作任务	知识、能力与素质要求	岗位升迁（年）
1	南京高精传动设备制造集团有限公司	车工10	普通机床操作	图纸的识读；工艺实施；数控程序的编写；严谨踏实的工作作风	3~5
		数控车床20	数控车床操作		2~3
		机床维修5装配工5	机床装配、调试与维修	设备装配技术；机械设备维护与管理能力；沟通能力与团队协作精神	2~3
		质量检验5	零件加工质量检测；质量分析	图纸技术要求的理解；检测方法与工具；检测结果分析；严谨踏实的工作作风	3~5
		生产管理5	车间生产管理	企业管理知识；生产组织与管理能力；沟通能力与团队协作精神	3~5
2	南京数控机床有限公司	装配工5	机械部件装配	钳工知识；机械部件装配技术；电气设备安装能力；沟通能力与团队协作精神	3~5
		安装工5	机床电气安装		3~5
		普通车工5	普通机床操作	图纸的识读；工艺实施；工艺装备的使用；数控程序的编写与实施；机床操作与安全知识；严谨踏实的工作作风	2~3
		数控车床10	数控车床操作		2~3
		数控铣床10	数控铣床操作	企业管理知识；生产组织与管理能力；物流、设备与质量管理能力；沟通能力与团队协作精神	3~5
		生产管理3	车间生产及设备管理		

序号	企业名称	岗位设置及需求（人）	岗位的典型工作任务	知识、能力与素质要求	岗位升迁（年）
3	无锡凯马动力有限公司	车工5	普通机床操作	图纸的识读；工艺实施；工艺装备的使用；数控程序的编写与实施；机床操作与安全知识；严谨踏实的工作作风	3～5
		数控车床10	数控车床操作		2～3
		数控铣床5	数控铣床操作		2～3
		装配工20	机械部件装配	钳工知识；机械部件装配技术；电气设备安装能力；沟通能力与团队协作精神	3～5
		安装工10	发电机电气安装		
		质量检验5	产品检测	检测方法与工具；严谨踏实的工作作风	3～5
		产品销售10	产品销售	产品营销策略、营销方法；吃苦耐劳的精神；沟通能力与团队协作精神	3～5
4	南京金城三国机械电子有限公司	数控车床10	数控车床操作	图纸的识读；工艺实施；工艺装备的使用；数控程序的编写与实施；机床操作与安全知识；严谨踏实的工作作风	2～3
		数控铣床10	数控铣床操作		2～3
		质量检验5	产品检测	检测方法与工具；严谨踏实的工作作风	3～5
5	华孚精密金属科技（常熟）有限公司	数控车床10	数控车床操作	图纸的识读；工艺实施；工艺装备的使用；数控程序的编写与实施；机床操作与安全知识；严谨踏实的工作作风	2～3
		数控铣床10	数控铣床操作		2～3
		车工5	普通机床操作		3～5
		质量检验5	产品检测	检测方法与工具；严谨踏实的工作作风	3～5
		生产管理3	车间生产及设备管理	企业管理知识；生产组织与管理能力；物流、设备与质量管理能力；沟通能力与团队协作精神	3～5

续 表

序号	企业名称	岗位设置及需求（人）	岗位的典型工作任务	知识、能力与素质要求	岗位升迁（年）
6	上海吕三轴承配件厂	数控机床 5	数控车床操作	图纸的识读；工艺实施；数控程序的编写与实施；严谨踏实的工作作风	2~3
		模具制造 5	模具设计与加工	图纸的识读；模具设计与加工知识；严谨踏实的工作作风	2~3
		质量检验 3	产品检测	检测方法与工具；严谨踏实的工作作风	3~5
		生产管理 3	企业车间生产及设备管理	企业管理知识；生产组织与管理能力；物流、设备与质量管理能力；沟通能力与团队协作精神	3~5
7	南京德朔实业有限公司	数控车床 5	数控车床操作	图纸的识读；工艺实施；工艺装备的使用；数控程序的编写与实施；机床操作与安全知识；严谨踏实的工作作风	2~3
		数控铣床 5	数控铣床操作		2~3
		加工中心 5	加工中心操作		2~3
		装配工 10	机械部件装配	钳工知识；机械部件装配技术；良好的沟通能力与团队协作精神	3~5
		生产管理 5	车间生产及设备管理	企业管理知识；生产组织与管理能力；物流、设备与质量管理能力；沟通能力与团队协作精神	3~5

续　表

序号	企业名称	岗位设置及需求（人）	岗位的典型工作任务	知识、能力与素质要求	岗位升迁（年）
8	南京彩云机械电子制造有限公司	数控车5	数控机床操作	图纸的识读；工艺实施；工艺装备的使用；数控程序的编写与实施；机床操作与安全知识；严谨踏实的工作作风	2~3
		加工中心5	加工中心操作		2~3
		磨工5	外圆磨床操作		2~3
		装配钳工5	机械部件装配	钳工知识；机械部件装配技术；良好的沟通能力与团队协作精神	3~5
		生产管理2	车间生产及设备管理	企业管理知识；生产组织与管理能力；物流、设备与质量管理能力；沟通能力与团队协作精神	3~5
9	南京力聚精密锻造有限公司	数控车2	数控车床操作	图纸的识读；工艺实施；工艺装备的使用；数控程序的编写与实施；机床操作与安全知识；严谨踏实的工作作风	2~3
		加工中心2	加工中心操作		2~3
		模具制造3	模具设计与加工	图纸的识读；模具设计与加工知识；严谨踏实的工作作风	2~3
		质量检验3	产品检测	检测方法与工具；严谨踏实的工作作风	2~3
		生产管理2	车间生产及设备管理	企业管理知识；生产组织与管理能力；物流、设备与质量管理能力；沟通能力与团队协作精神	2~3

续 表

序号	企业名称	岗位设置及需求（人）	岗位的典型工作任务	知识、能力与素质要求	岗位升迁（年）
10	南京工艺装备制造有限公司	数控车 2	数控车床操作	图纸的识读；工艺实施；工艺装备的使用；数控程序的编写与实施；机床操作与安全知识；严谨踏实的工作作风	2～3
		磨工 10	磨床操作		2～3
		质量检验 3	产品检测	检测方法与工具；严谨踏实的工作作风	3～5
		生产管理 2	车间生产及设备管理	企业管理知识；生产组织与管理能力；物流、设备与质量管理能力；沟通能力与团队协作精神	2～3

在所调查的企业中，录用高职高专毕业生希望专业知识面宽泛化的只有 1 家，希望专业知识面专门化的占到 90%。由此可以看出，随着社会分工越来越细，企业希望录用专门化人才，到企业即可上岗，学校在设置专业时需要充分考虑各专业差异化，以及专业方向的细分。

调查的企业中，愿意招收机械类专业的顺序，机械设计制造及自动化占第 1 位；机械设计与制造占第 2 位。愿意招收自动化类专业顺序中，机电一体化技术占第 1 位、工业机器人占第 2 位。因各企业所生产产品差异较大，对职业能力需求情况不一致，每种情况样本率较低，故在此不做具体分析。

⑧企业调研的结论及建议

江苏是制造业大省，企业对机械设计制造及自动化专业有很大的需求。在人才培养过程中，需要根据社会需求进行人才培养方案的调整，切实保证所培养的人才符合所需对应人才的企业实际需求，能成为装备制造技术专门化人才；加强对学生自律性的培养，以适应企业管理，使学生能够快速融入企业文化中去。

6.4.2 机械设计制造及自动化专业人才培养的定位及能力要求

机械设计制造及自动化专业建立初期，依托中国轻工业联合会及其下属主要轻工机械装备制造应用企业开展专业调查研究，结合江苏装备制造业发展，确定以轻工机械装备制造、安装与维护作为专业发展的方向。20世纪90年代，随着数控机床在中国机械制造业的广泛应用，该专业依托南京数控机床有限公司等大型国有企业，确定将数控技术作为专业的主要发展方向。

随着"中国制造2025"的规划实施，专业主动服务江苏装备制造业，确立智能制造作为专业发展的主要方向，以培养能胜任机械制造领域工作并具有良好职业发展前景的技术技能人才。

（1）人才培养目标定位

本专业培养适应区域经济社会发展及产业转型升级需要，理想信念坚定、德技并修，德、智、体、美、劳全面发展，熟练掌握机械设计制造及自动化专业知识、技术与技能，能够在装备制造等领域的生产服务一线从事各种机械产品的数字化设计、工艺与工装设计、加工制造、生产管理及技术研发等相关岗位的工作，具有较强的技术理论基础、技术应用能力，较宽知识面和较高综合素质的高层次技术技能人才。

（2）培养人才应具备的能力

①共性专业知识要求

掌握数学、技术物理、计算机等基础科学文化知识，具备机械制图、机械设计、液压与气动、数控加工、测量技术等机械设计制造及自动化专业工程知识，以解决机械产品设计、机械零件加工等机械类工程问题。并能够综合运用已有的知识、技能和方法，提出新方法、新观点进行革新与发明创造。

● 掌握必备的思想政治理论、科学文化基础知识；

● 熟悉与本专业相关的法律法规以及文明生产、环境保护、安全消防等知识；

● 掌握绘制机械零件图和机械产品装配图等工程图的基础知识；

● 掌握常用工程材料及热处理基本知识；

- 掌握工程力学和机械设计的基本理论知识；
- 掌握电工电子、可编程控制器（PLC）等基本原理知识；
- 掌握精密测量、金属切削机床、金属切削刀具、数控加工等技术的专业知识；
- 掌握机械制造工艺的基本理论和方法的专业知识。

②专业方向知识要求

- 精密制造与应用方向：掌握自动工装与夹具的基本原理、设计方法及技术应用，多轴加工等精密加工的加工原理、加工工艺、技术特点，机械CAM技术的基本知识、基本理论、基本方法和计算机辅助数控编程等方面的专业知识；
- 先进制造技术与应用方向：掌握电加工的加工原理、加工设备、加工工艺及其技术应用，激光加工工作原理、技术特点与应用，增材制造关键技术及其技术应用；
- 数字化设计与制造方向：掌握现代设计方法学、优化设计、机械可靠性设计的一般方法，有限元分析方法，机械CAM技术的基本知识、基本理论、基本方法和计算机辅助数控编程等方面的专业知识。

③共性专业能力要求

- 具有文献检索、资料查询及运用现代信息技术获取信息的能力，综合运用所学知识和技术、采用先进制造方法加工制造零部件的能力；
- 掌握科学的思维方法，具有制订实验方案、完成实验、处理和分析数据的能力；
- 初步具有对零件加工质量进行系统表达、建立模型、分析求解、论证优化和过程管理的能力；
- 具有创新意识和进行机械产品的数字化设计、加工制造与创新的能力；
- 具有独立完成岗位工作的设计建构能力，并不断总结，提升质量以满足岗位需求的能力；
- 具有计算机应用基本能力；
- 具有语言和书面表达能力；
- 具有外语应用能力。

④专业方向能力要求

- 精密制造与应用方向：具有计算机辅助数控编程、设计研发自动工装与夹具、采用多轴加工等精密加工技术加工制造机械零件、优化加工工艺等能力；

• 先进制造技术与应用方向：具有运用电加工、激光加工、增材制造等新工艺、新方法加工制造机械零件的能力；

• 数字化设计与制造方向：具有运用现代设计方法进行数字化设计与制造、利用 ANSYS 进行结构模态分析的能力。

⑤素质要求

• 要有"金的人格"，即树立正确的人生观和价值观，具有"正气、志气、豪气、骨气和义气"；

• 要有"铁的纪律"，要自觉服从纪律、遵守规则，熟悉与本专业相关的法律法规，能正确认识本专业对客观世界和社会的影响；

• 要有内在美，较强的社会责任感及良好的职业道德和规范，具有安全、环保、成本和质量意识；

• 具有人际交往和协商沟通、团队合作，及在团队中发挥作用的能力；

• 具有良好的心理素质和克服困难与挫折的能力；

• 初步具有国际视野和跨文化交流、竞争与合作的能力；

• 具有接受终身教育的意识、继续学习的能力和创新精神。

6.4.3 机械设计制造及自动化专业人才培养的核心课程

机械设计制造及自动化专业课程按大平台小方向的思想，构建分层模块化课程体系，主要由通识模块、专业模块、素质与能力拓展模块以及集中实践模块组成，总学分为 170 分，如表 6 - 18 所示。

通识课程包括：大学英语、高等数学、工程数学、大学物理、计算机基础、大学语文、创新思维与创业、中国近代史纲要、马克思主义原理、毛泽东思想和中国特色社会主义理论体系概述、职业生涯规划、就业指导、军事训练、体育等。

专业课程包括：机械制图、理论力学、材料力学、电工技术、电子技术、机械原理、工程材料及成形工艺、机械设计与 CAD、液压与气动技术、机床电气控制与 PLC、机械测量技术、金属切削机床与刀具、数控加工技术、

表6-18 机械设计制造及自动化专业课程体系的设置及分配

课程模块		学分（分）		占总学分的比例（%）		学时			占总学时的比例（%）
		理论	实验与实践	理论	实验与实践	讲授	实验与实践	小计	
通识模块	通识必修课程	60.73	7.77	35.72	4.57	1068	136	1204	36.31
	通识选修课程	2	2	1.18	1.18	32	32	64	1.93
专业模块	专业基础课程	17	8	10.00	4.71	272	128	400	12.07
	专业核心课程	11	10	6.47	5.88	176	160	336	10.13
	专业选修课程	5	3.5	2.94	2.05	80	56	136	4.10
素质与能力拓展模块		0	8	0.00	4.71	0	144	144	4.34
集中实践模块		0	35	0.00	20.59	0	1032	1032	31.12
小计		95.73	74.27	56.31	43.69	1628	1688	3316	100.00

总学分：170分

机械制造工艺学等。专业方向包括精密制造与应用方向、先进制造技术与应用方向、数字化设计与制造方向。其中，精密制造与应用方向课程包括机械CAM技术、自动工装与夹具、多轴加工技术；先进制造技术与应用方向课程包括激光加工技术、增材制造技术、电加工技术；数字化设计与制造方向课程包括机械CAM技术、有限元分析方法及其应用、现代设计方法。

实践环节包含：毕业设计、顶岗实习、军事训练、实训、劳动、暑期社会实践等环节。其中专业实践主要包括：金工实习、典型产品拆装测绘综合实训、电工与电子综合实训、数控加工综合实训、机械产品创新设计综合实训、机械制造工艺综合实训、在机监测综合实训、激光加工综合实训、有限元分析综合实训、精密数控加工综合实训、特种加工与应用综合实训、数字化设计与制造综合实训、毕业设计与毕业实习等。

6.5 自动化技术与应用专业人才培养案例

6.5.1 自动化技术与应用专业人才的市场分析

（1）总体分析

工业自动化技术的应用程度是智能制造的主要体现。制造业中，基于现场总线控制，实现仿真和远程通信及诊断等功能的自动化、柔性化和集成化生产的制造系统及先进数控加工设备的开发与产业化是当下潮流趋势。同时，也在大力推广和应用数字化、智能化的工业控制和仪器仪表技术。在工业自动化方面，重点发展现场总线、智能化仪表和过程控制系统及企业自动化立体仓库和工业机器人。随着现代建筑的多功能化、智能化和服务项目的不断增加，将楼宇管理、控制、商务、多媒体集成为一体化的智能大厦应运而生。自动化制造业在长江三角洲区域经济中快速增长，世界 500 强企业有一半以上在江苏设立自动化制造基地，其中电气自动化占制造业的 60%，对整个长江三角洲"世界制造基地"形成强有力的支持。装备制造业是为国民经济各行业提供技术装备的战略性产业，产业关联度高、吸纳就业能力强、技术资金密集，是各行业产业升级、技术进步的重要保障和国家综合实力的集中体现。

随着我国经济的快速发展，现代化电气设备的广泛应用，工业生产的自动化程度越来越高，如人工智能的发展，特别是工业智能化、信息化方向的发展。产业进入转型升级期，高新技术渗透到传统产业，引起传统产业的深刻变革，最重要的选择是现代制造业和现代服务业，我国现有 8000 万名产业工人，其中高级技工仅占 3.5%，技师与高级技师不到 1.4%，而世界发达国家高级技师、高级技工的比例达到 30%～40%。长三角经济圈的就业市场人才需求表明：白领不缺，研究生好找，高级技能型人才紧缺，且每年需要 3 万名技能型人才。各行业进入了一个新的快速发展阶段，自动化水平不断提高，因此对自动化人才的需求量大增。另外，电气自动化技术的应用面广，在工业、食品加工、造纸、印刷以及交通运输甚至现代商业企业等都离不开电气自动化技术。面向一线的电气自动化应用型工程技术人才，具备更高水平的技术应用能力，能够从事设计、安装、调试、施工、运行、管理和维护工作，这就为高职本科电气自动化专业发展提供了战略平台和发展机遇。

（2）岗位分析

自动化技术与应用专业主要岗位包括电气自动化设备安装调试、电气自动化系统的维护、电气自动化系统集成、工业自动化系统工程解决方案的设计、过程自动化控制系统的设计、供配电工程和电力系统的设计、电气自动化工程项目管理；次要岗位包括电气自动化产品销售、售后服务等，如表 6-19 所示。

表 6-19　　　　　　　　　　职业本科自动化技术与应用专业岗位分析

就业面向	工作岗位	工作任务
在智能制造企业、生产应用企业和专业公司从事电气自动化设备设计、安装、调试、运行、维护、管理等技术工作，也可在电气设备公司从事销售、技术服务等工作	装备制造企业工程师	1. 电气自动化系统设计、安装和调试 2. 辅助技术人员进行系统测试、编程和绘制图纸等工作 3. 自动化产品推广销售
	工程部、技术部、设备管理部门技术管理人员	电气设备管理、操作、维修、维护
	过程控制系统、供配电工程师和电力系统工程师	过程控制系统、供配电工程和电力系统的维修、技术服务
	企业配电和车间配电运行、生产车间技术人员及监控人员	1. 电厂和动力车间电网运行监控、高低压柜设备操作、记录 2. 电力设备生产

6.5.2　自动化技术与应用专业人才培养的定位及能力要求

（1）人才培养目标定位

自动化技术与应用专业人才培养适应区域经济社会发展及产业转型升级，

需要理想信念坚定、德技并修，德、智、体、美、劳全面发展，具有敬业乐群的职业素养和精益求精的工匠精神、较强的创新创业能力，熟练掌握自动化领域基础知识，具有较强的工作能力，能够从事与自动化相关的装备制造、自动控制、试验分析、技术开发、经济管理以及计算机应用等领域工作的高层次技术技能人才。

（2）培养人才应具备的能力

①社会能力（含知识、素质）要求

• 具有热爱本职工作、不断开拓创新的能力；

• 具有团队协作能力，人际交往和协商沟通能力；

• 具有良好的职业道德和规范，以及安全、成本、质量控制等职业素质；

• 具有良好的心理素质和克服困难与挫折的能力；

• 具有工程观和环保意识。

②方法能力（含知识、素质）要求

• 具有独立完成岗位工作的设计建构能力；

• 具有不断钻研获取新知识、新技术的能力；

• 具有不断总结、提升质量以满足岗位需求的能力；

• 具有借助参考资料、网络、手册等途径进行信息获取、加工与处理利用的能力；

• 具有计算机应用基本能力；

• 具有语言和书面表达能力。

③职业技术领域共性专业能力要求

• 具有典型电气线路与电子线路图的识读和绘图能力；

• 具有电气电子机箱机柜结构图识读与绘图能力；

• 具有常用电工仪器仪表的使用能力；

• 具有低压电气电路的装配与分析测试能力；

• 具有常用电子仪器仪表的使用能力；

• 具有典型电子线路的分析与测试能力；

• 具有一般电子产品初步设计、组装、调试能力；

• 具有常规电气控制线路的设计能力；

• 具有常规电气控制柜、电气工程的接线、安装、调试与故障检修能力；

• 具有典型 PLC 控制系统的选型设计能力；

- 具有典型电气设备 PLC 控制程序的编制能力；
- 具有典型电气自动化控制系统的设计能力；
- 具有典型电气自动化控制系统的工程安装、程序编制、调试能力；
- 具有工程项目的组织实施能力；
- 具有电气自动化控制系统的运行管理能力；
- 具有弱电工程图纸识图、绘图能力；
- 具有弱电工程基本施工、调试、维护能力；
- 具有工程项目文件整理与撰写能力；
- 具有阅读电气工程外文资料的能力和用英文与外方工程技术人员沟通能力。

④专业方向能力要求

- 按照生产工艺要求，能进行工业电气控制设备的设计、安装、调试和质量检测、维护服务能力；
- 自动化系统工程的设计、安装、调试、维护、运行管理能力；
- 工厂变配电所高、低压柜的操作和运行维护，供电微机监控系统运行管理能力。

6.5.3　自动化技术与应用专业人才培养的核心课程

根据自动化技术与应用专业人才培养的基本服务面向，典型工作岗位对就业人员的能力要求，以能力为本位，建立基于工作任务导向的课程体系与教学内容。在"技术平台+专业方向"课程体系框架下，重点围绕强化学生综合职业能力培养的综合实训课程，真正构建起"基于核心课程与综合实训+针对岗位的专项能力训练"的课程体系教学内容，培养学生在真实的工作环境中整体化解决综合性专业问题的技术能力、思维方法与综合素质。专业设置的核心课程如表6-20所示。

表6-20　　　　自动化技术与应用专业设置的核心课程

学年	课程名称	主要内容
第一学年	大学英语	英语的词汇、语法、阅读、听写等
	高等数学	导数、微分、不定积分、定积分等
	大学物理	力学、光学、电学等

续　表

学年	课程名称	主要内容
第二学年	电路	电路基本定律、直流电路、单相交流电路、三相交流电路、过渡过程电路分析、非正弦电路分析等
	模拟电子技术	常用电子器件、基本放大电路、运算放大电路、功率放大电路、直流电源电路、振荡电路等
	电机学	交直流电机的工作原理和电力拖动、变压器的工作原理、微特电机的工作原理和应用等
	电子产品装调综合实训	常用电子元器件的选型及测试、电子线路原理图绘制、焊接和调试等
第三学年	电力电子技术	电力电子器件、可控整流电路、有源逆变和无源逆变、直流斩波电路、交流调压和变频电路等
	单片机技术	单片机的组成和工作原理，单片机在电子显示屏、定时开关控制器、温湿度巡检仪中的应用等
	自动控制原理	自动控制原理、典型自动控制系统的结构、工作原理和控制特点、先进控制技术等
	电气工程基础	工厂供电及电力电源、变配电所主接线方案、工厂电力负荷、系统二次回路和自动装置功能
	PLC 及其应用实践	PLC 的接线，PLC 控制电动机启动、反转和制动的编程和调试，PLC 控制温度和灯光等
第四学年	电力传动与控制	直流单闭环控制系统、直流双闭环控制系统、交流变频调速的多段速控制、交流变频的无级调速系统
	工业控制网络	现场总线与工业控制网络基础，串行通信及其应用，Modbus 总线、Profibus 总线、CAN 总线及其应用，以及工业以太网的应用
	计算机控制综合实训	液位控制系统、温度闭环控制系统、恒压力控制、流量控制系统的应用

师也者，教之以事而喻诸德者也。

——《礼记》

7 职业本科人才培养的策略思考：产教跨界融合

本章针对职业本科人才培养存在的观念困境、高层次技术技能区分困境、产教融合困境，在师资、软硬件环境、合作企业、政府等稀缺资源条件下，系统整合现有资源，提出相应的对策措施。

7.1 转变职业教育传统观念，深化职普双轨制教育体制

7.1.1 树立各行人才典范，弘扬大国工匠精神

典范是可以学习、效仿的人，他们的身上承载着一股精神，是他们个人价值观、世界观形成的合力，通过行动外化出来，受人尊敬，影响他人，带动他人。

何谓人才典范？古有至圣孔丘、文圣欧阳修、亚圣孟轲、诗圣杜甫、茶圣陆羽、酒圣杜康、书圣王羲之、游圣徐霞客、史圣司马迁、草圣张旭、医圣张仲景、武圣关羽、画圣吴道子、兵圣孙武、药圣李时珍、科圣张衡、木圣鲁班、棋圣黄龙士、词圣苏轼、曲圣关汉卿、谋圣张良……他们或技艺拔萃，或思想超群，为人所尊敬，受人称颂。在普通百姓中，还有很多技艺高超的无名氏，在欧阳修的《卖油翁》中是这么描述卖油的老翁的，"乃取一葫芦置于地，以钱覆其口，徐以杓酌油沥之，自钱孔入，而钱不湿"，因曰"我亦无他，惟手熟尔"。又如白居易的《琵琶行》描写歌女的琴艺非凡，"转轴拨弦三两声，未成曲调先有情。弦弦掩抑声声思，似诉平生不得志。低眉信手续续弹，说尽心中无限事。轻拢慢捻抹复挑，初为霓裳后六幺。大弦

嘈嘈如急雨，小弦切切如私语。嘈嘈切切错杂弹，大珠小珠落玉盘。间关莺语花底滑，幽咽泉流冰下难。冰泉冷涩弦凝绝，凝绝不通声暂歇。别有幽愁暗恨生，此时无声胜有声。银瓶乍破水浆进，铁骑突出刀枪鸣。曲终收拨当心画，四弦一声如裂帛"。通过歌女自述，得知"十三学得琵琶成，名属教坊第一部。曲罢曾教善才服，妆成每被秋娘妒。五陵年少争缠头，一曲红绡不知数"。

翻开中国史册，四大发明、丝绸、瓷器、纺织都让世人惊叹。也有工业基础薄弱之年代，产品与技术都需要舶来。新中国成立后，历代国家领导人都非常重视技能人才的培养。党的十八大以来，习近平总书记高度重视技能人才，多次作出指示，如对我国技能选手在第 45 届世界技能大赛取得佳绩时，强调"技术工人队伍是支撑中国制造、中国创造的重要基础，对推动经济高质量发展具有重要作用。要健全技能人才培养、使用、评价、激励制度，大力发展技工教育，大规模开展职业技能培训，加快培养大批高素质劳动者和技术技能人才。要在全社会弘扬精益求精的工匠精神，激励广大青年走技能成才、技能报国之路"。

正如本书第 5 章所提到的职教 20 条中已明确提出了"职业教育与普通教育是两种不同的教育类型，具有同等重要地位"。但职业高等教育相较于普通高等教育，还是处于劣势，人们更偏好普通高等教育，因为社会对职业教育的歧视、偏见由来已久，一提到"职业教育"，便觉得低人一等，这一观念难以在短时间内改变。从经济学角度讲，人们的这种观念是一种棘轮效应。所谓棘轮效应是指人们的消费习惯形成之后具有不可逆性，也就是向上调整容易，而向下调整很难。如同中国古代的一句俗话"由俭入奢易，由奢入俭难"。职业本科教育才起步，其含金量尚不明确。虽说职业无高低之分、无贵贱之分，三百六十行，行行出状元，但是职业教育的发展需要国家政府通过更多的渠道、途径进行宣传，通过树立大国工匠、能工巧匠典范，涵养工匠精神，给予技术技能人才更多的激励政策，提升大众对职业教育的认同感。

7.1.2 设置人才分层标准，加快人才结构转型

在职教 20 条出台之前，职业教育的天花板是高职大专文凭，想要取得本科及以上文凭，需要经过考核，转入普通高等教育继续深造。如今职业教育

的天花板已冲破，为技术技能型人才的深造提供了上升通道，为其精耕细作、精益求精带来了可能。

目前，职业教育的人才分层标准还不健全，需要加快职业本科建设的步伐，探索职业教育专业硕士，突破职业教育人才上升瓶颈，迎合产业企业高层次技术技能人才需求。应深入行业企业调研，构建专业技术技能岗位金字塔，测算一般岗位、关键岗位、钻石岗位的比例及要求，加快职业教育与普通教育人才结构调整步伐。

同时，需要根据行业企业标准，完善不同等级职业资格认定标准，推进"1＋X"职业技能等级证书应用，加快书证融合步伐。2019年，教育部等四部门印发《关于在院校实施"学历证书＋若干职业技能等级证书"制度试点方案》（教职成〔2019〕6号），要求开发职业技能等级证书，融入专业人才培养，实施高质量职业培训。同年，人力资源社会保障部、教育部联合印发《职业技能等级证书监督管理办法（试行）》，由人力资源社会保障部建立、完善、发掘、推荐国家职业标准，构建新时代国家职业标准制度体系；由教育部依据国家职业标准，牵头组织开发教学等相关标准。培训评价组织按有关规定开发职业技能等级标准。首批职业技能等级证书主要是建筑信息模型（BIM）、Web前端开发、物流管理、老年照护、汽车运用与维修、智能新能源汽车6个职业技能等级证书。同时，据统计，首批"1＋X"证书制度试点院校建筑信息模型（BIM）320所、Web前端开发422所、老年照护231所、物流管理355所、汽车运用与维修465所、智能新能源汽车195所。之后又陆续发布了特殊焊接技术、电子商务数据分析、传感网应用开发、智能财税、网店运营推广、邮轮内装工艺、幼儿照护、智能估值数据采集与应用、光伏电站运维、工业机器人集成应用、云计算开发与运维、大数据分析与应用、跨境电商B2B数据运营、数字化管理会计大数据应用开发（Java）、5G移动网络运维、集成电路开发与测试、移动互联网运营、新媒体营销、葡萄酒推介与侍酒服务等职业技能等级证书。在"1＋X"证书制度指导下，证书种类数量、报考院校及人数正在不断增加，"1＋X"证书正逐步被人所熟知。

"1＋X"证书职业技能等级标准与专业课程相融是重要问题，一般在人才培养方案设置中有两种做法：第一种是单独开设"1＋X"证书培训课程；第二种是将"1＋X"证书职业技能等级标准按课程进行分解、归类。比如"1＋X"物流管理证书，将所包含的标准进行分类，针对仓储管理的标准，在制定仓储管理专业课程标准时，作为参考依据；针对运输管理的标准，在制定运输管理专业课程标准时，作为参考依据等。从"1＋X"证书制度推行的目的来看，第二种更合适，将专业知识与技能标准对接更紧密，学完专业知识，再进行技能测试，更好地检验人才培养效果。

7.1.3　构建人才激励机制，提高人才的社会地位

激励是通过外在的各种方法来调动人的积极性。当前，在智能制造、高端装备、现代服务业等领域内存在着高层次技术技能人才短缺、断层的问题，并且高技能人才与其他职业的高收入人群收入相差悬殊，高技能人才努力拼搏向上的积极性不高，缺乏创新创造动力。中共中央、国务院在2017年6月印发了《新时期产业工人队伍建设改革方案》[①]，提出了25条改革举措，对实施制造强国战略，全面提高产业工人素质，具有重大而深远的意义。2018年3月中共中央办公厅、国务院办公厅又印发了《关于提高技术工人待遇的意见》[②]，在提高高技能领军人才待遇水平、提高技术工人收入水平、畅通技术工人成长成才通道等方面给予激励政策，以实现技高者多得、多劳者多得，增强技术工人获得感、自豪感、荣誉感，激发技术工人积极性、主动性、创造性。2021年1月人力资源社会保障部办公厅印发了《技能人才薪酬分配指引》（人社厅发〔2021〕7号）[③]，要求对技能人才进行薪酬体系设计。这一系列政策推动了社会对技术技能人才的重视，激发了技术技能人才拼搏向上的积极性。同时，全国劳动模范、全国五一劳动奖章、中华技能大奖、全国技术能力等荣誉也是对技术技能人才的肯定，一定程度上提升了其社会地位。

目前，这些激励政策、荣誉等受众面还较小，需要尽快落实一些具体措施，形成典型样板，普遍提高技术技能型人才的薪酬，同时在房屋购买、购房贷款额度、子女上学等方面出台不同层次技术技能人才的引进政策，引导大部分技术技能人才进行再培训，提升其价值观、世界观，提升知识面，提升技能熟练度，从而产生积极的社会影响，减弱、消除社会对职业教育的偏见。在推进职业本科建设过程中，也可以出台一些报考优惠政策，如对于高

---

① http：//www.gov.cn/xinwen/2017－06/19/content_5203750.htm.
② http：//www.gov.cn/zhengce/2018－03/22/content_5276686.htm.
③ http：//www.mohrss.gov.cn/xxgk2020/fdzdgknr/zcfg/gfxwj/ldgx/202102/t20210204_409131.html.

分报考职业院校的考生给予奖学金、就业推荐、在职学历深造等激励措施。同时，也需要考虑人才退出机制，对于违反国家法律、泄露国家秘密、违背职业道德等行为，应取消奖励、荣誉、津贴等，让人才激励机制起到正向、积极的引导作用。

7.1.4 推进产业专业对接，促进人才流动集聚

本书在 5.4 节分析了产教融合主体间的博弈，可知因企业与高校对利益的诉求不一，存在两者合作难以达成或是流于形式的问题。政府可以作为第三方，为校企合作搭建交流平台，促进校企深度合作、协同育人。

以昆山为例，2019 年由昆山市人民政府主办、昆山人力资源市场管理委员会与昆山市人力资源和社会保障局承办了昆山企业校企合作交流大会，全国各地共有 80 余所高校、500 多家企业代表参加。交流大会促成了多家校企合作，如桂林航天工业学院与苏州丰航精密金属有限公司、环鸿电子（昆山）有限公司、罗森伯格技术（昆山）有限公司、仁宝电脑、新宁物流等多家公司达成校园招聘合作意向。2020 年昆山高新区政校企合作年会暨人力资源洽谈会召开，全国 70 余所院校、昆山市 100 多家企业参加了大会。此外，昆山市相关政府部门，如昆山人力资源市场管理委员会、昆山市高新区等积极调研职业院校，为校企合作牵线搭桥，起到了巨大的推进作用。除了创造校企合作的机会外，昆山市政府还给予合作成功的高校奖励政策，进一步稳固了双方长期合作，实现共赢；通过企业与职业院校密切联合，将行业企业标准引入学校，学校根据行业企业标准进行人才定位、专业设置、课程体系构建；每年学生进入合作企业进行实践，提升学生的专业技能水平；学生毕业后，与企业双向选择，既为企业招到所需员工，也为学生提供满意的就业。

昆山市政府在校企合作上的做法是一种典型示范，值得推广。各地政府部门除了搭建校企交流平台外，还可以对每年招收对口学校毕业生的企业给予一定的优惠政策，如按工作年限进行补贴、财政拨款等，同时给予学校一定奖励；积极推进事业单位、知名企业进行校企合作，让学生提升就业的安全感、稳定感。

7.2 坚持工学结合模式不变，落实高层次技能人才定位

7.2.1 重构本科专业课程体系，优化实验实践软硬件环境

本科层次职业专业人才培养应根据典型工作岗位对就业人员的能力要求，以能力为本位，建立基于工作任务导向的课程体系与教学内容。如图7-1所示，在"技术平台+专业方向"课程体系框架下，重点围绕强化学生综合职业能力培养的综合实训课程，真正构建起"基于核心课程与综合实训+针对岗位的专项能力训练"的课程体系教学内容，达到培养学生在真实的工作环境中整体化解决综合性专业问题的技术能力、思维方法与综合素质。

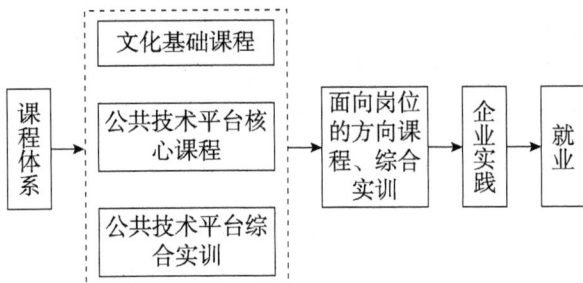

图7-1 "基于核心课程与综合实训+针对岗位的专项能力训练"的课程体系

在本科层次职业专业人才培养方案中，以实验、实训、实习循序渐进落实能力培养的方式设计实践教学体系。专业理论教学和实验教学全部以学做合一的方式在专业实验室完成；综合实训在校企合作共建校内生产型实训中心完成；企业实践全部在校外实习基地以顶岗工作的方式完成。有研究表明，校外实习基地是一种合法的、有效的学习环境，对于提高学生学习兴趣、整合理论与实践知识、吸收隐性知识以及促进实践能力发展等，具有学校教育无法替代的优势。

通过核心课程学习和具有真实性的工作环境所提供的基于完整工作过程、典型工作任务的综合实训项目的训练，使学生具备本职业领域综合职业能力。利用与合作企业共同打造的校内实训基地与校外实习基地来达到专业人才培

养的目标，充分体现了以产学结合为特征的办学模式，实现了人才培养模式"工学结合"的职业本科特色。

（1）加强"工学结合"课程建设，建立校企合作开发课程标准

密切跟踪行业发展新趋势，按照胜任职业岗位实际工作任务需要的知识、能力、素质要求和职业资格标准，设计课程结构和内容；遵循学生职业能力培养的基本规律，依据生产服务的真实业务流程，设计课程模块，解构重构教学内容。分析学生工作后的主要就业岗位知识、能力、素质要求，结合相关职业资格标准，确定课程内容。分析各岗位典型工作任务，分解工作任务内容，确定行动领域，设立学习领域，根据工作任务流程，序化课程内容，形成课程标准。完成专业基础课程、专业核心课程、专业拓展课程、专业实践课程课程标准。

（2）建立能力递进的实践教学体系

以各岗位典型工作任务为基础，分析所需职业能力，提炼相关技能需求，构建四层次实践教学体系，设置基础技能实训、综合技能实训、拓展技能实训、顶岗实习。加强专业群学生职业技能培养。

为更好地实现高层次技术技能人才的培养，本科层次职业专业应每年定期召开专业指导相关会议，邀请企业高管、行业专家、高校教授共同讨论、修正、完善人才培养方案。根据所对应的产业行业发展的动态、未来趋势，从产业行业、企业岗位需求出发，进一步明确专业人才培养目标和知识、技能素质要求，将工匠精神、职业素养培养深度融入人才培养全过程。工学结合不仅体现在人才培养方案的制订上，还需要企业共同参与学生的培养过程。如企业深度参与物流课程体系构建和专业课程开发，尤其是实训课程和顶岗实习，邀请具有丰富企业工作经验的高工或企业兼职导师直接对学生进行指导，校企联合开发专业课程比例应达到80%以上。

7.2.2　传递知识融入课程思政，培养良好职业道德及操守

思想政治教育是一种培养学生树立正确价值观、世界观的教育，是为传承和创新中华优秀传统文化、实现立德树人而进行的教育。2016年12月习近平总书记在全国高校思想政治工作会议的重要讲话中提出了"要用好课堂教学这个主渠道，思想政治理论课要坚持在改进中加强，提升思想政治教育亲

和力和针对性，满足学生成长发展需求和期待，其他各门课都要守好一段渠、种好责任田，使各类课程与思想政治理论课同向同行，形成协同效应"。而在这之前，思想政治教育基本是以一系列课程（如思想道德修养与法律基础、中国近现代史纲要、马克思主义基本原理概论、毛泽东思想和中国特色社会主义理论体系概论、形势与政策等）的形式进行。2019 年 8 月中共中央办公厅、国务院办公厅印发的《关于深化新时代学校思想政治理论课改革创新的若干意见》明确提出要整体推进高校课程思政，将思政元素融入课程之中。

课程思政建设应以社会主义核心价值观为指导，在授课过程中融入劳动教育、工匠精神、职业道德、职业精神、职业规范，按"宏观与微观相统一、抽象与具体相结合、思想与行动相一致"的原则，采用自顶向下、逐步分解的方法路径进行建设，即由顶层课程标准设计总方向，向下逐步细化，渗透到知识点中；将抽象的价值观转化为案例、实训；由案例、故事的情感共鸣固化为实训中的实际行动，进而形成"课程标准指方向、课程模块明素质、课程内容传能量、课程实训化行动"的模式。

（1）课程标准指方向

在课程标准制定中，根据企业岗位所需的职业精神及其他综合素质，设置凝练的课程素质目标，具体包括职业道德；环保意识，法律意识；执行能力，沟通能力；团队意识，协作精神。

（2）课程模块明素质

在课程模块的素质目标制定中，根据课程标准素质的总方向，明确每个教学模块的具体素质，如调研工作，需要有吃苦精神、抗压能力、交流能力等；在技能训练时，需要有严谨的工作态度、吃苦耐劳的精神等。

（3）课程内容传能量

在设计课程内容时，根据课程知识点及相应模块的素质要求，通过网络、企业交流等渠道，广泛收集思想政治教育资源，能够体现诸如合作过程中的"诚信、共赢"意识、工作中的敬业精神与团队精神等的故事、新闻，让学生学会明辨是非、感受正能量、树立正确的价值观及世界观。

（4）课程实训化行动

通过设计实训任务，引导学生的语言表达、神态表情、肢体动作等，将案例、故事中所感受的精神，进一步转化为自己的行动，提高自身的综合素质。

同时，要拓展课堂的范围，不仅是教学计划中的课程课堂，还包括指导学生大赛的课堂。在指导学生迎接比赛的过程中，也需要将思政元素融入培训工作中。以全国大学生数学建模竞赛为例，教师在培训微分方程模型时，可以设计下面的案例。

学习微分方程模型——树立坚定信念、培养家国情怀和社会责任感。

（1）知识要点

①微分方程模型形式；②传染病模型 SI、SIS、SIR 模型的假设、建立、分析、求解，以及相互关系；③结合传染病模型中的影响因素，分析预防传染病传播的措施；④数值计算与理论分析。

（2）教学环节设计思路与理念

教学环节设计思路（见图 7-2）：以新冠肺炎疫情传播热点问题激发学习兴趣，针对疫情中传染病传播问题，通过教师启发引导、学生分组讨论、案例学习等，切实掌握分析问题—建立模型并分析求解—改进模型—指导实践，掌握微分方程模型；在教学过程中有机渗入思政元素、引导学生树立坚定信念、培养家国情怀和勇于担当的社会责任感。

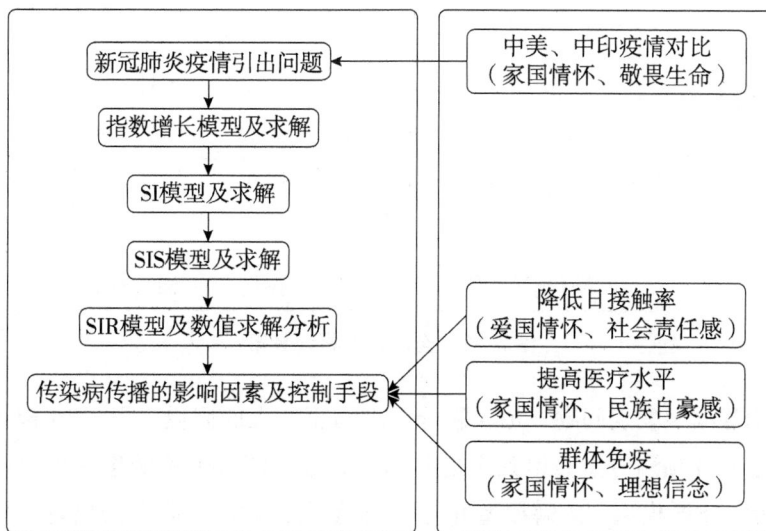

图 7-2　教学环节设计思路

教学环节安排过程：①以"2019 年年底，我国各地（特别是武汉华南海鲜市场成国内疫情暴发点）发现新冠肺炎疫情。随着时间的推移，确诊患者人数越来越多，病毒传播越加迅速。2020年2月春节前夕，新冠病毒在武汉迅速传播。在党中央的英明决策下，各级政府机关和广大群众积极防控，封城隔离，各地派出医疗队逆行'抗疫'驰援武汉，各大企业'建设火神山雷神山方舱'并加班生产防护用品，广大志愿者坚守'抗疫'防控一线，终于使疫情进入拐点，继而被有效控制。同时，我国开始研制疫苗，从2020年年底开始推行疫苗接种，2021年7月已接种约13亿剂次"案例引入，引导学生展开讨论，学习建立传染病传播的数学模型——微分方程模型，在无任何限制条件的假设下传染病传播呈现指数级增长（指数增长模型），如图7-3所示。

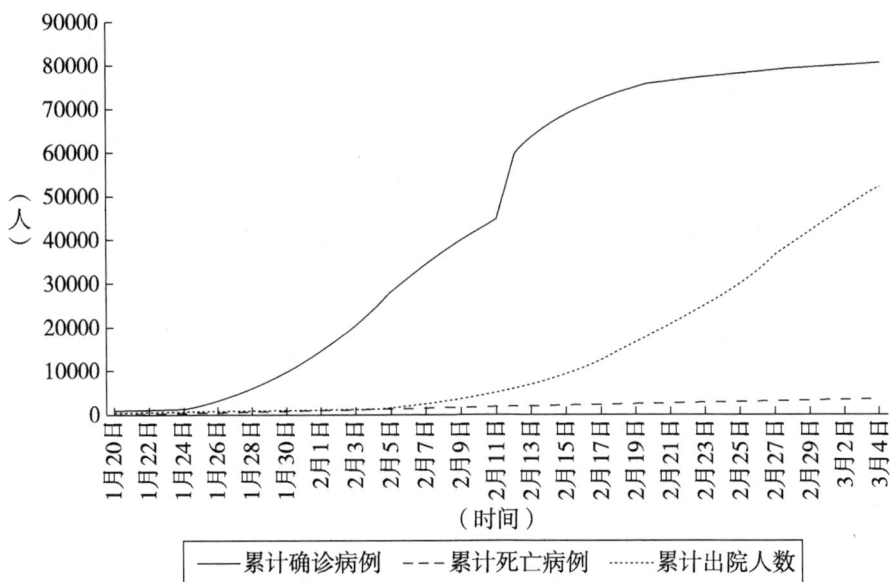

图7-3　全国疫情累计数据

②引导学生发现问题，加入区分患者与正常人的假设，引入SI模型，根据方程求解并预测传播峰值到来的时间点；通过假设治愈的患者可以再次被感染，引入SIS模型，求解模型并与SI模型进行对比；假设治愈者产生抗体无法被再次感染，引入SIR模型，通过数值解进行分析。

③结合SIR模型，通过互动讨论、启发引导思考、穿插引入"封城隔离、各地医疗队逆行抗疫驰援武汉、各大企业建设火神山雷神山方舱"等辅助材料，让学生结合实例掌握如何"降低日接触率、增加日治愈率"等预防传播

的有效措施。

（3）育人目标融入思政教学方法或路径

具体路径：联系新冠肺炎疫情热点事件，通过中美、中印疫情发展对比埋下伏笔"为什么我国能更快更有效地控制疫情发展？"引发学生思考，提升学习参与感；在教学过程中，让学生积极讨论影响疫情传播的因素，针对其中如何降低日接触率的因素，回顾各级政府出台的广大群众严格执行的各项隔离措施，对比中美疫情控制和受感染及死亡人数的差异，培养学生爱国情怀和勇于担当的社会责任感；针对提高医疗水平的因素，通过回顾钟南山院士和广大医护人员逆行抗击疫情的壮举、全国各地积极支援武汉疫区的行动以及火神山医院建设的中国速度，强化学生的家国情怀和社会责任感；针对提高免疫水平的因素，结合以陈薇院士为代表的各医疗团队推进研发疫苗的努力、广大医护工作者为群众接种疫苗的积极工作，对比印度及其他各国疫苗接种的困境，让学生树立坚定的理想信念、激发学生的民族自豪感。

诚然，不同课程有其自身的特性，如语文、历史、政治等应积极引导优秀传统文化的传承；数学、物理、化学等可以重点突出科学精神、创新精神；体育，不仅让人掌握运动技能，而且锻炼人的意志，可以重点弘扬体育精神；艺术，陶冶情操，可以把爱国主义、民族情怀元素设计到教学中去。总而言之，要在吃透课程内容、特点的基础上，自然融入思政元素，在教学关键处起到画龙点睛的作用。

7.2.3　提升师资队伍综合素质，激励教师贯通理论与实践

按照专业人才培养目标规格配置教师资源，通过内培、引进、外聘等优化教师队伍的数量结构和能力结构，积极引进国外优质高职教育资源，使学校教学、科研与国际前沿发展接轨。组织专业教师积极参加国际职业教育交流活动、参加境外师资培训、参与国际化人才培养，用美国、德国等先进的教育理念和教学方式提升自身的教育教学水平。努力提升有海外访学、培训经历的教师比例。通过专项支持和协同攻关项目提升教学团队的教研科研能力和社会服务能力，提升教学团队整体国际化水平。

（1）依托企业项目，提高教师服务社会的能力

借助横向课题，以企业服务项目为载体，为企业提供管理咨询、项目规划、企业信息化、智慧工程等技术的研发和推广；利用校企合作开展的"订单式"培养，开展专业人才培养模式改革与创新、课程体系协同构建、精品课程资源开发、社会培训等项目，提高教师的实践能力和技术创新能力。

（2）推行在职培训，提高教学团队"双师"素质

通过参加顶岗挂职锻炼、参加教学与专业培训、参加国际进修和交流、获取职业等级证书、参与科研与教研项目、主持或参与校内实训基地建设等措施，落实专任教师五年一轮的省培、国培制度和企业顶岗挂职锻炼制度，提升教学团队"双师"素质。

（3）强化"双导师"教学团队建设，建设专兼结合师资队伍

依托合作企业兼职教师队伍，强化"双导师"教学团队建设，"双导师"教学团队由企业师傅、院校教师和企业教学顾问共同组成。企业师傅由企业培训师和岗位师傅构成，其中企业培训师主要负责学生的企业认知、企业文化、规章制度、职业规划、职业素养等方面的培训；岗位师傅主要负责岗位认知、职业素养、专业知识、岗位技能等方面的指导和对接。院校教师主要负责校内课程教学和校外实践教学的组织。企业教学顾问团队在实践教学模式、内容及考核评价等方面全程提供支持。

同时，为系统培养高层次技术技能型人才，服务区域产业转型升级，职业本科专业应积极与行业企业合作，推进科研、技术服务体制机制改革，打造科研服务平台，建设行业培训平台，构建"一套机制，两个平台"，服务区域产业发展与社会教育，以提高教师科研与社会服务能力，提高专业学生社会服务参与度，增强技术服务反哺教学的能力。

（1）完善激励机制，提升科研社会服务内生动力

完善专业教师科研、社会服务政策及制度，鼓励高水平教师加入科研技术服务机构，引导教师面向行业开展技术研究、产品开发、技术推广活动，形成教师主动积极承担教学科研和社会服务的激励机制，提升科研社会服务内生动力。

（2）打造多元化科研服务平台，提升教师科研技术服务水平

立足区域经济，完善区域经济发展科技服务链条，搭建专业对接行业、

中小企业急需的、以应用技术为主的产、教、学、研技术服务平台，突破技术推广应用"最后一站"障碍。

（3）探索行业社会培训模式，服务地方行业培训与社会教育

借助校企合作培训平台，扩大培训服务领域，广泛开展企业职工培训和社区教育活动；根据行业市场需求，为行业"量身定制"新技术、新知识培训内容。建设行业线上教育培训平台，实施技术服务或管理项目，提高教师参与技术服务项目的普及率，提高对区域经济和行业发展的贡献度。

7.2.4　注重实践创新能力培养，打造学做赛一体化教育链

按照"培养创新创业意识、激发创新创业灵感、掌握创新创业方法、提升创新创业能力"的思路，打造全程化创新创业教育体系，将创新创业和信息技术素养培养贯穿教学全过程。

（1）在课程体系中设置创新创业课程

创新创业教育课程是实现创新创业教育的主要途径。通过创新创业类课程学习，使学生初步了解创新创业的基本知识、途径和一般规律，培养学生创新创业的意识。开设《大学生创业基础》必修课，设置创客教育、团队管理、形象设计与商务礼仪、网店经营等选修课程，以提高学生的创新创业意识和能力。

（2）在教学全过程融合创新创业和信息技术素养教育

根据自身特点，在相关专业领域利用信息技术开展创新创业的针对性教育。将信息技术素养教育贯穿课堂教学全过程，充分挖掘专业教学过程中创新创业内容，将创新创业活动与学生所学专业知识结合起来，培养学生创新创业意识，使学生能够深刻理解专业内涵，开展高层次的创新创业实践。

（3）在第二课堂中组织创新创业活动

将学校各部门组织的各类社会实践活动、科技节活动、创业计划大赛、学生社团活动等作为创新创业教育体系的重要组成部分。通过第二课堂多样化的创新创业实践活动，实现不同专业、不同年级学生的自由交流，提高学生的创新创业实践能力。

7.3 创新政产学研融合模式，促进校企合作多元化发展

7.3.1 产教融合的主体分析

产教融合的主体主要是产业界与教育界，从组织形态看，表现为企业与高校。由于产业结构升级、经济环境变化等使得学校培养的人才与企业所需人才不相符。为使人才供需平衡，产教融合是一种有效途径。如图 7-4 所示，企业与高校的融合点主要体现在共谋人才培养目标、共商人才培养方案、共建人才培养平台、共育人才培养过程、共提教师员工素质等方面。

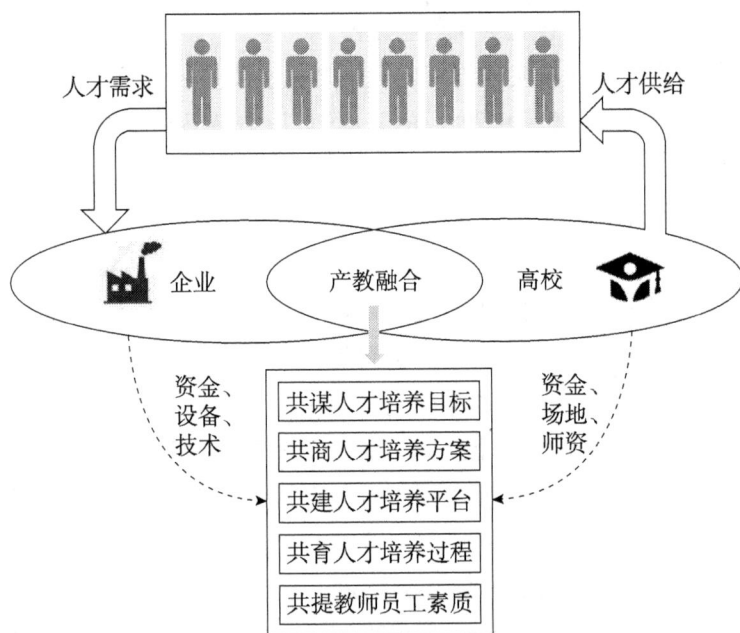

图 7-4 校企产教融合主体分析

共谋人才培养目标是指依托企业对产业、行业发展趋势的了解，帮助学校从能力角度宏观定位人才培养目标。共商人才培养方案是指学校在制订人才培养方案时，企业从微观层面提供具体技术技能、职业道德、综合素质等

要求。共建人才培养平台是指校企双方共建实验室与实践基地，共同开发教材、企业案例及课程资源，共同研究企业课题及项目等。共育人才培养过程是指在人才培养过程中，除了学校教师讲授理论知识、指导实训，企业高工进教室授课，企业实训导师在实践基地进行实践指导等。共提教师员工素质是指企业与高校可以发挥各自的优势，教师可以去企业挂职锻炼，提升自身的实践能力；企业可以委托高校进行员工培训，双方共同提升教师员工素质。

在企业与高校进行融合的过程中，企业通过投入资金、设备、技术等资源，学校通过投入资金、场地、师资等资源，以项目形式，为培养人才提供优质资源。由于这是一种跨组织边界的活动，而企业与高校都是相对独立的个体，在向双方共建、共研项目的投资过程中会遇到障碍，如制度冲突、出资比例、资金短缺、人力短缺、知识产权等问题。

对于企业来说，追求利益是它的动力，以利润为目标，用货币度量投入产出。当投入大产出小时，企业会望而却步。尽管与学校的合作在未来是双赢的，但从近期看，从利益角度出发，合作具有较大的不确定性。

对于高校来说，提升知名度是它的动力，以人才培养为目标，注重口碑、师资力量、软硬件资源打造。高校乐意与企业合作，希望在合理的投入下，有较大的成果产出，但有时受限于高校制度、体制，会滞缓合作进程。

7.3.2　企业与高校合作的影响因素分析

通过前述产教融合协同育人机制及产教融合主体分析，企业与高校的合作受较多因素影响。本书将从合作过程来分析影响因素。

（1）合作前的影响因素

在双方合作前，由于信息不透明，双方根据收集的信息来判断是否与对方合作。此时的合作受双方知名度、双方需求度、双方谈判条款、国家政策等因素影响。

①双方知名度。知名度是被公众了解、知晓的广度与深度。越知名的企业与高校，越容易达成合作。

②双方需求度。企业若面临人才短缺问题，则越易与高校合作。高校若想培养出符合企业要求的人才，则越易与企业合作。

③双方谈判条款。双方在谈判过程中，对于出资比例、收益分配、知识产权归属、违约责任等能达成共识，则越容易达成合作。

④国家政策。若政策制定有利于合作，如资金扶持、税金减免等，则对企业与高校有一定的激励作用，则合作越易成功。

（2）合作中的影响因素

在双方合作过程中，由于受外界及内部不确定性因素影响，致使合作进程缓慢，达不到应有的效果，流于形式。这些因素主要包括内部制度及机制、诚信、实力、经济环境、政策环境等。

①内部制度及机制。企业或是高校内部制度及机制可能隐藏着潜在的矛盾，在规范性、流程、管理上存在着不一致性，伴随着合作过程暴露了出来，影响合作的进展。

②诚信。双方在合作前并不完全了解对方，存在道德风险。一旦出现道德风险，双方的合作将难以进行。

③实力。如果合作双方没有实力完成实验室或实践基地共建、教学资源开发等，将影响双方合作。

④经济环境。经济环境的变化若引起企业资金的短缺，将影响合作的进展。

⑤政策环境。政策环境的变化，如补助减少、税收无优惠等，将降低企业与高校合作的积极性。

7.3.3 产教融合深化发展的建议

（1）促进跨界融合，共谋产教融合人才定位

信息技术的突破推动了数字经济席卷全球，数字技术不仅促使企业转型，也为劳动力市场带来了颠覆性的改变，传统的人才培养模式已经不能适应时代的要求。企业的数字化转型是一个复杂的系统工程，涉及商业模式、产品创新、流程优化、组织架构等诸多方面的变革，这就对高校提出了新的要求，要求以产业需求为导向，培养数字化人才以提升人才与市场需求的匹配程度。

多数企业的数字化转型目前还处于起步阶段，对数字化人才的需求是迫切且长期的。数字化人才应能够支持企业数字化转型，能够履行及胜任数字化运营模式下企业相应的岗位职责。企业数字化转型所需要的数字化人才不仅应储备专业的信息技术知识，还应具备能够展望行业数字化未来、从宏观

战略决策到具体任务推进的能力。高职教育应联合学校、企业、政府的力量，依托产教融合途径，协同培养具备职业素养、身怀专业技能、熟悉数字化工具技术及企业数字化管理的高层次技术技能数字化人才。

（2）多方协同育人，营造产教融合发展环境

产教融合是当前职业教育开辟的一条新的发展之路，它要求产业与教学紧密结合，通过实践培养所需人才、提高教师业务水平、促进地方经济增长等。近几年产教融合的实践表明，职业院校对产教融合高度重视，积极与企业推进产教融合，但在实施过程中，存在着企业生产效益与所需学生实训熟练度、企业所需人才实践时间的随机性与学校实训时间的计划性等矛盾，导致产教融合难以向纵深发展。解决这些矛盾需要企业、学校、政府的共同努力，营造良好的产教融合环境，树立共赢意识，打破企业与学校之间产教融合的重重障碍。

在产业结构优化、市场人才需求发生变化、职业教育政策明晰的外部环境下，职业教育应抓住时代的变化，进行专业结构调整、课程体系优化、培养模式创新等。对高职教育来说，需要进行充分调研，准确定位人才，通过解构重构行业企业的技术及职业标准，设计符合高职教育的教学标准，并在这样的教学标准下，构建课程体系，以培养与产业优化相匹配、社会发展相适应的人才。同时，政府应加大产教融合项目经费投入，以激励校企双方合作的意愿度、忠诚度。

（3）组建产业学院，深化产教融合育人模式

对产业学院的研究，可以追溯至 2007 年，发展至今，已在内涵、核心要素、建设路径、建设成效等方面进行了较为深入的探讨。产业学院是高职院校与企业开展深度协同育人的协同网络联结点，在政府相关政策的指导下，就产业学院的育人理念、组织形态、合作内容、保障条件等方面进行全方位的布局。但在具体运作层面，仍存在校热企冷、流于形式等问题，校企合作的有效性与产业学院组建初衷仍有差距，产教融合的深度有待加强。

高等职业教育仍面向应用型人才的培养，其技术技能定位于高层次。通过学校、行业协会、合作企业等共同组建一个独立运行的校内二级机构——产业学院来把握产业技术前沿、行业企业技术及职业标准、数字化工具技术、数字化管理等，仍是培养社会所需人才的有效途径。

学校与企业组建的产业学院应具备相对独立性，可采用理事会下的院长

负责制，定期召开理事会，就产业学院发展方向、重大问题决策、资金使用等进行决策。同时，构建相关制度体系，如产业学院决策议事制度、教学质量监控制度体系、人事制度体系、财务制度体系、考核评价制度体系等，以更好地管理产业学院。

产业学院的招生可采取多元化渠道的弹性制。针对全日制学历教育，结合相关专业学生，通过项目驱动的实践教学体系一体化设计，进行分阶段培养，即第一阶段进行实践教学，以学生独立完成为主；第二阶段以跨学科专业的团队为主，提升实践综合能力。针对继续教育，依托产业学院的优良师资和优秀教学实践资源，开展职业资格认证，实施非全日制学历教育。此外，针对企业特殊需求开展对从业人员的技能培训服务，以提升行业从业人员的技术技能。

产业学院的人才培养需要根据产业特点、专业特色，制定个性化的培养模式。高校与企业双方需要共同规划人才培养方案、设计课程体系、指导学生竞赛，共建实践基地、共建实验室，共同研究课题、编写教材等，尤其是课程体系设计中，需要根据"1＋X"证书制度，将X证书的职业技能培训内容有机融入学历教育专业人才培养方案，真正体现书证衔接和融通的精髓。

此外，产业学院需要不断提升教师团队的综合素质。师资主要由高校相关学院教师、合作企业工程师共同组成。高校教师与企业工程师需要在课题、项目、教材等方面进行合作，进行知识交流，以磨合团队协作性，提高契合度。

（4）推进利益耦合，建立产教融合持续机制

产教融合是企业与学校互通有无的有效渠道，其目的是培养社会所需之人才，以保障社会经济的稳定发展，实现校企共赢的局面。这种共赢局面不是短期的，需要长期的精心经营才能达到。在合作过程中，让双方切实意识到彼此的互惠互利不是短期的，只有共同为培养社会所需的人才付出努力，进行长期合作，才能赢得更大的收益。在合作中，企业帮助学校共同定位人才培养目标，让学校了解产业、行业的发展趋势，重新构架专业的知识体系；在培养过程中，企业通过设备、技术、资金投资，学校通过场地、资金投资，共同搭建实践平台，把握时代技术前沿，提升学生技术技能水平，以贴合现实要求；同时，让教师进企业切实参与项目开发及运作，成为名副其实的"双师型"教师，这样的"双师型"教师不但能培养出企业所需人才，为企业所用，而且能对企业员工进行再次培训，以提升企业员工整体素质，而不

是理论与实践脱节、不接地气的教师。因而，深化产教融合，需要设计好利益机制，集聚双方优质资源，形成校企利益共同体，培养高层次的技术技能人才，助力产业转型及升级。同时，合作双方也从中提升了知名度和美誉度，享受了合作所带来的利益，为形成合作的良性循环奠定基础。

（5）营造和谐氛围，形成产教融合文化机制

产教融合需要企业与高校共同努力，共同担责，这需要双方达成共识。然而这样的共识形成不容易，因为企业文化与学校文化不同，在合作中很可能产生文化冲突，仅靠利益机制的维持，仍旧存在道德风险。这就需要软约束力，要以社会主义核心价值观为引领，在共事中，逐渐形成双方共同的价值观、共事理念，形成精神力量，进而渗透到人才培养过程中，学生除学习理论及技术技能之外，亦能于无形中受到文化的浸染，为今后更好地适应职场工作做准备。因而，企业与高校在共谋人才培养目标、共商人才培养方案、共建人才培养平台、共育人才培养过程、共提教师员工素质的合作过程中，需要不断沟通，了解双方做事风格，协商双方职责及具体事务，形成工作团队，制定基本工作制度，重点考核工作的落实及成效，总结得失，逐渐形成校企文化相融机制。

（6）搭建创新平台，集聚产教融合优质资源

培养高层次技术技能数字化人才要求较高，因为企业需要有新思维、新理念的人才来进行企业数字化转型，需要熟悉相应专业数字化工具技术的人才来支撑企业数字化发展。高职教育需要倾力建设产教融合创新创业平台，培养人才的创新思维及创业精神。通过产业学院，学校与企业围绕产业人才创新创业需求，在人才培养方案设计中针对性地加大创新创意类教学课程；引导产业学院教师带领学生团队进行创新创业类项目申报，对获批的创新创业类项目给予经费补贴；组织学生项目式实习，通过竞争方式选拔优秀学生，让优秀学生参与企业真实项目研究，全面提升实践能力、研究能力；设立大学生创新创业工作室、工作坊，在资金、场地等方面支持开展创新创业教育。同时，设立考核指标，将产业学院创新创业教育质量与人才培养的达成度指标挂钩，把专业课程、教学评价统一起来，共同推动创新创业教育质量建设。

我们深信教育是国家万年根本大计。

——陶行知

8　结语

近年来，受逆全球化、贸易保护主义、贸易摩擦、新冠肺炎疫情等多重因素叠加影响，全球经济形势发生了很大变化。面对错综复杂的经济形势，习近平总书记强调，"面向未来，我们要把满足国内需求作为发展的出发点和落脚点，加快构建完整的内需体系""逐步形成以国内大循环为主体、国内国际双循环相互促进的新发展格局，培育新形势下我国参与国际合作和竞争新优势"。目前，我国在智能制造、高端装备、现代服务业等领域面临着高层次技术技能人才短缺、断层的问题。职业教育作为技术技能人才培育的重要基地，亟须提升技术技能人才水平，加快人才队伍结构性转变。

职教 20 条、《中华人民共和国职业教育法》均明确了职业教育与普通教育为两种并列的教育，并且职业本科的提出冲破了职业教育原有的天花板，为职业教育的改革带来了机遇与挑战。本书以职业本科人才培养为研究对象，研究其价值理念、逻辑机理、困境丛林、案例分析及对策思考，主要工作如下。

①我国职业教育相关研究梳理。通过收集国内外文献及实地调研，系统梳理我国职业教育发展历程、职业教育人才培养模式、课程体系设置等。

②近现代职业教育发展史梳理。系统整理 19 世纪以来有关职业教育的制度文件、历史资料、名人名言、重要讲话等，把职业教育的发展分成萌芽阶段、形成阶段、成型阶段、完善阶段以及新发展阶段。

③职业教育人才培养的价值理念——大国工匠精神。通过文献查阅，阐述现代职业教育人才培养之劳动观、现代职业教育人才培养之工匠精神等。

④产业——专业互渗角度的职业本科人才培养逻辑机理。通过文献查阅、实地调研，分析了职业本科人才培养的教育属性及职业特征；基于产业结构理论，分析了职业本科人才培养的产业——专业渗透逻辑、职业本科标准链与知识链重构育人机理等。

⑤基于博弈论的职业本科人才培养的困境丛林。通过文献查阅、实地调

研，分析了职业本科人才培养的现状；从博弈角度提出了职业本科人才培养的社会观念困境、高层次定位明晰困境、产教融合困境等。

⑥职业本科人才培养的案例分析。基于 PGSD 能力分析模型，提出职业本科人才培养范式设计；以现代物流管理专业、汽车服务工程技术专业、机械设计制造及自动化专业、自动化技术与应用专业等不同类型专业为例，详细分析每一专业的定位、基于 PGSD 范式的专业课程体系构建、实施评价等。

⑦产教跨界融合下职业本科人才培养的策略思考。基于产教跨界融合思想，提出了转变职业教育传统观念，深化职普双轨制教育体制；坚持工学结合模式不变，落实高层次技能人才定位；创新政产学研融合模式，促进校企合作多元化发展的对策建议。

职业本科是职业教育发展的新事物，处于起步阶段，其办学之路没有成熟的、可供复制的路径，充满了各种挑战与风险。本书就职业教育发展历史、职业本科人才培养的价值理念、逻辑机理、困境丛林、案例分析、策略思考进行了初步探讨，但在基于 PGSD 能力分析模型的职业本科人才培养范式通用性、人才培养设计案例具体的实施评价、所提策略的有效性等方面仍需要深入研究，密切关注职业本科的发展态势、前沿理论，摸索出适合我国职业本科人才培养的有效路径，为我国职业教育发展贡献绵薄之力。

参考文献

[1] 朱国华，吴兆雪．中国特色现代职业教育体系发展的三个阶段及其战略重点 [J]．高校教育管理，2017，11（4）：16-24．

[2] 陆素菊．试行本科层次职业教育是完善我国职业教育制度体系的重要举措 [J]．教育发展研究，2019，39（7）：35-41．

[3] 崔炳辉．转型视域下高职教育内涵式发展路径研究 [J]．江苏高教，2019（8）：103-107．

[4] 程宇．中国职业教育与经济发展互动效应研究 [D]．长春：吉林大学，2020．

[5] 朱德全，石献记．从层次到类型：中国职业教育发展百年 [J]．西南大学学报（社会科学版），2021，47（2）：103-117，228．

[6] 祁占勇，王佳昕，安莹莹．我国职业教育政策的变迁逻辑与未来走向 [J]．华东师范大学学报（教育科学版），2018，36（1）：104-111，164．

[7] 孙善学．从职业出发的教育 [J]．教育与职业，2011（22）：45-47．

[8] 苏丽锋．职业教育发展对产业结构升级的支撑作用分析 [J]．高等工程教育研究，2017（3）：192-196．

[9] 杨小敏．精准扶贫：职业教育改革新思考 [J]．教育研究，2019，40（3）：126-135．

[10] 朱成晨，闫广芬，朱德全．乡村建设与农村教育：职业教育精准扶贫融合模式与乡村振兴战略 [J]．华东师范大学学报（教育科学版），2019，37（2）：127-135．

[11] 房风文，张喜才．我国高等职业教育与经济发展的匹配性分析 [J]．江苏高教，2019（6）：99-104．

[12] MCGRATH S，POWELL L. Skills for Sustainable Development：Transforming Vocational Education and Training beyond 2015 [J]．International

Journal of Educational Development，2016，50：12 – 19.

[13] TAM B，VU，DAVID L，HAMMES E，IKSOON I. Voctional or University Education? A New Look at Their Effects on Economic Growth ［J］. Economics Letters，2012，117（2）：426 – 428.

[14] 王伟，孙芳城. 职业教育规模和质量：哪个对经济增长影响更大? ［J］. 教育与经济，2017（6）：68 – 75.

[15] 张佳. 高等职业教育对区域经济发展贡献的实证分析 ［J］. 职业技术教育，2014，35（10）：45 – 50.

[16] 何杨勇，祝巧. 教育公平视角下普通教育和职业教育的分流与融合 ［J］. 江苏高教，2019（6）：93 – 98.

[17] 刘晓，徐珍珍. 高等教育普及化进程中的职业教育：现实思考与发展定位 ［J］. 江苏高教，2018（1）：99 – 103.

[18] 冯兰. 我国高职本科技术学士学位设置的必要性与可行性 ［J］. 大视野，2019（1）：19 – 24.

[19] 谈向萍，杜伟略. 高职本科人才培养的实践与研究 ［J］. 智库时代，2019（29）：78 – 79.

[20] 胡俊平，顾京，吴兆明. 高等职业教育"双高"建设的要义、表征和策略 ［J］. 江苏高教，2019（11）：119 – 124.

[21] 江颖，周立军. 基于学分转换的高职本科一体化课程体系建设研究：美国社区学院的启示 ［J］. 中国职业技术教育，2019（26）：26 – 32.

[22] 陈培红，王琪，施祝斌. 现代职教体系下"4 + 0"高职本科人才培养问题探究：以联合培养轮机工程专业为例 ［J］. 三门峡职业技术学院学报，2019，18（4）：63 – 66.

[23] 赵建峰，汪建强，李蕾，等. 四年制高职本科团支部建设工作的探索与实践：以浙江交通职业技术学院为例 ［J］. 南通航运职业技术学院学报，2019，18（3）：80 – 83.

[24] 尤建国. 黄炎培职业教育名言解读 ［M］. 南京：南京大学出版社，2013.

[25] 王丽萍，胡立德. 课程结构与课堂结构的变革：课程教学价值引领下的课程教学改革 ［J］. 上海课程教学研究，2016（1）：25 – 28.

[26] 徐立清，钱国英，马建荣. 地方本科院校转型发展中的专业综合改革探

索与实践 [J]. 中国高教研究, 2014 (12): 53 – 57.

[27] 余国江. 课程模块化: 地方本科院校课程转型的路径探索 [J]. 中国高教研究, 2014 (11): 99 – 102.

[28] 李博. 翻转课堂在应用技术大学英语听说教学中的应用 [J]. 教育现代化, 2016, 3 (39): 43 – 44.

[29] 鲁嘉华. 应用型本科地方院校"专、兼"人才培养的思考 [J]. 中国大学教学, 2014 (11): 38 – 42.

[30] 杜怡萍, 李海东. 从"课证共生共长"谈 1 + X 证书制度设计 [J]. 中国职业技术教育, 2019 (4): 9 – 14.

[31] 刘霞. 基于 CAS 理论的高职产教融合平台建设 [J]. 教育与职业, 2020 (8): 41 – 45.

[32] 章鸿, 熊征伟. 产教融合背景下的实践教学体系构建与应用: 以数控设备应用与维护专业为例 [J]. 工业和信息化教育, 2019 (12): 72 – 75, 85.

[33] 王迪, 甘露. 基于产教融合"工作室制"环境设计卓越人才培养模式的构建 [J]. 住宅与房地产, 2019 (33): 228.

[34] 彭湃. 从专业走向课程: 本科教学质量国家标准之建设路径 [J]. 高等教育研究, 2017, 38 (9): 65 – 70.

[35] 董立平. 关于大学课程建设与改革的理论探讨: 基于中国大学"金课"建设的反思 [J]. 大学教育科学, 2019 (6): 15 – 22, 120.

[36] 唐德海, 曹如军. 大学课程高深性: 立论基础与实践反思 [J]. 大学教育科学, 2017 (5): 57 – 61.

[37] 刘献君. 创新驱动发展战略背景下高校应用型人才培养 [J]. 中国高教研究, 2017 (10): 1 – 3, 12.

[38] 宣葵葵, 王洪才. 创业型大学的人才培养特色探索: 基于英国沃里克大学的成功经验 [J]. 中国高教研究, 2017 (6): 77 – 81.

[39] 戴维奇. 创业型大学是如何组织创业教育的?: 以荷兰特温特大学为例 [J]. 比较教育研究, 2014, 36 (2): 36 – 41, 101.

[40] 潘黎, 郑钧丹. 德国应用科技大学课程设置的特点及启示 [J]. 中国高等教育, 2018 (6): 61 – 63.

[41] 陈裕先. 德国应用科技大学实践教学模式及其对我国应用型本科教育的

启示 [J]. 国家教育行政学院学报, 2015 (5): 84 – 89.

[42] 王新俊, 刘永福. 芬兰应用技术大学创业教育体系探析 [J]. 外国教育研究, 2018, 45 (12): 56 – 64.

[43] 龚雯, 周志刚. 美国职业技术教育课程体系顶层设计解析: 以佐治亚州 (Georgia State) 为例 [J]. 外国教育研究, 2014, 41 (5): 3 – 12.

[44] 崔颖. 高校课程体系的构建研究 [J]. 高教探索, 2009 (3): 88 – 90.

[45] 姜献群. 本科职业教育课程模式的构建 [J]. 教育发展研究, 2015, 35 (Z1): 85 – 92.

[46] 陈东旭. 基于行动体系的应用型本科课程开发策略探讨: 以标准化工程专业为例 [J]. 高教探索, 2017 (8): 54 – 58.

[47] 徐玎颖, 王亚平. 大数据时代应用技术大学课程改革实践研究: 以天津中德应用技术大学为例 [J]. 现代教育技术, 2018, 28 (2): 81 – 86.

[48] 王伟芳, 景永平. 高素质应用型人才定位下实践教学问题与对策研究: 以本科经管类专业为例 [J]. 国家教育行政学院学报, 2018 (3): 56 – 62.

[49] 王桂云, 王明明. 地方本科高校应用型人才培养的逻辑思路与实现路径 [J]. 中国高等教育, 2019 (7): 34 – 36.

[50] 周震. 地方高校 "2 + X" 应用型人才培养模式的实践探索 [J]. 中国高等教育, 2019 (20): 46 – 48.

[51] 彭干梓, 夏金星. 中国职业教育发展史中的三次高潮 [J]. 职教论坛, 2009 (28): 61 – 64.

[52] 谢志峰, 韩建炜, 赵金柱, 等. 由中国职业教育发展史看 "高等职业教育的发展" [J]. 网络财富, 2008 (7): 115 – 117.

[53] 李树陈. 国家治理体系现代化视角下的职业教育政策研究 [D]. 北京: 中共中央党校, 2016.

[54] 雷冬玉. 基础教育课程改革预期目标的偏离与调控研究 [D]. 长沙: 湖南师范大学, 2010.

[55] 桑雷. 周恩来职业技术教育的原则与方法论析 [J]. 山西青年职业学院学报, 2014, 27 (1): 88 – 90.

[56] 彭干梓, 卢璐, 夏金星. 1963 年周恩来重提职业教育的背景与意义 [J]. 职教论坛, 2008 (23): 61 – 64.

[57] 中共中央关于教育体制改革的决定 [M]. 北京: 人民出版社, 1986.

［58］王文湛．如何理解和贯彻大力发展的方针［J］．教育与职业，1991
（3）：5－7．

［59］教育部法制办公室．高等教育法律法规规章选编［M］北京：教育科学
出版社，2005．

［60］中共中央关于全面深化改革若干重大问题的决定（辅导读本）［M］．
北京：人民出版社，2013．

［61］何伟．发展现代职业教育　培育新型职业农民［J］．广东农工商职业技
术学院学报，2014，30（4）：5－9．

［62］马克思恩格斯文集：第10卷［M］．北京：人民出版社，2009．

［63］毛泽东文集：第七卷［M］．北京：人民出版社，1999．

［64］建国以来毛泽东文稿：第十一册［M］．北京：中央文献出版社，1996．

［65］习近平．在庆祝"五一"国际劳动节暨表彰全国劳动模范和先进工作者
大会上的讲话［N］．人民日报，2015－04－29（2）．

［66］习近平．从小积极培育和践行社会主义核心价值观［N］．人民日报，
2014－05－31（2）．

［67］刘华，陈秋苹．高等教育体系的理性重构：基于科学的区分标准与连通
规则［J］．高等教育研究，2014，35（11）：1－6．

［68］李鹏，石伟平．中国职业教育类型化改革的政策理想与行动路径：《国
家职业教育改革实施方案》的内容分析与实施展望［J］．高校教育管
理，2020，14（1）：106－114．

［69］刘颖，付天海．德国高等教育的"双元制"理念及对高校转型发展的启
示［J］．高教探索，2016（12）：69－72，83．

［70］关晶．英国学位学徒制：职业主义的高等教育新坐标［J］．高等教育研
究，2019，40（11）：95－102．

［71］李跃，刘丽莹，于向宇，等．我国产业结构优化研究：理论、方法与方
向［J］．山东工商学院学报，2020，34（2）：39－48．

［72］贺雅婷，范雨霏．论产业结构、就业与经济增长：基于1993—2018年省
际面板数据的实证研究［J］．现代商贸工业，2020，41（13）：1－2．

［73］包则庆，林继扬．技术创新、工资增长与产业结构升级：基于PVAR模
型的动态分析［J］．东南学术，2020（3）：172－180．

［74］王银银，翟仁祥．海洋产业结构调整、空间溢出与沿海经济增长：基于

中国沿海省域空间面板数据的分析［J］. 南通大学学报（社会科学版），2020，36（1）：97 – 104.

［75］刘守英，杨继东. 中国产业升级的演进与政策选择：基于产品空间的视角［J］. 管理世界，2019，35（6）：81 – 94，194 – 195.

［76］托马斯·库恩. 科学革命的结构［M］. 金吾伦，胡新和，译. 北京：北京大学出版社，2003.

［77］王春燕. 基于可持续发展教育理念的职业教育课程开发：PGSD 能力分析模型的构建及应用［J］. 中国职业技术教育，2019（18）：65 – 70.

［78］李艳，王继水. 我国产业学院研究：进程与趋势：基于 CNKI 近 10 年核心期刊的文献研究［J］. 中国职业技术教育，2020（3）：22 – 27.

［79］赵哲，邓丰. 高职院校产业学院研究的逻辑解构与突破向度［J］. 现代教育管理，2020（7）：101 – 107.

［80］张瑜，谈慧，谢永华，等. 黄炎培职业教育观视角下高职本科人才培养的特征研究［J］. 高教学刊，2021，7（12）：156 – 159.

［81］谈慧，张瑜. 职教新政背景下本科层次职业院校物流管理专业人才培养的理念及思路［J］. 江苏高职教育，2021，21（1）：15 – 19，27.

［82］张瑜，阮晓文，宣慧. 产业—专业双耦合下本科职业教育产教融合协同育人的路径探析［J］. 江苏教育研究，2021（15）：3 – 10.

［83］张瑜，谈慧，孙君. 基于 PGSD 人才培养范式的职教本科课程体系构建：以现代物流管理专业为例［J］. 无锡商业职业技术学院学报，2021，21（2）：97 – 104.

［84］谈慧，丁茜. 智能制造物流管理实训平台开发与实践［J］. 物流技术与应用，2022，27（1）：124 – 127.

附录　金陵科技学院部分专业人才培养方案调研

物流管理专业人才培养方案

一、培养目标

本专业培养适应社会主义市场经济建设需要，以管理学科为理论基础，经济、管理、工学学科相互融合，德智体美全面发展，具有较好的创新精神和实践能力，具有扎实的经济、管理、信息、系统科学及相关学科理论基础和较强的物流系统管理软件应用能力，掌握具有物流规划与运作、物流信息管理、供应链及物流管理理论知识的物流管理应用型人才。学生毕业后能在经济管理部门、生产制造企业、贸易公司、第三方物流企业、国际物流企业从事物流政策制定、生产计划统筹安排、物流信息管理、生产运作管理、物流市场开发及物流各类需求服务的工作。

二、培养要求

◆知识要求

1. 具备一定的人文科学、社会科学和自然科学的基础知识与素养；理解、掌握马列主义、毛泽东思想、邓小平理论、"三个代表"重要思想、科学发展观、习近平新时代中国特色社会主义思想；

2. 具备本专业必须掌握的基本理论、基本知识及基本方法，如物流管理、供应链管理、物流运筹学、物流系统分析、采购管理、库存控制与仓储管理、物流运输与配送管理、物流技术与装备、物流信息管理等，以及相关专业的基本知识，如管理学、经济学等；

3. 了解本学科与专业的理论前沿和发展动态。

◆能力要求

1. 具有良好的职业道德和人际交往能力；

2. 具有良好的专业外语水平和文字表达能力，应通过国家大学英语四级考试，鼓励学生参加并通过国家大学英语六级考试；

3. 具有较强的计算机技术应用能力，应通过全国或江苏省计算机等级考试一级，鼓励学生参加并通过全国或江苏省计算机等级考试二级；

4. 掌握信息检索、文献检索、资料查询的基本方法，具有独立获取知识、进行物流研究与管理的能力；

5. 具有较强的从事本专业实务等工作的执业能力及开拓创新精神，具有分析和解决问题及参与经营、管理决策的基本能力；

6. 具备物流管理的应用程序操作能力，具备物流信息组织、分析研究、传播与开发利用的基本能力，能进行物流系统分析、设计和规划，具有熟练运用物流系统管理软件解决物流企业、企业物流管理问题的职业化能力。

◆职业素质要求

1. 助理物流师，认证机构为人力资源和社会保障部；

2. 电子商务师，认证机构为工业和信息化部。

三、基本学制与学位

基本学制：4 年。

授予学位：管理学学士。

四、毕业要求

毕业学分要求（含综合素质课外培养 10 学分）：184.5 学分。

五、课程结构及学时学分和实践教学模块学分分配表

表1　　　　　　　　　课程结构及学时学分分配表

课程类别	学分	占课内总学分比例（%）	课内学时	占课内总学时比例（%）
公共基础课程	58	33.2	872	39.4

课程类别	学分	占课内总学分比例（%）	课内学时	占课内总学时比例（%）
专业基础课程	17	9.7	272	12.3
专业必修课程	23	13.3	368	16.6
专业限选课程	10	5.7	160	7.2
专业任选课程	24	13.8	384	17.3
公共选修课程	10	5.7	160	7.2
集中性实践教学环节	32.5	18.6	—	—
总计	174.5	100.0	2216	100.0

表2　　　　　　　　　实践教学模块学分分配表

课内实践教学学分及比例						综合素质课外学分		总计学分及比例		
实验教学	军训模块	实习实训	课程设计	毕业实习	毕业设计（论文）	社会实践	其他	课内外合计	总学分	实践教学占总学分比例
23.5	2	16.5	—	4	10	1.5	8.5	66	184.5	35.8%
课内实践教学学分小计（分）			56							
课内总学分（分）			174.5			—				
课内实践教学占课内总学分比例			32.1%							

说明：

1. 课内总学分指毕业生要达到的总学分（不含综合素质课外培养10学分）；

2. 实验教学包含独立设课实验教学和非独立设课实验教学；

3. 选修课程的学分、学时数，均按最低要求统计；

4. 若专业限选课中设方向模块的专业，按第一个方向的学分、学时数统计。

六、课程教学计划安排及主要课程内容

（一）课程设置与安排表（略）

（二）专业核心课程或核心课程群

管理学原理、供应链管理、物流学、管理信息系统、物流运筹学、物流系统分析、库存控制与仓储管理、采购管理、物流运输与配送管理、物流技术与装备。

（三）专业核心课程内容介绍

课程编号：120201317　课程名称：管理学原理　总学时：48　周学时：4

内容简介：管理学原理是物流管理专业的一门必修课、专业基础课，它概括了管理过程的普遍规律、基本原理和一般方法，为以后学习其他专业的管理课程打下基础。与此同时，它又是一门实践性、应用性很强的课程，因此教学过程中要尽量做到理论性、系统性与实践应用性的结合，针对我国的管理实践，积极引用、借鉴发达国家的先进管理经验，使学生对管理的基本原理和方法及其具体在管理实践中的运用都有一个全面的认识。

课程编号：1206301307　课程名称：供应链管理　总学时：48　周学时：4

内容简介：通过本课程的教学，使学生能够掌握供应链管理的基础理论、供应链构建模型，掌握供应链合作伙伴的选择，支持供应链管理运行的信息支持技术，掌握根据供应链的特点优化运作流程、进行企业重构、确定相应的供应链管理组织系统的构成要素及业务流程重新设计的原则、供应链企业的绩效评价和激励机制等问题。掌握解决复杂问题的方法和技术，了解供应链管理理论发展的新动态，提高学生的管理意识和觉悟，建立新型的现代化管理的思想。培养学生分析、设计、研制系统的能力。

课程编号：1206301363　课程名称：物流学　总学时：48　周学时：4

内容简介：本课程是物流管理专业的专业必修课。要求学生正确理解物流管理的基本概念和基本理论体系，了解物流管理的历史沿革和未来发展趋势，针对物流问题，学会进行文献调查及现场调查的方法，增强学生继续学习物流管理知识及从事物流管理职业的兴趣。

课程编号：1202301317　课程名称：管理信息系统　总学时：48　周学

时：4

内容简介：通过本课程的教学，使学生能够掌握管理信息系统的基本概念和开发原理，通过开发方法和技术的学习，使学生掌握解决复杂问题的方法和技术，提高学生的信息意识和觉悟，建立新型的现代化管理的思想。培养学生分析、设计、研制信息系统的能力。

课程编号：1202301372　课程名称：物流运筹学　总学时：48　周学时：3

内容简介：通过本课程的学习，使学生获得物流管理决策中常用的物流运筹学的基本概念、基本理论与基本方法的知识，为进一步学习与掌握现代管理理论奠定必要的理论基础，并培养与提升学生对实际问题运用定量方法分析与求解，以及进行辅助决策的能力。

课程编号：1206301360　课程名称：物流系统分析　总学时：32　周学时：2

内容简介：通过本课程的教学，使学生能够了解系统的基本概念，从理论上掌握物流系统的结构、功能、分析方法、分析工具、分析原理等，以及运用这些理论进行物流系统分析、库存优化、物流规划与优化以及对企业物流系统、供应链物流系统、区域物流系统、信息系统进行分析。本课程的重点是物流系统基本原理及物流系统分析的基本方法与流程；难点是规划优化方法的应用，包括简单的建模与算法设计。

课程编号：1206301327　课程名称：库存控制与仓储管理　总学时：40　周学时：4

内容简介：通过本课程的教学，使学生能够掌握整个仓储活动涉及的四个截然不同的供应链过程：采购、加工、外运配送、逆向物流等。另外，使学生能够掌握仓储管理中受到越来越多关注的库存控制问题，能够分析库存在物流系统中的作用、库存管理方法、与库存有关的经济指标及解决此类问题的办法。

课程编号：1206301302　课程名称：采购管理　总学时：32　周学时：2

内容简介：通过本课程的教学，使学生能够掌握采购的基本概念和过程、采购计划及预算管理、供应商的评价和选择、采购谈判、采购合同管理、采购物品的验收、采购货款的结算、采购方式的选择等具体内容，重点掌握招标采购、政府采购、国际采购和 MRP 采购等现代采购的具体方法，从理论的角度深入分析了采购管理与供应商的关系、采购价格与成本控制、采购绩效评估、战略采购等内容。

课程编号：1206301336　课程名称：物流运输与配送管理　总学时：32　周学时：2

内容简介：通过本课程的教学，使学生能够了解物流运输与配送中的物流网络问题。掌握配送网络设计与定值问题，具体的运输作业计划，到生产中心或仓库的内部运送问题等。

课程编号：1206301359　课程名称：物流技术与装备　总学时：40　周学时：4

内容简介：物流技术与装备是现代物流学研究和应用的重要领域。通过本课程的教学，使学生能够掌握现代物流技术与装备知识，特别是系统地掌握现代物流系统化技术，包括集装单元技术与装备、运输技术与装备、物流搬运技术与设备、仓储技术与装备、分拣技术及设备、物流包装技术及设备、物流信息化技术与信息导引技术等。

（四）软件应用技术能力课程群

管理信息系统、物流系统分析、物流系统建模与仿真、电子商务概论、物流信息技术与应用、物联网技术应用。

（五）软件应用技术能力课程内容介绍

课程编号：1202301317　课程名称：管理信息系统　总学时：48　周学时：4

内容简介：同上。

课程编号：1206301360　课程名称：物流系统分析　总学时：32　周学时：2

内容简介：同上。

课程编号：1202401307　课程名称：电子商务概论　总学时：48　周学时：3

内容简介：本课程是物流管理专业的一门限选课，它概括了电子商务的基本理论框架，主要讲述电子商务的基本理论、电子商务系统的基本框架及解决方案，为进一步学习电子商务专业知识打下良好的基础，是商务类各专业的公共必修课。

课程编号：1206401313　课程名称：物流信息技术与应用　总学时：40

周学时：4

内容简介：本课程通过全面、系统、科学地阐述物流过程中常用关键物流信息技术的基本理论及其应用，从数据采集的条码系统到办公自动化系统中的微型计算机、互联网、各种终端设备等硬件以及管理信息系统等软件。通过本课程的学习，使学生系统地理解物流信息技术的基本原理，为把学生培养成为既掌握物流信息技术的基础知识，又具有解决实际问题能力的物流人才打下坚实的基础。

课程编号：1206401318　课程名称：物联网技术应用　总学时：40　周学时：4

内容简介：本课程通过系统介绍物联网技术的概念、发展现状与趋势、关键技术及应用实例，使学生了解物联网技术的发展，了解物联网关键技术和方法，为以后从事物联网相关的研发工作打下基础，同时使学生对物联网技术的应用有一个全面的理性与感性认识。

七、实践能力和创新能力的培养

（一）集中性实践教学环节安排表（略）

（二）培养实践能力和创新能力的主要措施

实践能力的培养：

1. 建设与优化本专业所属的管理决策仿真实验室、物流管理系统综合实验室及校外实习基地；

2. 设置供应链管理、物流学、物流系统分析、物流系统建模与仿真、库存控制与仓储管理、采购管理、物流运输与配送管理、物流技术与装备等课程的课内实验教学环节；

3. 设置专业认知实习、供应链管理系统、运输与配送系统模拟、物流三维建模与仿真实习、供应链管理系统实习、ERP 模拟实习、物流管理系统综合实训、毕业实习等集中性实习教学课程；

4. 设置专业方向实践课程，如在物流信息管理方向开设运输经营系统实训、仓储经营系统实训，在国际物流方向开设国际货运代理模拟实习、国际物流模拟实习。

创新能力的培养：

1. 建设与完善本专业所属的创新与创业实验室；

2. 设置创新创业实践等集中性实习教学课程；

3. 在综合素质课外培养中，组织学生参加创业计划竞赛、物流设计大赛、参与教师科研活动，指导学生开展学校组织的学生科研活动、发表专业论文等。

机械设计制造及其自动化专业人才培养方案

一、培养目标

本专业坚持立德树人，以培养德、智、体、美、劳全面发展的社会主义建设者和接班人为宗旨，培养能够适应地方经济建设和行业发展需求，具备机械设计制造专业扎实的数学基础、专业技能和工程实践能力，能够从事机械工程领域的设计、分析、制造、应用开发以及生产控制和管理；适应机械制造行业智能化、绿色化、服务化的发展趋势，具有较强创新意识、终身学习以及团结合作和沟通交流能力，能将现代制造业的前沿技术快速向生产领域转化的高素质工程应用型复合人才。

本专业学生毕业后 5 年左右具体应达到如下目标：

1. 具有良好道德修养、人文科学素养和社会责任感，爱岗敬业、敢于担当、乐于奉献（职业规范）；

2. 具备提出问题分析问题的能力（问题分析），能够熟练运用数理、专业基础理论以及多学科融合知识，研究分析解决复杂机械工程问题的能力（职业能力）；

3. 具有良好的团队合作和组织管理能力（团队合作），能够就复杂工程问题与国内外同行以及社会公众进行沟通交流（跨文化交流）；

4. 具备终身学习和自我完善能力，能够追踪和适应机械工程领域前沿技术的发展（可持续发展）；

5. 具有广阔的全球视野和工程创新意识，能够参与机械工程领域的国内外学术、技术交流，成为世界领先企业的行业专家（国际视野和创新能力）。

二、毕业要求

本专业坚持立德树人，学生须掌握专业基本理论和基本知识，受到基本训练，掌握基本能力等。

1. 工程知识：能够将数学、自然科学、工程基础和机械工程专业知识用于解决复杂机械工程问题。

1-1 掌握解决机械工程问题所需数学、自然科学、工程基础和专业知识及基本的数学建模方法；

1-2 能够将数学、自然科学、工程科学的语言工具用于机械工程问题的表述；

1-3 能够针对具体的机械工程问题对象建立数学模型并求解；

1-4 能够将自然科学、工程基础、专业知识和数学模型方法用于机械工程问题的推演、分析和解决方案的比较与综合。

2. 问题分析：能够应用数学、自然科学和工程科学的基本原理，识别、表达，并通过文献研究分析复杂机械工程问题，以获得有效结论。

2-1 能够运用数学、自然科学、工程基础及机械工程科学原理，识别和判断复杂机械工程问题的关键环节；

2-2 能够基于相关科学原理和数学模型方法正确表达复杂机械工程问题；

2-3 能够认识到解决问题有多种方案可选择，能够通过文献研究寻求可替代的机械工程问题解决方案。

3. 设计/开发解决方案：能够设计针对复杂工程问题的解决方案，设计满足特定需求的机械自动化系统、零部件及其相应工艺流程，并能够在设计环节中体现创新意识，考虑社会、健康、安全、法律、文化以及环境等因素。

3-1 掌握机械产品设计、开发、质量保证与测试的基本方法和技术，了解影响机械产品设计目标和技术方案的各种因素；

3-2 能够针对特定需求，完成整体设计方案、单元模块（组件、部件）的设计、制造和测试；

3-3 能够进行机械自动化系统的设计、制造和测试，并能在设计、制造和测试中体现新意识、新思路，采用新方案；

3-4 能够在机械自动化系统设计、制造和测试过程中考虑社会、健康、安全、法律、文化以及环境等因素。

4. 研究：能够基于科学原理并采用科学方法对复杂机械工程问题进行研究，包括设计实验、分析与解释数据，并通过信息综合得到合理有效的结论。

4-1 掌握研究的基本方法，理解"调研、设计、实施、归纳"的基本研究思路；

4-2能够基于数学、自然科学、工程基础及机械工程科学原理，通过文献研究或相关方法，调研和分析复杂机械工程问题的解决方案；

4-3能够针对特定机械工程问题，选择研究路线，设计实验方案，构建实验系统；

4-4能够安全地开展实验，严谨地采集实验数据，如实地记录实验结果，对实验结果进行分析和解释，并通过信息综合得到合理有效的结论。

5. 使用现代工具：能够针对复杂机械工程问题，开发、选择与使用恰当的技术、资源、现代机械工程工具和信息技术工具，包括对复杂机械工程问题的预测与模拟，并能够理解其局限性。

5-1能够掌握机械工程领域中主要方法、平台、工具的使用原理和方法，了解其差异和适用领域；

5-2能够选择与使用恰当的技术、资源、现代机械工程工具和信息技术工具，对复杂机械工程问题进行分析、设计、制造、测试和验证；

5-3能够开发或选用合适的平台、工具，对复杂机械工程问题进行预测与模拟，并能分析其局限性。

6. 工程与社会：能够基于机械工程相关背景知识进行合理分析，评价专业工程实践和复杂机械工程问题解决方案对社会、健康、安全、法律以及文化的影响，并理解应承担的责任。

6-1了解机械工程专业相关领域技术标准体系、知识产权、产业政策和法律法规，理解社会、健康、安全、法律以及文化等外部因素对机械工程活动的影响；

6-2理解复杂机械工程项目在社会系统中应当承担的责任。能够分析和评估机械工程实践对社会、健康、安全、法律、文化的影响以及制约因素对项目实施的影响。

7. 环境和可持续发展：能够理解和评价针对复杂机械工程问题的工程实践对环境、社会可持续发展的影响。

7-1能够理解复杂机械工程问题所涉及的环境和可持续发展等方面的理念和内涵以及法律法规；

7-2了解制造业与环境保护、可持续发展的关系，能够理解和评价复杂机械工程实践对于环境和社会可持续发展的影响。

8. 职业规范：具有人文社会科学素养、社会责任感，能够在机械工程实践中理解并遵守工程职业道德和规范，履行责任。

8-1 具有正确的价值观和较好的人文社会科学素养，理解个人与社会的关系，了解中国国情；

8-2 理解诚实守信的工程职业道德和规范，能够在机械工程实践中自觉遵守履行；

8-3 理解工程师对公众的安全、健康和福祉，以及环境保护的社会责任，能够在工程实践中自觉履行责任。

9. 个人和团队：能够在多学科背景下的团队中承担个体、团队成员以及负责人的角色。

9-1 具有团队合作意识，能够与团队中各学科成员进行有效沟通，并合作开展工作；

9-2 能够理解个人在团队中的角色，能够独立或合作承担团队所赋予的任务；

9-3 能够了解团队成员想法，具备在多学科背景下的团队中的协调、协作、组织和管理能力，并能在项目实施过程中运用以上能力。

10. 沟通：能够就复杂机械工程问题与业界同行及社会公众进行有效沟通和交流，包括撰写报告和设计文稿、陈述发言、清晰表达或回应指令，并具备一定的国际视野，能够在跨文化背景下进行沟通和交流。

10-1 就复杂机械工程问题，能够以发言陈述、报告文稿及图表等方式，清晰准确地表达个人的观点；

10-2 能够理解与业界同行及社会公众交流的差异性，具有与其进行有效沟通和交流的能力，并能准确回应指令和质疑；

10-3 具有较好的外语听说读写及翻译能力，能够阅读和翻译外文专业文献，跟踪了解机械工程领域的国际发展趋势和研究热点；

10-4 具有一定的国际化视野，能够通过多种途径理解和尊重世界不同文化的差异性和多样性，并能够在跨文化背景下就专业问题进行基本的沟通和交流。

11. 项目管理：理解并掌握机械工程管理原理与经济决策方法，并能在多学科环境中应用。

11-1 能够掌握应用于机械工程领域的基本经济、管理知识和方法，并能够利用模型和工具对机械工程项目进行管理；

11-2 了解机械工程及产品全周期、全流程的成本构成、理解其中涉及的机械工程管理与经济决策问题；

11-3 能够在复杂的多学科环境下（包括模拟环境），将工程管理、经济决策的方法，运用于解决方案的设计制造过程中，解决相关工程问题。

12. 终身学习：具有自主学习和终身学习的意识，有不断学习和适应发展的能力。

12-1 能够在社会发展的大背景下，认识到自主学习和终身学习的必要性，具有终身学习意识；具有自主学习的能力，包括对机械工程技术问题的理解能力、总结归纳的能力和提出问题的能力；

12-2 能够发现机械工程实践中存在的问题，并利用多种手段完成自主学习、及时更新知识体系，适应技术的发展和进步。

三、基本学制与学位

基本学制：4 年。

授予学位：工学学士。

四、毕业学分要求

毕业学分要求：170.5 学分；综合素质课外培养 10 学分。

五、课程结构及学时学分和实践教学模块学分分配表

表1   课程结构及学时学分分配表

课程类别	学分	占课内总学分比例（%）	课内学时	占课内总学时比例（%）
通识课程（必修）	71	41.6	1120	53.6
（学科）专业基础课程	20	11.7	320	15.3
专业必修课程	17.5	10.3	280	13.4
专业限选课程	9	5.3	144	6.9
专业任选课程	4	2.3	64	3.1
通识课程（公共选修）	10	5.9	160	7.7
集中性实践教学环节	39	22.9	—	—
总计	170.5	100	2088	100

表 2   实践教学模块学分分配表

课内实践教学学分及比例						综合素质课外学分		总计学分及比例		
实验教学	军训模块	实习实训	课程设计	毕业实习	毕业设计（论文）	必修	任选	课内外合计	总学分	实践教学占总学分比例
20.8	2	12	11	4	10	7	3	69.8	180.5	38.7%

课内实践教学学分小计	59.8	
课内总学分	170.5	—
课内实践教学占课内总学分比例	35.1%	

说明：

1. 课内总学分指毕业生要达到的总学分（不含综合素质课外培养 10 学分）；

2. 实验教学包含独立设课实验教学和非独立设课实验教学；

3. 选修课程的学分、学时数，均按最高要求统计；

4. 若专业限选课中设方向模块的专业，按第一个方向的学分、学时数统计。

六、课程教学计划安排及主要课程内容

（一）课程设置与安排表（略）

（二）专业核心课程或核心课程群

机械制图与 CAD 绘图、机械工程原理 Ⅰ、机械工程原理 Ⅱ、机械设计基础 A Ⅰ、机械设计基础 A Ⅱ、机械制造技术、工程软件及应用、自动检测技术、数控与编程技术、工业机器人技术。

（三）专业核心课程内容介绍

课程编号：0802204042   课程名称：机械制图与 CAD 绘图   总学时：48 周学时：4

内容简介：本课程内容包括画法几何、制图基础、机械制图和计算机绘图基础知识四部分。主要介绍了制图的基本知识和基本技能，投影的基本知

识，点、直线和平面的投影，直线与平面、平面与平面的相对位置，投影变换，曲线与曲面，立体的投影，轴测投影图，机件常用的表达方法，标准件和常用件，零件图装配图，计算机绘图基础。

机械制图与 CAD 绘图实验（课程编码：0802904138）是该课程的配套实验课，通过实验完成典型机械零部件的工程图设计并采用计算机绘图。

课程编号：0802204040　课程名称：机械工程原理Ⅰ　总学时：40　周学时：4

内容简介：本课程是一门基础性理论课，它在普通物理力学课的基础上，运用数学工具，系统阐述宏观机械运动的基本概念、基本规律，以及整个以牛顿定律为基础的经典力学理论体系。

通过这一门课程的学习，不但标志着对力学规律认识的深化，而且要求培养学生抽象思维的能力，并把这种思维和教学工具的应用结合起来，以便在以后的学习和工作中，逐渐善于用数学语言去理解和描述各种物理现象和规律，运用数学工具去解决实际的物理问题。

课程编号：0802204041　课程名称：机械工程原理Ⅱ　总学时：48　周学时：4

内容简介：本课程是机械专业必修的专业基础课，作为第一门重要的关于变形体的力学课程，是后续课程如机械设计基础、机械装备设计、模具设计等的基础。它的主要任务是：在满足强度、刚度和稳定性的要求下，为设计既经济又安全的构件，提供必要的理论基础和计算方法。

课程编号：0802304095　课程名称：机械设计基础 A Ⅰ　总学时：32　周学时：4

内容简介：本课程将机械原理和机械零件有机地结合在一起，主要讲授平面机构的结构分析，几种常见机构（平面连杆机构、凸轮机构、间歇运动机构）的类型、特性介绍，运动分析、力分析及设计计算，为后续机械设计相关课程如机械制造技术、机械装备设计等提供运动学和动力学分析基础。

课程编号：0802304086　课程名称：机械设计基础 A Ⅱ　总学时：32　周学时：2

内容简介：本课程是机械专业设计能力培养的基础课程，主要讲述几种常见的机械运动（带传动、链传动、齿轮传动）受力分析、材料选取、设计计算等，滑动和滚动轴承基本类型、选择计算和组合设计，螺纹联结、轴和轴毂联结的设计计算，轮系及其传动比的计算，以及联轴器、离合器的类型和应用介绍。

课程编号：0802304096　课程名称：机械制造技术　总学时：56　周学时：6

内容简介：本课程是专业主干课程，包括"刀具""机床概论""机制工艺学"，主要讲授金属切削原理及刀具、常用机床的工作原理及结构特点、机械制造原理、加工精度、装配工艺等。

通过本课程的学习，学生应学会合理选择刀具材料、几何参数、切削用量等；能围绕工艺方法正确地选用机床设备；掌握制定一般零件的机械加工工艺规程；学会进行工艺分析、实验研究的方法。

课程编号：0802304107　课程名称：工程软件及应用　总学时：32　周学时：2

内容简介：工程软件及应用是综合各专业工程软件，如 SolidWorks、UG、Matlab、Ansys、Python、Adams 等，以机械产品的设计生产制造（实际工程项目）为导向，将零件的造型设计、装配设计、工程图设计、数控自动编程方法、仿真分析、生产制造得以实现。

课程的主要内容包括各种工程软件技术简介、典型案例的介绍，并在此基础上，提供大量工程项目开发案例进行集中训练，使学生具备掌握各种工程软件技术的应用能力，将软件学习融入项目中，通过项目化教学实现工程软件的学习和应用。

课程编号：0802404111　课程名称：自动检测技术　总学时：32　周学时：4

内容简介：本课程涵盖传感器技术、电子测量技术和自动检测技术的主要内容。包括：无源型、有源型、半导体型和数字型等各种常见传感器的工作原理、结构特性和类型；频率、时间、相位和电压、电流、阻抗等常用电量的测量方法以及传感器测量电路；几何量、机械量、热工量等常用非电量的电测法。

自动检测技术综合实训（课程编码：0802904132）是该课程的配套实训课，通过搭建传感器、单片机电子电路训练，使学生掌握常用传感器与单片机的使用方法、测控系统编程等技能。

课程编号：0802404118　课程名称：数控与编程技术　总学时：32　周

学时：4

内容简介：数控机床结构、原理及编程技术是微电子技术、计算机技术、检测技术、自动控制技术与机械制造技术相结合的机电一体化高新技术，属现代制造技术领域。该课程主要使学生掌握数控机床及其控制系统的有关结构、工作原理，并通过 Mastercam、UG 或 Creo 等行业软件的学习掌握数控加工程序的编制方法。

课程编号：0802404126　课程名称：工业机器人技术　总学时：32　周学时：4

内容简介：机器人是典型的机电一体化装置，是机械、电子、检测、通信、控制和计算机的有机融合，概论部分主要讲授机器人起源、发展、分类、应用、组成、功能及应用，程序设计部分主要通过基于项目的学习方法，通过 IDE（如 Keil C）将 C 语言的各种表达式、语法、关键词、逻辑结构和数据类型等教学内容融入一系列循序渐进的教学机器人制作和竞赛项目。

七、实践能力和创新能力的培养

（一）集中性实践教学环节安排表（略）

（二）培养实践能力和创新能力的主要措施：实践能力培养

1. 实践能力培养应注重产教融合，加大实践教学课时总量，比例达到课时总量的35%以上，以充足的课时分配来保证实践能力培养的效果。

2. 创新能力培养要能体现新工科、新文科、新农科要求，依据机械专业实践应用能力培养注重岗位能力训练的特点，实践教学以模拟生产一线任务的各项实习实训为主，重点培养学生的现场工作能力以及专业阅历。

（三）创新意识与创新精神的培养

1. 完善实验室开放制度，机械创新实验室、机器人实验室等对学生开放，引导学生在实验室进行科技发明、参与科技竞赛等创新活动。

2. 改革集中实践教学环节的教学模式，机电传动综合实训、CAD/CAM实训、模具结构综合实训等实践环节将采用工程动手能力训练与课程设计相结合的方式进行教学，增设机械专业综合实践，分学期递进式引导学生在实践中发现问题并在设计中自己解决问题，为学生提供创新的环境。

3. 积极组织学生参加学科竞赛、参与教师科研活动，指导学生开展学校组织的学生科研活动、发表专业论文等。

车辆工程专业人才培养方案

一、培养目标

本专业坚持立德树人，以培养德、智、体、美、劳全面发展的社会主义建设者和接班人为宗旨，培养适应地方经济建设和行业发展需求，具备机械、车辆工程基础理论知识和专业应用能力，熟悉汽车的基本结构与原理、专业技能与研究、试验方法，具有较强的工程实践能力，能够在汽车工程领域第一线从事整车及零部件的设计、制造、检测、试验以及汽车运行管理等工作的专门应用型人才。

本专业学生经过在校学习和毕业后 5 年左右的工作实践经历，应达到的能力和水平包括：

1. 具有良好的道德修养、社会责任感和服务意识，爱岗敬业、敢于担当、乐于奉献；

2. 能够理解和掌握从事车辆工程领域相关工作所必需的数学、自然科学、工程基础和专业知识；

3. 能够综合应用多学科知识、信息化资源和现代工具进行汽车产品的研究开发、设计制造、试验检测和运行管理等，解决本领域的复杂工程问题；

4. 能够在现代汽车、新能源汽车整车及零部件产品设计、制造、试验、运行管理等环节中考虑和评价对社会、健康、安全、环境等方面的影响；

5. 具有创新意识、国际化视野和团队合作能力，能够在团队中作为负责人或骨干成员发挥重要作用；

6. 具备自主学习能力和终身学习意识，能够不断适应社会发展。

二、毕业要求

坚持立德树人，本专业毕业生应获得以下几个方面的知识和能力。

1. 工程知识：能够将数学、自然科学、工程基础和车辆工程专业知识用于解决复杂车辆工程问题。

2. 问题分析：能够应用数学、自然科学和工程科学的基本原理，识别、表达，并通过文献研究分析复杂车辆工程问题，以获得有效结论。

3. 设计/开发解决方案：能够设计针对复杂车辆工程问题的解决方案，设计满足特定需求的汽车系统、零部件及其相应工艺流程，并能够在设计环节中体现创新意识，考虑社会、健康、安全、法律、文化以及环境等因素。

4. 研究：能够基于科学原理并采用科学方法对复杂车辆工程问题进行研究，包括设计实验、分析与解释数据，并通过信息综合得到合理有效的结论。

5. 使用现代工具：能够针对复杂车辆工程问题，开发、选择与使用恰当的技术、资源、现代工程工具和信息技术工具，包括对复杂车辆工程问题的预测与模拟，并能够理解其局限性。

6. 工程与社会：能够基于工程相关背景知识进行合理分析，评价车辆工程实践和复杂车辆工程问题解决方案对社会、健康、安全、法律以及文化的影响，并理解应承担的责任。

7. 环境和可持续发展：能够理解和评价针对复杂车辆工程问题的工程实践对环境、社会可持续发展的影响。

8. 职业规范：具有人文社会科学素养、社会责任感，能够在车辆工程实践中理解并遵守工程职业道德和规范，履行责任。

9. 个人和团队：能够在多学科背景下的团队中承担个体、团队成员以及负责人的角色。

10. 沟通：能够就复杂车辆工程问题与业界同行及社会公众进行有效沟通和交流，包括撰写报告和设计文稿、陈述发言、清晰表达或回应指令。并具备一定的国际视野，能够在跨文化背景下进行沟通和交流。

11. 项目管理：理解并掌握车辆工程管理原理与经济决策方法，并能在多学科环境中应用。

12. 终身学习：具有自主学习和终身学习的意识，有不断学习和适应车辆工程技术发展的能力。

三、基本学制与学位

基本学制：4 年。

授予学位：工学学士。

四、毕业学分要求

毕业学分要求：170.5 学分；综合素质课外培养 10 学分。

五、课程结构及学时学分和实践教学模块学分分配表

表 1　　　　　　　　课程结构及学时学分分配表

课程类别	学分	占课内总学分比例（%）	课内学时	占课内总学时比例（%）
通识课程（必修）	73	42.8	1152	53.5
（学科）专业基础课程	16.5	9.7	264	12.3
专业必修课程	14.5	8.5	232	10.8
专业限选课程	14	8.2	224	10.4
专业任选课程	7.5	4.4	120	5.6
通识课程（公共选修）	10	5.9	160	7.4
集中性实践教学环节	35	20.5	—	—
总计	170.5	100	2152	100

表 2　　　　　　　　实践教学模块学分分配表

课内实践教学学分及比例						综合素质课外学分		总计学分及比例		
实验教学	军训模块	实习实训	课程设计	毕业实习	毕业设计（论文）	必修	任选	课内外合计	总学分	实践教学占总学分比例
25.5	2	12	7	4	10	7	3	70.5	180.5	39.1%
课内实践教学学分小计					60.5					
课内总学分					170.5			—		
课内实践教学占课内总学分比例					35.5%					

说明：

1. 课内总学分指毕业生要达到的总学分（不含综合素质课外培养 10 学分）；
2. 实验教学包含独立设课实验教学和非独立设课实验教学；
3. 选修课程的学分、学时数，均按最高要求统计；
4. 若专业限选课中设方向模块的专业，按第一个方向的学分、学时数统计。

六、课程教学计划安排及主要课程内容

（一）课程设置与安排表（略）

（二）专业核心课程或核心课程群

机械制图与 CAD 绘图、电子技术、理论力学、材料力学、机械设计基础 AⅠ、机械设计基础 AⅡ、机械制造技术、汽车构造、汽车理论、汽车设计、汽车试验学。

（三）专业核心课程内容介绍

课程编号：0802204055　课程名称：机械制图与 CAD 绘图　总学时：32　周学时：4

内容简介：机械制图与 CAD 绘图针对新建本科院校培养高级技术应用型人才的目标，注重体现创新能力与实践能力和技术应用能力相结合，从整体上突出体现了理论结合实际，进行制图与识图能力的指导思想。内容包括投影的基本知识，点、直线和平面的投影，几何元素的相对关系，基本体及其截切体的投影，组合体的投影，零件图的绘制与阅读，螺纹、螺纹紧固件以及齿轮、轴承等常用件的绘制，装配图的绘制与阅读。通过该课程学习，学生应具备识别和分析三视图的基本知识和基本技能，并能运用所学知识解决基层机械制图方面的实际问题。同时为学习后续课程以及使机械制图与车辆工程专业相结合，为机械制图在专业中的应用打下良好的理论和实践基础。本课程是后续机械设计基础、汽车设计等课程的基础；该课程后有一周课程设计。

课程编号：0802204054　课程名称：电子技术　总学时：40　周学时：4

内容简介：电子技术的应用遍及现代科学技术的诸多领域，尤其是车辆电控系统、计算机、工业自动化控制、机电一体化等。本课程内容包括半导体器件的特性、参数和模型，基本放大电路的组成及分析，集成运算放大电路的组成、特性及应用，波形发生电路，直流稳压电路，数字电路基础，组合逻辑电路的设计与分析，时序逻辑电路的分析与设计，电子技术经典理论及最新的电子技术。通过该课程学习，学生应具备分析电子电路所必需的基本理论、基本知识和基本技能，并能运用所学知识解决基层有关电子技术方面的实际问题。同时为学习后续课程以及使电子技术与车辆工程专业相结合，为电子技术基础在专业中的应用打下良好的理论和实践基础。本课程是后续

课程汽车电器与电子技术、汽车单片机原理及应用等课程的基础。

课程编号：0802204043　课程名称：理论力学　总学时：40　周学时：4

内容简介：理论力学是航空航天、机械工程、土木工程、工程力学等工科专业的重要专业技术基础课程，是后续材料力学、结构力学、机械振动、流体力学等一系列课程的理论基础。理论力学是研究物体机械运动一般规律的科学，其研究对象为质点和质点系，并着重引入了刚体模型；其理论基础为经典力学，即限定于宏观、低速、确定性系统。课程主要内容包括静力学、运动学、动力学三部分。静力学主要研究物体系统在力系作用下的平衡条件；运动学研究物体运动的几何性质；动力学研究物体运动与受力的关系。通过本课程的学习，要求学生掌握质点、质点系和刚体运动（包括平衡）的基本规律和研究方法，为后续相关课程的学习奠定基础，并为将来学习和掌握新的科学技术创造条件；初步学会应用理论力学的理论和方法分析、解决一些简单的工程实际问题；具备用力学的方法提出问题、分析问题、解决问题的能力。

课程编号：0802204044　课程名称：材料力学　总学时：48　周学时：4

内容简介：材料力学是机械、建筑、车辆工程等专业的一门重要的专业技术基础课，是一门密切联系工程实际的学科，它为后续课程机械设计、弹性力学、结构力学等专业技术基础课和专业课提供重要的理论基础。课程主要内容包括杆的轴向拉压、剪切与挤压、扭转、弯曲四种基本变形的强度与刚度研究，组合变形、强度理论、压杆的稳定性问题。通过材料力学的学习，要求学生对构件的强度、刚度和稳定性问题具有明确的概念，掌握必要的基础知识和比较熟练的计算能力、初步的实验能力和解决工程实际问题的能力，为学习后续课程和进一步提高分析问题和解决问题的能力奠定必要的力学基础。

课程编号：0802304095　课程名称：机械设计基础ＡⅠ　总学时：32　周学时：2

内容简介：本课程是车辆工程专业的必修课程，是一门培养学生机械设计能力的重要课程。课程内容主要包括平面机构的结构分析、平面连杆机构、凸轮机构、螺纹连接、轴毂联接、带传动、链传动、直齿圆柱齿轮传动等。通过本课程学习，学生可掌握常用平面机构组成、运动特性，掌握凸轮机构、带传动、链传动、齿轮传动等机械传动原理，学会分析常用带传动、链传动、直齿圆柱齿轮传动等的失效形式、设计准则及其设计方法，学会螺纹连接与轴毂连接的选择，能解决机械中常用机构及传动设计问题，学会熟练应用标准、规范、手册、图册等技术资料，具备常用机构及传动的设计能力，具备初步创新思维能力。为后续机械设计基础 A Ⅱ、机械制造技术、汽车设计等课程学习和今后从事机械或汽车零部件设计工作奠定必要的理论与实践基础。

课程编号：0802304101　课程名称：机械设计基础 A Ⅱ　总学时：40　周学时：4

内容简介：本课程是车辆工程专业的必修课程，是一门培养学生机械设计能力的重要课程。课程内容主要包括斜齿圆柱齿轮、直齿锥齿轮、蜗杆传动、齿轮系、机械传动设计、轴的设计、滚动轴承等。通过课程学习，学生可了解齿轮传动、蜗杆传动、齿轮系的传动特点，掌握齿轮、轴、滚动轴承等常用零件的结构特点及设计要求，学会分析常用零、部件的失效形式、设计准则、设计与标准件设计选择方法，熟练应用标准、规范、手册、图册等技术资料，具备常用机械零、部件设计能力、机械设计实验及简单机械及传动装置的设计能力，能解决机械设计中的实际问题，具备初步创新思维能力，为后续机械制造技术、汽车设计等课程学习和今后从事机械或汽车零部件设计工作奠定必要的理论与实践基础。该课程后有二周半课程设计。

课程编号：0802304102　课程名称：机械制造技术　总学时：48　周学时：4

内容简介：机械制造业是国民经济持续发展的基础，在国民经济的各个部门中（如工业、农业、国防建设、交通运输等），广泛使用着大量的机械设备、仪器仪表和工具等装备，机械制造业就是生产这些装备的行业，机械制造技术则是研究用于制造上述机械产品的加工原理、工艺过程和方法及相应设备的一门工程技术。机械制造技术是机械类专业的一门主干学科，本课程主要内容包括：切削过程中的基本原理和基本规律，机床的工作原理和工作范围、零件表面的加工方法，零件加工工艺规程的相关知识，夹具定位原理、定位误差分析，零件的加工精度和表面质量以及装配方法和装配工艺规程设计等内容。通过本课程学习，学生应具有制订中等复杂程度零件的机械加工工艺规程和制订一般产品的装配工艺规程的能力；初步具备设计专用夹具以及分析解决现场工艺问题的能力，初步具备对制造系统、制造模式选择决策的能力。该课程后有一周半课程设计。

课程编号：0802304104　课程名称：汽车构造　总学时：56　周学时：4

内容简介：该课程是一门理论性与实践性很强的专业核心课程，在整个车辆工程专业课程体系中具有重要的地位。本课程内容包括汽车行驶的基本原理、型号表示；现代汽车发动机的机体与曲柄连杆机构、配气机构、冷却系、润滑系、汽油机供给系、柴油机供给系和现代汽车底盘的传动系、行驶系、转向系、制动系的典型结构和工作原理。通过本课程的学习，使学生具备识别汽车主要系统及零部件基本结构的能力；具有分析、验证各总成或系统的结构对其工作性能影响的能力；能够对复杂车辆工程问题进行识别和判断，具备解决车辆工程领域复杂工程问题的初步能力；具有良好的团队协作精神和交流沟通能力。本课程是后续汽车理论、汽车设计等课程的基础。该课程后有两周实训。

课程编号：0802304099　课程名称：汽车理论　总学时：32　周学时：2

内容简介：汽车理论课程是一门联系汽车理论/系统/设计、课程设计和毕业设计等教学环节的仿真基础类课程。本课程是以力学为基础，阐述汽车的行驶性能（动力性、燃油经济性、制动性、操纵稳定性、行驶平顺性以及通过性），研究在满足这些性能要求基础上选择汽车设计参数的相关原则，并介绍如何利用现代技术提高汽车行驶性能。学生学习本课程后应掌握汽车及其重要系统物理、数学模型的建模规律，掌握所建立的各种模型和各主要参量之间的数学关系，并以此获得汽车各种性能；能够综合应用这些基本理论，完成汽车设计、评价、试验和运用分析等相关工作。

课程编号：0802304103　课程名称：汽车设计　总学时：24　周学时：4

内容简介：本课程是车辆工程专业的专业核心课程。本课程内容包括汽车总体设计、离合器设计、变速器设计、万向传动设计、驱动桥设计、悬架设计、转向系统设计和制动系统设计。通过该课程学习，学生具备对整车及其零部件的结构与性能进行分析与评价的能力，能应用三维建模、有限元分析和参数优化等现代设计手段和方法，对其结构和性能参数进行合理选择，能够对一些汽车主要零部件进行选型、设计与计算。后续教学环节有毕业设计，通过本课程的学习为以后进行毕业设计及从事汽车技术相关的工作打下基础。该课程后有一周课程设计。

课程编号：0802404124　课程名称：汽车试验学　总学时：32　周学时：2

内容简介：汽车试验学广泛应用于汽车设计、制造等行业，并具有至关重要的作用。本课程内容包括汽车试验的发展与分类，汽车试验基础理论，典型汽车试验设备，汽车基本性能试验、汽车可靠性试验，整车碰撞安全性试验，汽车环境保护特性试验，以及新能源汽车相关试验等内容。通过该课程学习，学生应具备熟悉汽车试验的分类、熟悉汽车试验学基本实验技术和如何组织试验的实施的能力，具备能够熟练进行常用物理量的测量与试验数据的处理的能力，以及具备分析和解决实际问题的能力。为学生学好后续课程，从事专业技术工作和科学研究打下必要的基础。

七、实践能力和创新能力的培养

（一）集中性实践教学环节安排表（略）

（二）培养实践能力和创新能力的主要措施

本专业人才培养方案重视学生的自主实践意识与自主创新意识的培养，通过开展学生科技创新活动、学生参与科研与各类科技竞赛活动以及工程实践训练为主要的措施来提高学生的实践能力。主要措施有以下几个方面。

1. 实践课程开展采取校企结合的模式

专业实践依托本专业建立实习基地，利用生产单位先进的生产与科研设备作为实践的基础，使学生的实践课程项目与企业的生产实践紧密结合。实习环节项目的设计与毕业设计（论文）的选题要与生产实际相结合，着重培养学生的工程意识，使学生得到更好的工程训练。通过系统地学习与实践锻炼，学生应当具备本专业领域宽广的技术理论基础知识与实践技能。通过相关考试，可以取得以下证书：全国或江苏省计算机一级、二级证书，全国计算机绘图员等级证书及相关工程软件认证证书：AutoCAD 证书、Pro/E 证书、CATIA 证书等，国家劳动部汽车维修、维修电工职业等级证书，汽车智能工程师，新能源汽车工程师等相关证书。

2. 积极组织学生参加科技竞赛与科技创新活动

本专业学生可以积极参加与专业相关的各类科技竞赛与科技创新活动，金陵科技学院综合素质课外培养学分标准中明确了学分认可体系。

学生可参加的比赛项目有：中国节能汽车大赛，中国机器人大赛，全国大学生智能汽车竞赛、江苏省大学生机器人大赛，汽车外观设计大赛等比赛。

学生可积极参加学校与学院的各类科技社团，在其中得到锻炼，同时也可积极申请各类学生科技创新项目，在实践中得到锻炼。

3. 积极实行专业导师制

学生进校后，由院系进行安排，公布本专业教师的科研方向和教学方向，由学生、教师进行双向选择，使学生能在在校学习期间与教师的科研实践相结合，学生得到了很好的专业熏陶，也能更好地充当教师的助手，得到专业实践锻炼的机会。

4. 实行开放实验室制度

本专业实验室实行开放实验室制度，学生结合专业课程与科技创新，可自主、有计划、不受实践时间限制地在实验室开展实践活动，鼓励学生参与实验室的管理等工作。

软件工程专业人才培养方案

一、培养目标

本专业坚持立德树人，培养适应江苏省、南京市软件与信息技术服务业发展需求，德、智、体、美、劳全面发展，具有良好科学素质、人文素养、社会责任感和职业道德，具有扎实的数理、专业理论知识和专业技能，具有在软件工程和多元社会环境背景下分析、设计、开发复杂应用系统的能力，具有良好的团队合作和组织管理能力，具有终身学习、较强创新能力和国际化视野的软件工程技术人才。

具体而言，本专业学生培养工作所应达到的目标（毕业后 5 年左右预期）包括：

1. 具有扎实的数理、专业基础理论知识和专业技能（基础知识），能在软件与信息技术服务业相关领域成功开展与专业相关工作（职业能力）；

2. 具有良好的科学素质、人文素养、社会责任感和职业道德，具有担当精神和强烈的事业心（综合素养）；

3. 具有良好的团队合作和组织管理能力（团队合作），能够就复杂工程问题与国内外同行，以及社会公众进行有效沟通和交流（跨文化交流）；

4. 具有国际视野，并能跟踪软件工程领域前沿技术发展和较强的创新能力（国际视野和创新能力）；

5. 能够通过终身学习适应职业发展，在软件与信息技术服务业相关领域具有职场竞争力（持续发展）。

二、毕业要求

1. 工程知识：能够将数学、自然科学、工程基础和专业知识用于解决复杂软件工程问题。

1-1 掌握解决软件工程问题所需数学、自然科学、工程基础和专业知识及基本的数学建模方法；

1-2 能够将数学、自然科学、工程科学的语言工具用于软件工程问题的表述；

1-3 能够针对具体的软件工程问题对象建立数学模型并求解；

1-4 能够将自然科学、工程基础、专业知识和数学模型方法用于软件工程问题的推演、分析和解决方案的比较与综合。

2. 问题分析：能够应用数学、自然科学和工程科学的基本原理，识别、表达，并通过文献研究分析复杂软件工程问题，以获得有效结论。

2-1 能够运用数学、自然科学、工程基础及软件工程科学原理，识别和判断复杂软件工程问题的关键环节；

2-2 能够基于相关科学原理和数学模型方法正确表达复杂软件工程问题；

2-3 能够认识到解决问题有多种方案可选择，能够通过文献研究寻求可替代的软件工程问题解决方案；

2-4 能够运用相关基本科学原理，借助文献研究，分析软件工程问题的影响因素，获得有效结论。

3. 设计/开发解决方案：能够设计针对复杂工程问题的解决方案，设计满足特定需求的软件系统、模块（组件）或算法流程，并能够在设计环节中体现创新意识，考虑社会、健康、安全、法律、文化以及环境等因素。

3-1 掌握软件产品设计、开发、质量保证与测试的基本方法和技术，了解影响软件产品设计目标和技术方案的各种因素；

3-2 能够针对特定需求，完成软件算法流程、单元模块（组件、部件）的设计、开发和测试；

3-3 能够进行软件系统的设计、开发和测试，并能在设计、开发和测试中体现新意识、新思路，采用新方案；

3-4 能够在软件系统设计、开发和测试过程中考虑社会、健康、安全、法律、文化以及环境等因素。

4. 研究：能够基于科学原理并采用科学方法对复杂软件工程问题进行研究，包括设计实验、分析与解释数据，并通过信息综合得到合理有效的结论。

4-1 掌握研究的基本方法，理解"调研、设计、实施、归纳"的基本研究思路；

4-2 能够基于数学、自然科学、工程基础及软件工程科学原理，通过文献研究或相关方法，调研和分析复杂软件工程问题的解决方案；

4-3 能够针对特定软件工程问题，选择研究路线，设计实验方案，构建实验系统；

4-4 能够安全地开展实验，严谨地采集实验数据，如实地记录实验结果，对实验结果进行分析和解释，并通过信息综合得到合理有效的结论。

5. 使用现代工具：能够针对复杂软件工程问题，开发、选择与使用恰当的技术、资源、软件工程工具和信息技术工具，包括对复杂软件工程问题的预测与模拟，并能够理解其局限性。

5-1 能够掌握软件工程领域中主要方法、平台、工具的使用原理和方法，了解其差异和适用领域；

5-2 能够选择与使用恰当的技术、资源、现代软件工程工具和信息技术工具，对复杂软件工程问题进行分析、设计、开发、测试和验证；

5-3 能够开发或选用合适的平台、工具，对复杂软件工程问题进行预测与模拟，并能分析其局限性。

6. 工程与社会：能够基于软件工程相关背景知识进行合理分析，评价专业工程实践和复杂软件工程问题解决方案对社会、健康、安全、法律以及文化的影响，并理解应承担的责任。

6-1 了解软件工程专业相关领域技术标准体系、知识产权、产业政策和法律法规，理解社会、健康、安全、法律以及文化等外部因素对软件工程活动的影响；

6-2 理解复杂软件工程项目在"人—网络（含计算机）—社会"系统中应当承担的责任。能够分析和评估软件工程实践对社会、健康、安全、法律、文化的影响以及制约因素对项目实施的影响。

7. 环境和可持续发展：能够理解和评价针对复杂软件工程问题的专业工

程实践对环境、社会可持续发展的影响。

7 - 1 能够理解复杂软件工程问题所涉及的环境和可持续发展等方面的理念和内涵和法律法规；

7 - 2 了解信息化与环境保护、可持续发展的关系，能够理解和评价复杂软件工程实践对于环境和社会可持续发展的影响。

8. 职业规范：具有人文社会科学素养、社会责任感，能够在软件工程实践中理解并遵守工程职业道德和规范，履行责任。

8 - 1 具有正确的价值观和较好的人文社会科学素养，理解个人与社会的关系，了解中国国情；

8 - 2 理解诚实守信的工程职业道德和规范，能够在软件工程实践中自觉遵守履行；

8 - 3 理解工程师对公众的安全、健康和福祉，以及环境保护的社会责任，能够在工程实践中自觉履行责任。

9. 个人和团队：能够在多学科背景下的团队中承担个体、团队成员以及负责人的角色。

9 - 1 具有团队合作意识，能够与团队中各学科成员进行有效沟通，并合作开展工作；

9 - 2 能够理解个人在团队中的角色，能够独立或合作承担团队所赋予的任务；

9 - 3 能够了解团队成员想法，具备在多学科背景下的团队中的协调、协作、组织和管理能力，并能够在项目实施过程中运用以上能力。

10. 沟通：能够就复杂软件工程问题与业界同行及社会公众进行有效沟通和交流，包括撰写报告和设计文稿、陈述发言、清晰表达或回应指令。并具备一定的国际视野，能够在跨文化背景下进行沟通和交流。

10 - 1 就复杂软件工程问题，能够以发言陈述、报告文稿及图表等方式，清晰准确地表达个人的观点；

10 - 2 能够理解与业界同行及社会公众交流的差异性，具有与其进行有效沟通和交流的能力，并能够准确回应指令和质疑；

10 - 3 具有较好的外语听说读写及翻译能力，能够阅读和翻译外文专业文献，跟踪了解软件工程领域的国际发展趋势和研究热点；

10 - 4 具有一定的国际化视野，能够通过多种途径理解和尊重世界不同文化的差异性和多样性，并能够在跨文化背景下就专业问题进行基本的沟通和交流。

11. 项目管理：理解并掌握软件工程管理原理与经济决策方法，并能在多学科环境中应用。

11-1 能够掌握应用于软件工程领域的基本经济、管理知识和方法，并能够利用模型和工具对软件工程项目进行管理；

11-2 了解软件工程及产品全周期、全流程的成本构成、理解其中涉及的软件工程管理与经济决策问题；

11-3 能够在复杂的多学科环境下（包括模拟环境），将工程管理、经济决策的方法，运用于解决方案的设计开发过程中，解决相关工程问题。

12. 终身学习：具有自主学习和终身学习的意识，有不断学习和适应发展的能力。

12-1 能够在社会发展的大背景下，认识到自主学习和终身学习的必要性，具有终身学习意识；具有自主学习的能力，包括对软件工程技术问题的理解能力、总结归纳的能力和提出问题的能力；

12-2 能够发现软件工程实践中存在的问题，并利用多种手段完成自主学习、及时更新知识体系，适应技术的发展和进步。

三、基本学制与学位

基本学制：4 年。

授予学位：工学学士。

四、毕业学分要求

毕业学分要求：172 学分；综合素质课外培养 10 学分。

五、课程结构及学时学分和实践教学模块学分分配表

表1　　　　　　　　　课程结构及学时学分分配表

课程类别	学分	占课内总学分比例（%）	课内学时	占课内总学时比例（%）
通识课程（必修）	63.5	36.5	984	48.4

续 表

课程类别	学分	占课内总学分比例（%）	课内学时	占课内总学时比例（%）
（学科）专业基础课程	20.5	11.9	328	16.1
专业必修课程	10	5.8	160	7.9
专业限选课程	23	13.4	368	18.1
专业任选课程	2	1.2	32	1.6
通识课程（公共选修）	10	5.8	160	7.9
集中性实践教学环节	43	25	—	—
总计	172	100	2032	100

表2　　　　　　　　实践教学模块学分分配表

课内实践教学学分及比例						综合素质课外学分		总计学分及比例		
实验教学	军训模块	实习实训	课程设计	毕业实习	毕业设计（论文）	必修	任选	课内外合计	总学分	实践教学占总学分比例
24.4	2	14	8	4	15	7	3	77.4	182	42.5%
课内实践教学学分小计			67.4							
课内总学分			172			—				
课内实践教学占课内总学分比例			39.2%							

说明：

1. 课内总学分指毕业生要达到的总学分（不含综合素质课外培养10学分）；

2. 实验教学包含独立设课实验教学和非独立设课实验教学；

3. 选修课程的学分、学时数，均按最高要求统计；

4. 若专业限选课中设方向模块的专业，按第一个方向的学分、学时数统计。

六、课程教学计划安排及主要课程内容

（一）课程设置与安排表（略）

（二）专业核心课程或核心课程群

算法与数据结构、数据库系统原理、操作系统、软件工程导论、软件设计与体系结构、软件质量保证与测试、软件需求分析、软件项目管理。

（三）专业核心课程内容介绍

课程编号：0809212052　课程名称：算法与数据结构　总学时：64　周学时：5

内容简介：本课程主要介绍用计算机解决一系列问题特别是非数值信息处理问题时所用的各种组织数据的方法、存储数据结构的方法以及在各种结构上执行操作的算法。通过教学要求学生掌握各种数据结构的特点、存储表示、运算方法以及在计算机科学中最基本的应用，培养、训练学生选用合适的数据结构和编写质量高、风格好的应用程序的能力，并为后续课程的学习打下良好的理论基础和实践基础。

主要内容包括线性表及其运算，堆栈、队列及其应用，串的基本运算，树的操作及应用，图的操作及应用，查找和排序算法的应用。

课程编号：0809212053　课程名称：数据库系统原理　总学时：48　周学时：4

内容简介：本课程是计算机科学与技术专业的专业核心课，主要讨论数据库系统的基本概念，基本原理，基本方法以及有关的应用。主要内容包括：数据库系统的组成、关系数据库、数据库设计以及数据保护等，同时讲解SQL Server 的应用。要求学生通过本课程的学习了解有关数据库系统的基本概念，掌握相关的知识，初步掌握数据库设计方法，并能用数据库系统建立数据库，熟练掌握 SQL 语言，能熟练运用 SQL 进行数据定义、数据操纵和数据控制，能综合运用数据库技术进行数据库系统的设计。

课程编号：0809212004　课程名称：操作系统　总学时：48　周学时：4

内容简介：本课程讲授操作系统的基本概念、基本原理和方法。通过本课程的学习，让学生能将高级语言程序设计、数据结构与算法、离散结构等造修课程结合起来，熟练掌握操作系统的基本原理和基本方法；深入理解操作系统的结构（内核和外壳）以及作用，掌握操作系统对进程、存储器、外

围设备和文件管理的相关原理和算法，具备较强的算法理解能力和较严密的思维能力。

　　课程编号：0809212038　课程名称：软件工程导论　总学时：48　周学时：3

　　内容简介：本课程通过对软件开发过程和过程管理技术的讲授，使学生了解如何进行软件度量和管理，怎样进行质量保证活动，从而能够有效地策划和管理软件开发活动，让学生掌握软件项目开发和维护的一般过程，掌握软件开发的传统方法和最新方法。通过对传统的面向过程的软件开发方法和面向对象的软件开发方法的介绍，使学生掌握开发高质量软件的方法。让学生在纵览软件工程发展全貌的前提下，熟悉并深刻理解软件工程学科领域的基本理论，基本原理、方法，技术与应用，为其从事软件工程实践打下良好的基础。通过实际的应用软件设计案例，加强对学生工程实践能力的培养。

　　课程编号：0809312026　课程名称：软件设计与体系结构　总学时：48　周学时：3

　　内容简介：本课程以软件设计知识为主线，包括软件设计的要素、软件设计的支持与评价、软件设计方法、体系结构设计、详细设计等。该课程强调复杂的案例教学，培养学生综合运用设计知识为实际问题设计和选择解决方案的能力。

　　课程编号：0809312022　课程名称：软件质量保证与测试　总学时：48　周学时：4

　　内容简介：本课程主要讲授软件质量保证与测试的发展过程、基本概念、核心思想、基础知识、基本原理、主要方法、基本过程、常用技术和工具。要求学生通过学习，具备软件测试需求分析能力，具备软件测试项目的计划和组织能力，具备软件测试分析和测试用例设计能力，具备软件测试的执行、记录、结果分析和评价能力。能够了解多种常用工具、技术资源和方法，能针对具体复杂软件质量保证与测试工程问题在工具选择和使用方面进行分析和比较，进行合理恰当的选择，解决复杂软件质量保证与测试工程问题，初步具有按照标准（国际、国家、行业或企业标准）撰写软件质量保证与测试相关技术文档的能力。

课程编号：0809312024　课程名称：软件需求分析　总学时：32　周学时：2

内容简介：本课程内容包括软件需求的基础知识、软件需求的基础理论、常用的需求获取方法与技术、常用的需求分析方法、常用的需求分析模型与建模技术、需求管理知识和初步的需求工程过程管理知识。课程在整个软件工程的背景下介绍需求工程知识，试图让学生理解需求工程工作可能给后续软件项目工作带来的影响，并在此基础上全面深入地了解软件需求领域的各项方法、技术与工具。

课程编号：0809312053　课程名称：软件项目管理　总学时：32　周学时：2

内容简介：软件项目管理的对象是软件工程项目，它所涉及的范围覆盖了整个软件工程过程。为使软件项目开发获得成功，关键问题是必须对软件项目的工作范围、可能风险、需要的资源（人、硬件/软件）、要实现的任务、经历的里程碑、花费工作量（成本）、进度安排等做到胸中有数。主要内容包括：软件项目管理概论、软件项目的生命期模型、软件项目管理工具与技巧。

七、实践能力和创新能力的培养

（一）集中性实践教学环节安排表（略）

（二）培养实践能力和创新能力的主要措施

1. 实践能力培养

本专业以学校"高级应用型人才"人才培养目标和教育理念为指导，结合社会需求和产业发展需要，将"高级应用型人才"的具体化为 IT 工程师，其内涵为"培养具有高度的社会责任心，专业基础厚、实践能力强、综合素质高，能胜任软件出口外包接单业务和嵌入式系统与软件设计的复合型、国际化 IT 工程师"。本专业实践能力培养包括基本实践、专业实践、研究创新和创业与社会适应四种能力的培养。根据计算机科学与技术专业培养目标，对上述四种能力进一步分解，融入理论课程和实践教学中。本专业实践能力培养途径见表3。

表3 实践能力及其培养途径

一级能力	二级能力	培养要求	支撑教学环节（含实验、实习、毕业设计等）
基本实践能力	计算机应用技能、程序设计技能、数据库管理与应用技能、网络系统集成技能、软件工程与方法基本应用技能、查阅外文资料的能力	教学内容：专业核心课程的一部分，主要强调设计过程的基本原则，例如概念的产生与选择。通过实践学习鼓励学生的创造力 教学目的：强调创造性概念设计 组织形式：简单原型的定性分析	高级语言编程与高级语言编程实验，面向对象程序设计，数据库系统原理，计算机网络技术，面向对象程序设计课程设计。认知实习
专业实践能力	软件开发能力、信息系统开发与设计能力、网络系统规划与集成	教学内容：通过设计实现的经验整合不同学科课程里学到的知识	人机交互技术，软件需求分析，综合编程课程设计
	软件设计与实现能力、软件过程与管理能力、软件工程工具应用能力、日常沟通与商务写作能力	教学目的：强调跨学科思考问题 组织形式：更复杂原型的仿真	计算机网络课程设计，信息系统设计，专业实习
研究创新能力	以专业基本技能和专业核心应用能力为基础，在工程环境中完成一个真实产品或系统的设计、实施和运行的综合能力	教学内容：重新设计现有的软件产品，以提高产品的性能 教学目的：多目标重新设计 组织形式：软件工程环境所需的原型的高级仿真	软件设计与体系结构，项目管理，专业方向课程设计，工程实践项目

一级能力	二级能力	培养要求	支撑教学环节（含实验、实习、毕业设计等）
创业和社会适应能力	以前三层能力为基础，且具备： ◆反思与创新思维 ◆学习和适应社会变化，开拓性强 ◆职业道德、正直和责任感 ◆人际交往能力（团队合作、书面与口头交流、使用外语交流） ◆外语及跨文化沟通能力（对国际文化的理解适应和接受能力、对不同文化的包容性与开放的心态）	教学内容：项目扩大到商业应用场景，是一个能够反映实际性能的可操作原型或一种高级模型 教学目的：强调创新设计，及跨部门的工作团队协作 组织形式：包含商业设计的真实环境所需原型和仿真	新技术与创新，毕业实习，毕业设计（论文） 大学生职业生涯规划指导 大学生创业基础

2. 创新意识与创新精神的培养

本专业人才培养方案重视学生创新意识与创新精神的培养，主要通过开展学生科技创新活动、实验室开放项目等形式，培养学生研究性学习、探索式学习的精神，进而加强其创新意识与创新精神的培养。主要措施包括以下内容。

（1）积极组织学生参加学科竞赛与科技创新活动

本专业学生从大二开始就由各教研室组织参加科技创新活动、各种学科竞赛。

学科竞赛主要参加：ACM 程序设计大赛、江苏省大学生软件设计大赛等。各种学科竞赛都由学院学科竞赛社团组织，根据自愿报名、组织挑选的原则，每年从大二学生中挑选新团员，学院给每个竞赛社团分配创新实验室、指导教师等，竞赛社团中含有大二学生、大三学生、大四学生，形成梯队。

学生科技创新活动由各教研室组织教师与学生互相挑选，从大二开始，每位教师每届带 3~5 名学生，以项目形式驱动创新活动的开展，项目由学生/教师自拟或来源于教师科研项目。

（2）利用实验室开放项目，培养学生研究与探索的精神

计算机实验教学中心已经积累一批实验室开放项目，学生可以选择这些项目，由学生自愿选择，系、实验中心指派指导教师，学生利用实验室开放项目到实验室实施项目。

（3）学生参与教师科研工作

部分学生参与教师的横向、纵向科研项目，从而锻炼研究、创新能力。

致　谢

　　"不积跬步，无以至千里；不积小流，无以成江海。"回首撰写本书的初心，缘起于对职业本科教育探索的好奇。中国的职业本科之路，无前车之鉴，曾照搬照抄国外应用技术大学发展之路，存在不适应国情和"水土不服"的潜在风险。南京工业职业技术大学作为全国首家公办本科层次职业教育试点学校，肩负重大责任，探索适合我国国情的职业本科办学之路刻不容缓。

　　自 2019 年职教 20 条出台以来，党和国家出台了一系列相关政策，不断推动职业教育改革的深化。尤其是《中华人民共和国职业教育法》的修订，明确了职业教育是与普通教育具有同等重要地位的教育类型，着力提升职业教育的认可度，把发展本科职业教育作为完善现代职业教育体系的关键一环。

　　2020 年，在学校及学院支持下，我有幸成为江苏高校"青蓝工程"中青年学术带头人培养对象，并成功立项江苏省教育科学"十三五"规划 2020 年度课题"'能力—技术'视角下高职本科人才培养课程体系构建研究——以物流管理专业为例"（课题编号：B－b/2020/03/27）、2020 年度江苏省社科应用研究精品工程课题"长三角一体化背景下江苏产教融合深化发展的策略研究"（课题编号：20SYB－112）、2022 江苏省科技计划项目省软科学研究计划"江苏多元化投入促进重大科技成果转化关键策略研究"（BR2022064）、2022 年度高校哲学社会科学研究重大项目"高质量发展下江苏物流业制造业创新融合发展模式研究"（2022SJZD015）等相关课题，开启探索职业本科发展之路。

　　人才工程、课题等任务下达后，团队成员赴高职院校、应用型本科院校、行业企业等开展大规模实地调研和实质性访谈，先后到访金陵科技学院、南京晓庄学院、中车戚墅堰机车车辆工艺研究所有限公司、中国邮政江苏省分公司、南京禄口国际机场、新长铁路有限责任公司、江苏政成物流股份有限公司、常州录安洲长江码头有限公司、南通港码头管理有限公司、江苏飞力达国际物流股份有限公司、汉达精密电子（昆山）有限公司、昆山利韬电子有限公司，以及苏州的商会、高校、企业等，获取了大量翔实、有关人才培养的第一手数据和分析资料。

目前"十三五"规划课题、省社科应用研究精品工程课题均已结项，梳理已有成果，追踪最新文献及政策，关注职业本科现实动态发展，以系统视角构建职业本科人才培养体系，撰写本书。

撰写过程中，有幸得到了省部"三农"决策咨询专家、省农业自主创新评审专家于林惠教授多次亲自指导；有幸得到了省农业现代化先行区（示范区）专家、南京农业大学邹伟教授的指导与肯定；有幸得到了中国教育发展战略学位现代教育管理专业委员会副秘书长、南京师范大学陈学军教授的悉心指导，在此表达真诚谢意！

撰写过程中，有幸得到了江南大学刘勇教授、无锡商业职业技术学院孙君教授、南京晓庄学院姜金德教授、徐州工程学院魏洁云教授，以及南京工业职业技术大学商贸学院周玮教授、人事处张莉研究员、机械工程学院吴修娟博士、交通工程学院庞宏磊博士的支持与帮助，由衷感谢！

感谢南京工业职业技术大学商贸学院物流系的全体老师，在撰写本书之际为我分担了大量烦冗的事务，正因为他们的无私付出，让我能有时间专注于职业本科人才培养的研究。

此外，还要感谢我的家人，在我繁忙的写作过程中，一直陪伴我，为我消除后顾之忧。

值本书出版之际，谨以寥寥数语表示衷心的感谢和真诚的致敬！

张瑜

二〇二二年七月于仙林大学城